权威·前沿·原创

皮书系列为
"十二五""十三五""十四五"时期国家重点出版物出版专项规划项目

BLUE BOOK

智库成果出版与传播平台

甘肃蓝皮书
BLUE BOOK OF GANSU

甘肃能源发展报告
（2025）

THE ENERGY DEVELOPMENT REPORT OF GANSU
(2025)

主 编／陈永胜　牛继恩　王　荟

社会科学文献出版社
SOCIAL SCIENCES ACADEMIC PRESS (CHINA)

图书在版编目(CIP)数据

甘肃能源发展报告.2025／陈永胜，牛继恩，王荟主编.--北京：社会科学文献出版社，2025.1.
(甘肃蓝皮书).--ISBN 978-7-5228-4819-8

Ⅰ.F426.2
中国国家版本馆 CIP 数据核字第 2024HV7446 号

甘肃蓝皮书
甘肃能源发展报告（2025）

主　　编／陈永胜　牛继恩　王　荟

出 版 人／冀祥德
责任编辑／王　展　侯曦轩
责任印制／王京美

出　　版／社会科学文献出版社·皮书分社（010）59367127
　　　　　地址：北京市北三环中路甲 29 号院华龙大厦　邮编：100029
　　　　　网址：www.ssap.com.cn
发　　行／社会科学文献出版社（010）59367028
印　　装／天津千鹤文化传播有限公司

规　　格／开　本：787mm×1092mm　1/16
　　　　　印　张：21.5　字　数：318 千字
版　　次／2025 年 1 月第 1 版　2025 年 1 月第 1 次印刷
书　　号／ISBN 978-7-5228-4819-8
定　　价／158.00 元

读者服务电话：4008918866

版权所有　翻印必究

甘肃蓝皮书编辑委员会

主　任　李兴文

副主任　李润强　甘博源　赵凌云　李兴华　林一凡
　　　　路民辉　韩高年　曾月梅　张跃峰

总主编　李兴文

成　员　王俊莲　王　琦　董积生　陈永胜　景志锋

甘肃蓝皮书编辑委员会办公室

主　任　刘玉顺

成　员　常菁菁　王曼丽

《甘肃能源发展报告（2025）》
编委名单

主　　任	林一凡	李兴文	路民辉		
副 主 任	陈永胜	向红伟	张祥全	李学军	黄武浩
	陈振寰				
委　　员	张京文	牛继恩	王　锋	刘玉顺	马　超
	刘　峻	胡殿刚	杨德州	张学云	马　勇
	付兵彬	孙柏林	李雪红	黄　蓉	张彦琪
主　　编	陈永胜	牛继恩	王　荟		
首席专家	王　荟	黄　蓉			

主编简介

陈永胜 法学博士，二级教授，甘肃省社会科学院党委委员、副院长，甘肃省领军人才、甘肃"333""555"创新人才，兼任中国社会科学院法学研究所研究员、甘肃省政府决策咨询委员会委员、甘肃省人大立法顾问、甘肃省法学会副会长、甘肃省科学社会主义学会会长、中国科学社会主义学会常务理事等社会职务。长期从事习近平新时代中国特色社会主义思想、中国特色社会主义理论、中国特色社会主义民主法治建设等方面的教学和研究工作。出版《中国特色社会主义论纲》《中国特色社会主义法治建设研究》《中国西部开发与法律制度建设》等专著20余部，在《人民日报》《理论视野》《科学社会主义》《党建研究》《兰州大学学报》等刊物上发表论文60余篇，主持完成国家级、省部级课题8项，科研成果多次获省部级一等奖、二等奖、三等奖。

牛继恩 国家电网甘肃省电力公司电力科学研究院院长、党委副书记，正高级经济师，兼任甘肃省新能源及新能源装备循环利用标准化技术委员会副主任委员、兰州市科协第六届委员会常务委员。主持搭建甘肃省电力节能技术创新中心、甘肃省电力人工智能行业技术中心等平台。主持的"安全小哨兵-作业现场违章智能识别纠正系统"获甘肃省新一代信息技术融合应用创新大赛一等奖暨2023鲲鹏应用创新大赛原生应用创新赛道（泛政府）金奖，两项成果获甘肃省企业联合会创新成果一等奖，承担省部级科研项目8项、市州级科研项目2项，在《中国电力报》《甘肃日报》等报刊上发表文章多篇。

王　荟　甘肃省社会科学院财政金融研究所副所长，副研究员，主要从事区域经济与产业发展研究。参与完成国家哲学社会科学课题4项，主持完成省级哲学社会科学课题1项，参与完成各类省级课题4项、各类厅局级课题10余项。出版专著2部，参与撰写专著2部，主编图书2部，副主编图书3部。在《甘肃社会科学》《开发研究》《当代县域经济》《发展》《甘肃政协》《新西部》等期刊发表论文30余篇。多项资政建议报告获得省级领导批示或省政府部门采用。主持完成甘肃省社会科学院重点课题3项、院级课题40余项。

总　序

2024年7月18日，中国共产党第二十届中央委员会第三次全体会议在北京召开。全会审议通过的《中共中央关于进一步全面深化改革　推进中国式现代化的决定》深刻阐述了进一步全面深化改革、推进中国式现代化的重大意义和总体要求，擘画了以中国式现代化全面推进中华民族伟大复兴的战略举措。我们高举中国特色社会主义伟大旗帜，全面贯彻习近平新时代中国特色社会主义思想，弘扬伟大建党精神，自信自强、守正创新，踔厉奋发、勇毅前行，在省委省政府的正确领导和有关部门、单位的大力支持下，倾全院之力研究编撰出版甘肃各行业各领域系列蓝皮书，经过多年的不懈努力，"甘肃蓝皮书"已成为著名的智库品牌。

"甘肃蓝皮书"作为甘肃经济社会各领域发展的年度性智库成果，从研究的角度记录了甘肃经济社会的巨大变迁和发展历程。2006年《甘肃经济社会发展分析与预测》《甘肃舆情分析与预测》面世，标志着"甘肃蓝皮书"正式诞生。至"十一五"末，《甘肃社会发展分析与预测》《甘肃县域和农村发展报告》《甘肃文化发展分析与预测》相继面世，"甘肃蓝皮书"由原来的2种增加到5种。2011年，我院首倡由陕西、甘肃、宁夏、青海、新疆西北五省区社科院联合编研出版《中国西北发展报告》。从2014年起，我院加强与省直部门和市州合作，先后与省住房和城乡建设厅、省民族事务委员会、省商务厅、省统计局、酒泉市合作编研出版《甘肃住房和城乡建设发展分析与预测》《甘肃民族地区发展报告》《甘肃商贸流通发展报告》《甘肃酒泉经济社会发展报告》。2018年，与省精神文明办、平凉市合作编研出版《甘肃精神文明发展报告》《甘肃平凉经济社会发展报告》。2019年，与省文化和旅游厅、临夏回族自治州合作编研出版《甘肃旅游业发展报告》《临夏回族自治州经济社会发展形势分析与预测》。2020年，与兰州市社会科学院合作编研出版《兰州市经济社会发展形势分析与预测》，与沿黄九省区（青海、四川、甘肃、宁夏、内蒙古、陕西、山西、河南、山东）社科院合作编研《黄河流域蓝皮书：黄河流域生态保护和高质量发展报告》。2021年，与省人力资源和社会保障厅合作编研出版《甘肃人力资源和社会保障发展报告》。2022年，与武威市、肃北蒙古族自治县合作编研出版《武威市文化与旅游发展报告》《肃北蒙古族自治县经济社会发展报告》。2023年，与国网甘肃省电力公司合作编研出版《甘肃能源发展报告（2024）》。2024年，与甘肃省广播电视局合作编研出版《甘肃广播电视和网络视听发展报告》，与兰州城市学院合作编研出版《甘肃城市发展报告》。至此"甘肃蓝皮书"的编研出版规模发展到22种，形成"5+2+N"的格局，涵盖了经济、社会、文化、生态、舆情、住建、商贸、旅游、民族、能源、广播电视、城市发展、人力资源和社会保障等领域，地域范围从酒泉、武威、临夏、平凉、兰州等省内市州拓展到"丝绸之路经济带"、黄河流域以及西北五省区等相关区域。

十九年筚路蓝缕，十九年开拓耕耘。如今"甘肃蓝皮书"编研种类不断拓展，社会影响力逐渐扩大，品牌效应日益凸显，已由院内科研平台，发展成为众多省内智库专家学者集聚的学术共享交流平台和省内外智库研究成果传播转化平台，成为社会各界全面系统了解甘肃推进"一带一路"建设、西部大开发形成新格局、黄河流域生态保护和高质量发展等国家战略实施，以及甘肃经济发展、生态保护、乡村振兴、文化强省等领域生动实践和发展成就的重要窗口，成为凝结甘肃哲学社会科学最新成果的学术品牌，体现甘肃思想文化创新发展的标志品牌，展示甘肃有关部门、行业和市州崭新成就的工作品牌，在服务省委省政府重大决策和全省经济社会高质量发展中发挥着越来越突出的重要作用。

2024年"甘肃蓝皮书"秉持稳定规模、完善机制、提升质量、扩大影

总 序

响的编研理念，始终融入大局、服务大局，始终服务党委政府决策，始终坚持目标导向和问题导向，坚定不移走高质量编研之路。在编研过程中遵循原创性、实证性和专业性要求，聚焦省委省政府中心工作和全省经济社会发展中的热点难点问题，充分运用科学方法，深入分析研判全省经济建设、社会建设、生态建设、文化建设总体趋势、进展成效和存在的问题，提出具有前瞻性、针对性的研究结论和政策建议，以便更好地为党委政府决策提供事实依据充分、分析深入准确、结论科学可靠、对策具体可行的参考。

2025年，甘肃省社会科学院以习近平新时代中国特色社会主义思想为指导，认真贯彻落实《中共中央关于进一步全面深化改革　推进中国式现代化的决定》和习近平总书记对甘肃重要讲话和指示精神，坚持为人民做学问，以社科之长和智库之为，积极围绕国家发展大局和省委省政府中心工作，进一步厚植"甘肃蓝皮书"沃土，展现陇原特色新型智库新风貌，书写好甘肃高质量发展新篇章，为加快建设幸福美好新甘肃、不断开创富民兴陇新局面贡献智慧和力量。

此为序。

李兴文

2024年8月26日

摘 要

《甘肃能源发展报告（2025）》是"甘肃蓝皮书"系列成果之一，由甘肃省社会科学院与国家电网甘肃省电力公司电力科学研究院组织科研人员合作撰写。本书以习近平新时代中国特色社会主义思想为指导，全面贯彻落实党的二十大和二十届二中、三中全会精神，立足甘肃实际，全面总结了2024年甘肃能源行业发展取得的成就，梳理分析了甘肃省实施能源安全新战略十周年取得的成就，科学研判展望2025年发展形势，就加快建设新型能源体系，推动甘肃能源行业高质量发展提出对策建议，为进一步谋划甘肃能源发展和政策安排提供参考。

本书总结了甘肃省能源行业的宏观发展态势及面临的主要问题，并提出了全面推进甘肃能源行业高质量发展的多项建议。本书指出，2024年甘肃能源行业按照习近平总书记关于甘肃大力发展风电、光伏、储能等，打造全国重要的新能源及新能源装备制造基地的重要指示要求，按照甘肃省委、省政府关于能源行业发展的各项部署安排，各项事业稳步推进：煤炭行业强化保供能力，总体运行平稳；石油行业着力增储上产，全面保障国家能源安全；天然气行业加强应急调峰保供能力，项目建设稳步推进；电力行业多维协同构建新型电力系统，持续优化能源结构；可再生能源发展强劲，全力迈进风光强省。2025年，甘肃将迎来"十四五"收官之年，面临严峻复杂的外部环境，甘肃能源行业将保持良性发展态势，持续攻坚进取。为加快建设甘肃省新型能源体系，实现甘肃能源行业高质量发展，要加快煤炭行业绿色升级，着力构建有机立体的煤炭储备体系；要坚决保障国家能源安全，全面推进油气行业提质增效；要系统推进新型电网建设，提升电网安全水平；要发挥新能源产业优势，加快形成新质生产力；要多维度挖掘消纳潜力，推动绿电交易。未来，甘肃能源行业将为加快建设幸福美好新甘肃、不断开创富民兴陇新局面提供坚实可靠的能源保障。

关键词： 新型能源体系　可再生能源　能源安全　甘肃省

Abstract

The Energy Development Report of Gansu (2025) is one of the series achievements of "Gansu Blue Book", which was jointly written by Gansu Academy of Social Sciences and Gansu Electric Power Research Institute of State Grid. Book to xi jinping, the new era of socialism with Chinese characteristics as a guide, fully implement the party's 20 and 202, the third plenary session of the spirit, based on the reality of Gansu, comprehensively summarizes the achievements of Gansu energy industry development in Gansu province, comb analyzes the existing problems and challenges, scientific outlook development situation in 2025, will speed up the construction of new energy system, promote the development of energy industry in Gansu province quality put forward countermeasures and Suggestions, for further planning energy development and policy arrangement for reference.

Book including total report, special report (the tenth anniversary of the new energy security strategy in Gansu energy development achievements), traditional energy, new energy, special report five parts, including 1 total report, special report (the tenth anniversary of the new energy security strategy in Gansu energy development achievements) 1, traditional energy article 3, new energy article 7, special report 7, a total of 19 reports. The general report summarizes the macro development trend and achievements of the energy industry in Gansu province, analyzes the main problems faced, looks forward to the development situation in 2025, and tries to put forward a number of suggestions to comprehensively promote the high-quality development of the energy industry in Gansu province. The special report (Gansu's energy development achievements on the 10th anniversary of the new energy security strategy) mainly discusses the development achievements of Gansu's energy industry in the past ten years since the implementation of the new energy security strategy. Traditional energy mainly expounds the development status, problems, prospects and suggestions of traditional energy industries such as coal, oil and natural gas in Gansu. New energy focuses on power supply and demand, renewable energy, large power grid security, energy storage, photovoltaic power generation and other hot issues of new in the energy industry. The special report mainly focuses on the hot applications and derivative fields of the new energy industry, such as agricultural smart low-carbon, zero-carbon park, "light storage and charging" integration and other topics.

The book suggests that, In 2024, According to General Secretary Xi Jinping's statement on Gansu to vigorously develop wind power, photovoltaic and energy storage, Important instructions and requirements for building an important national new energy and new energy equipment manufacturing base, According to the deployment and arrangements of the Gansu Provincial Party Committee and the provincial government on the development of the energy industry, Gansu energy industry undertakings steady progress: the coal industry to strengthen the capacity of supply, Overall operation is stable; The oil industry has focused on increasing storage and production, To comprehensively ensure national energy security; The natural gas industry to strengthen the emergency peak regulation and supply guarantee capacity, The project construction is progressing steadily; Multi-dimensional collaborative construction of a new electric power system in the electric power industry, Continue to optimize the energy mix; Strong development in renewable energy sources, To become a strong province. In 2025, Gansu will usher in the final year of the 14th Five-Year Plan. Facing the severe and complex external environment, Gansu's energy industry will maintain a benign development trend and continue to attack and forge ahead. In order to accelerate the construction of a new energy system in Gansu Province and realize the high-quality development of the energy industry in Gansu, it is necessary to accelerate the green upgrading, build the organic and three-dimensional coal reserve system; the oil and gas industry should firmly guarantee the national energy security and promote the quality and efficiency improvement; systematically promote the

Abstract

construction of new power grid and improve the safety level of the new energy industry and accelerate the formation of new quality productivity; to develop the potential in multiple dimensions and promote the green electricity transaction. In the future, the energy industry in Gansu will provide a solid and reliable energy guarantee for accelerating the construction of a happy and beautiful new Gansu province and constantly creating a new situation of enriching the people and revitalizing Gansu province.

Keywords: Gansu Province; New energy system; Renewable energy; Energy security

目 录

Ⅰ 总报告

B.1 2024~2025年甘肃能源行业发展形势分析与展望
　　………………………………………………………… 王　荟 / 001
　　一　2024年甘肃能源发展形势分析…………………………… / 002
　　二　2024年甘肃能源行业发展面临的挑战…………………… / 011
　　三　2025年甘肃能源发展前景展望及对策建议……………… / 014

Ⅱ 特别报告

B.2 甘肃省实施能源安全新战略十周年成就与展望………… 王　圆 / 023

Ⅲ 传统能源篇

B.3 2024~2025年甘肃省煤炭行业发展形势分析与展望
　　………………………………………………………… 蒋　钦 / 045
B.4 2024~2025年甘肃省石油行业发展形势分析与展望
　　………………………………………………………… 代雪玲 / 062

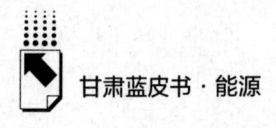

B.5　2024~2025年甘肃省天然气行业发展形势分析与展望
　　　………………………………………………………… 李志鹏 / 082

Ⅳ　新能源篇

B.6　2024~2025年甘肃省电力供需分析与展望
　　　…………………………………………………… 徐　铭　张龄之 / 096
B.7　2024~2025年甘肃省可再生能源发展形势分析与展望
　　　…………………………………………………… 吕清泉　张健美 / 121
B.8　适应甘肃省能源清洁低碳转型的大电网安全分析与展望
　　　…………………………………………………… 妥建军　马　龙 / 134
B.9　新能源与调节电源协同发展路径分析
　　　………………………………………… 邵　冲　杨昌海　蒋明华 / 148
B.10　甘肃省储能运行情况与形势分析 ………… 韩自奋　张珍珍 / 163
B.11　甘肃省光热发电调节潜力分析及发展前景展望
　　　………………………………… 周　强　高鹏飞　张嘉林　张金平 / 176
B.12　新型能源体系建设背景下甘肃产业低碳化路径研究
　　　…………………………………………………… 杜晟磊　刘永成 / 191

Ⅴ　专题报告

B.13　甘肃省现代设施农业智慧低碳发展路径研究
　　　………………………………… 梁　琛　李亚昕　赵　龙　李威武 / 207
B.14　零碳园区建设路径研究 ………………… 梁　甜　黄　蓉 / 223
B.15　甘肃省碳资产开发、交易现状分析报告
　　　………………………………………… 黄　蓉　周延科　李　军 / 236
B.16　甘肃省电力市场建设完善路径研究
　　　………………………………………… 王　峰　陈建宇　杨　瑾 / 257

目　录

B.17　新型电力系统条件下电力体制机制优化研究
……………………………………………… 刘　峻　杜超本 / 272

B.18　甘肃省源网荷储一体化项目的发展现状报告
……………………………………………… 宋汶秦　刘旭敏 / 285

B.19　光储充一体化在甘肃省的应用研究 ………… 陈思行　彭飞云 / 299

皮书数据库阅读**使用指南**

CONTENTS

I General Report

B.1 Analysis and outlook of development situation of Gansu energy industry from 2024-2025   *Wang Hui* / 001

    1. Analysis of the energy development situation in Gansu province in 2024

/ 002

    2. Challenges facing the development of Gansu's energy industry in 2024

/ 011

    3. The energy development prospect and countermeasures of Gansu Province in 2025   / 014

II Special Report

B.2 Achievements and prospects of the 10th anniversary of implementing the new energy security strategy in Gansu Province

Wang Yuan / 023

III Traditional Energy Articles

B.3 Analysis and prospect of the development situation of Gansu Coal industry from 2024 to 2025 — *Jiang Qin* / 045

B.4 Analysis and prospect of the development situation of Gansu petroleum industry from 2024 to 2025 — *Dai Xueling* / 062

B.5 Analysis and prospect of the development situation of natural gas industry in Gansu Province in 2024-2025 — *Li Zhipeng* / 082

IV New Energy Articles

B.6 Analysis and outlook of Power supply and demand in Gansu Province from 2024 to 2025 — *Xu Ming, Zhang Lingzhi* / 096

B.7 Analysis and prospect of the development situation of renewable energy in Gansu Province from 2024 to 2025 — *Lv Qingquan, Zhang Jianmei* / 121

B.8 Security analysis and outlook of large power grid to adapt to the transformation of clean and low-carbon energy in Gansu province — *Tuo Jianjun, Ma Long* / 134

B.9 Analysis of the coordinated development path of new energy and regulated power supply — *Shao Chong, Yang Changhai and Jiang Minghua* / 148

B.10 Gansu energy storage operation situation and situation analysis — *Han Zifen, Zhang Zhenzhen* / 163

B.11 Analysis of the regulation potential and development prospect of solar thermal power generation in Gansu province — *Zhou Qiang, Gao Pengfei* / 176

B.12 Research on the low-carbon path of Gansu industry under the construction of new energy system — *Du Shenglei, Liu Yongcheng* / 191

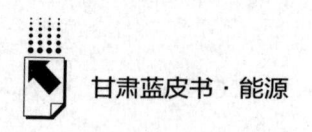

V Topic Reports

B.13 Research on the smart and low-carbon development path of modern facility agriculture in Gansu province
Liang Chen, Li Yaxin, Zhao Long and Li Weiwu / 207

B.14 Research on the construction path of zero-carbon park
Liang Tian, Huang Rong / 223

B.15 Analysis of carbon asset development and trading status in Gansu Province and related suggestions *Huang Rong, Zhou Yanke and Li Jun* / 236

B.16 Research on the perfect path of Gansu electric power market construction *Wang Feng, Chen Jianyu and Yang Jin* / 257

B.17 Research on optimization of power system mechanism under new power System *Liu Jun, Du Chaoben* / 272

B.18 Development status and suggestions of source network and load storage integration project in Gansu Province *Song Wenqin, Liu Xumin* / 285

B.19 The application research of optical storage and charging integration in Gansu Province *Chen Sixing, Peng Feiyun* / 299

总报告

B.1
2024~2025年甘肃能源行业发展形势分析与展望

王荟*

摘　要： 2024年，甘肃以习近平新时代中国特色社会主义思想为指导，全面贯彻落实党的二十大和二十届二中、三中全会精神，坚持稳中求进工作总基调，按照习近平总书记关于甘肃大力发展风电、光伏、储能等，打造全国重要的新能源及新能源装备制造基地的重要指示要求，全面加快建设新型能源体系。能源行业各项事业稳步推进：煤炭行业强化保供能力，总体运行平稳；石油行业着力增储上产，全面保障国家能源安全；天然气行业加强应急调峰保供能力，项目建设稳步推进；电力行业多维协同构建新型电力系统，持续优化能源结构；可再生能源发展强劲，助力甘肃全力迈进风光强省。2025年，甘肃将迎来"十四五"收官之年，面临严峻复杂的外部环境，甘肃能源行业将持续攻坚进取，着力为加快建设幸福美好新甘肃、不断开创

---

* 王荟，甘肃省社会科学院财政金融研究所副所长、副研究员，主要研究方向为区域经济与产业发展。

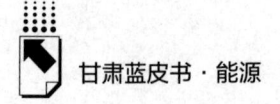

富民兴陇新局面提供坚实可靠的能源保障。为加快建设甘肃省新型能源体系，实现甘肃能源行业高质量发展，本文提出加快煤炭行业绿色升级，着力构建有机立体的煤炭储备体系；油气行业坚决保障国家能源安全，全面推进提质增效；系统推进新型电网建设，提升电网安全水平；发挥新能源产业优势，加快形成新质生产力；多维度挖掘消纳潜力，推动绿电交易等。

关键词： 甘肃　新型能源体系　能源安全　电网建设　储能

2024年，甘肃省以习近平新时代中国特色社会主义思想为指导，全面贯彻落实党的二十大和二十届二中、三中全会精神，坚持稳中求进工作总基调，以推动高质量发展为主题，按照习近平总书记关于甘肃大力发展风电、光伏、储能等，打造全国重要的新能源及新能源装备制造基地的重要指示要求，全面加快建设新型能源体系。持续聚焦绿色低碳，加快新能源发展；聚焦电力消纳，加快重点工程建设；聚焦产能释放，加强煤炭保供能力；聚焦增储上产，提升油气开发水平；聚焦安全保障，确保能源供应稳定；着力做到以高质量能源工作服务全省高质量发展。

一　2024年甘肃能源发展形势分析

（一）煤炭行业强化保供能力，总体运行平稳

2024年，甘肃煤炭行业落实国家能源增产保供、持续提高能源资源安全保障能力要求，原煤产量在近两年高增长基础上继续保持高速增长态势，煤炭行业总体稳步发展。

煤炭保供能力持续加强。2024年，甘肃煤炭资源兜底保障能力不断增强。1~9月，全省规模以上原煤生产企业累计开采原煤5034.1万吨，较上年同期增加527.6万吨，同比增长11.7%，增速与上年同期持平，比全国平

均水平高出 9.9 个百分点，居全国第三位①。

煤炭消费量减速增长，消费主要集中在火力发电。甘肃省工业煤炭消费量占全省煤炭消费总量的 75.0%左右，其中主要通过火电消费，用作原料的煤炭仅占工业用煤的 11.7%②。2024 年 1~9 月，甘肃全省规模以上工业增加值同比增长 12.0%，增速居全国第二位；工业累计用电 940.3 亿千瓦时，同比增长 7.8%，用电量占全省全社会用电量的 72.8%③，工业用电有力拉动了甘肃煤炭消费。

煤炭价格震荡下行。2024 年，因国内存煤量较高导致动力煤市场供大于求，煤炭价格下行，甘肃与全国同频共振。2024 年 1~9 月，甘肃动力煤价格逐月下跌，块煤价格在窄幅震荡中整体下降。随着省发改委针对煤炭出矿环节中长期合同交易价格区间的相关政策出台，在政府对煤炭市场弹性调控和市场调节共同作用下，甘肃煤炭价格趋向合理和稳定。

矿业权出让逐步常态化，煤炭增储上产能力增强。通过推进矿业权公开出让常态化，2024 年甘肃计划核准建设 12 处煤矿，新增产能 3310.0 万吨。至年底，甘肃核定产能突破 1.5 亿吨，将大幅提升甘肃煤炭保障和增储上产能力。

煤矿数智改造有序推进，生产效率和资源利用率逐步提升。2023 年末，甘肃煤炭大数据监测分析系统在甘肃煤炭交易中心上线运行，标志着甘肃煤炭行业数字化发展迈出重要步伐。2024 年，华亭煤业千万吨智能化集中洗选厂项目、华能集团核桃峪煤矿、灵台邵寨煤业、靖煤能源有限公司等多家煤炭企业均积极开展"三化"改造，各具成效。

（二）石油行业着力增储上产，全面保障国家能源安全

2024 年，甘肃石油行业坚持稳中求进、以进促稳、先立后破，更好统筹高质量发展，全面提高石油资源的安全保障能力，为中国式现代化贡献甘

---

① 数据来源：甘肃省统计局网站。
② 数据根据历年《中国能源统计年鉴》中甘肃能源消费数据计算。
③ 数据来源：甘肃省统计局网站。

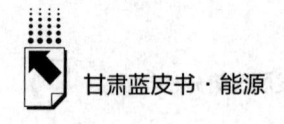

肃石油力量。

原油生产总量稳步提升。自2019年实施增储上产"七年行动计划"以来，甘肃持续加大油气勘探开发力度并取得一定的成果，原油产量逐年提高，为国家能源安全以及地方经济社会发展提供了坚实保障。2024年1~9月生产原油955.4万吨，同比增长8.5%[①]。

原油加工发展势头良好。2024年前9个月，甘肃每月的原油加工量总体增加，1~9月累计加工原油1151.0万吨，同比增长8.5%，表现出良好的发展势头[②]。

成品油销售量分化明显。从成品油不同品种的产量来看，汽油产量、煤油产量呈平稳增长状态，柴油产量总体呈下降趋势，燃料油产量呈先减少后平稳发展的趋势。从成品油不同品种消费量来看，汽油总体呈增长态势，柴油、煤油、燃料油均呈现下降趋势，但增速不一，分化明显。

主要石化产品产量实现较快增长。2024年前9个月，各月乙烯产量保持相对稳定。2024年1~9月乙烯累计产量为55.5万吨，比上年同期增长31.9%。总体呈现较快发展的良好趋势[③]。

（三）天然气行业加强应急调峰保供能力，项目建设稳步推进

2024年以来，甘肃天然气行业稳步推进，有序发展，在天然气日常消费、生产供应，天然气设施建设，行业发展规划等方面都呈现了新的特点和趋势。

天然气生产与消费稳步增长。生产方面，2024年上半年，甘肃省石油天然气生产同比增长8.5%[④]。预计2024年甘肃省天然气产量将达到8亿立方米以上，并将继续保持上升的态势。消费方面，甘肃省加强对天然气消费需求的预测和管理，确保天然气供应的安全和稳定。目前，全省9个市

---

① 数据来源：甘肃省统计局网站。
② 数据来源：甘肃省统计局网站。
③ 数据来源：甘肃省统计局网站。
④ 数据参见甘肃省统计局《2024年上半年全省经济运行情况》，https://tjj.gansu.gov.cn/。

州（兰州、白银、定西、天水、陇南、平凉、庆阳、临夏、甘南）67个县级行政区有效使用了天然气。2024年上半年，甘肃省管道天然气消费量为23.1亿立方米①，考虑全省天然气用气人口增长、冬季采暖高峰和企业用气增长等因素，预计2024年全年天然气消费量将突破48亿立方米②。

天然气重点项目建设统筹推进。截至2023年，甘肃省范围内天然气基础设施包括天然气田（2个）、天然气集气站（6座）、管输及地下储气库项目（高压和次高压输气管道90条、关键分输站调压站等149座）、LNG\CNG项目（工厂12座、气化站28座、加气母站14座）、主要下游用户（城市管网燃气特许经营区86个、大型天然气化工项目3个）。2024年，甘肃加快推进省内天然气储气设施建设工作，积极对接各市州发改委、能源局和天然气企业，对甘肃省天然气应急调峰储气设施建设及运行进行督导管理，先后建设了庆阳、酒泉、张掖等地天然气应急调峰储气中心，全面推进储气调峰设施项目规划运行、系统监测、指标完成、储气责任落实以及后续设施建设。目前省内庆阳市天然气提氦与储备调峰一体化项目、河口至临夏天然气管道工程、古浪—河口天然气联络管道工程、西气东输三线中段工程甘肃段、陇东千万吨油气生产基地等主要油气管道网络项目开工建设，进展顺利。

天然气安全管理水平持续提高。2024年，甘肃省持续提高天然气安全管理水平，开展城镇燃气管道"带病运行"专项治理工作：加强燃气管道的日常管护；对燃气场站设施设备、中高风险等级阀井、中高压燃气管网、老旧燃气管道等进行集中整治攻坚；明晰各级责任，持续不断提升安全管理水平；保障天然气重点项目安全平稳运行③。

（四）电力行业多维协同构建新型电力系统，持续优化能源结构

2024年，甘肃电力行业深入贯彻国家"四个革命、一个合作"能源安

---

① 2024年8月14日甘肃省政府新闻办召开的"2024年上半年经济高质量发展"主题新闻发布会数据。
② 2024年8月14日甘肃省政府新闻办召开的"2024年上半年经济高质量发展"主题新闻发布会数据。
③ 甘肃省地方史志办公室编《甘肃年鉴（2023）》，甘肃民族出版社，2023。

全新战略，积极贯彻落实习近平总书记提出的"加快建设新型能源体系，做大做强一批国家重要能源基地，加强管网互联互通，提升'西电东送'能力"的重要指示，立足西北电网"总枢纽"、西电东送"主通道"、支撑新型电力系统构建"重基地"发展定位，多维度协同推进构建新型电力系统，持续优化能源结构。

电源建设长足发展。截至2024年9月底，全省发电装机9447万千瓦，同比增长24.51%，较上年末新增797万千瓦，其中：水电装机971万千瓦，同比下降0.06%，占比为10.28%；火电装机（不含生物质）2484万千瓦，同比增长8.01%，占比为26.30%；风电装机3016万千瓦，同比增长32.70%，占比为31.93%；太阳能装机2951万千瓦（含光热发电31.00万千瓦），同比增长46.23%，占比为31.24%；生物质装机25万千瓦，同比保持不变，占比为0.26%。新能源发电装机5992万千瓦，排名全国第七，同比增长38.84%；较上年末新增814万千瓦，占比为63.42%，排名全国第二。另有新型储能装机391万千瓦，同比增长81.69%，较上年末新增78万千瓦[1]。

发电量持续攀升。2024年1~9月，全省发电量为1712亿千瓦时，同比增长11.24%。其中，新能源发电量为634亿千瓦时，排名全国第七，同比增长22.68%，占比为37.05%，排名全国第二。分发电类型看，水电306亿千瓦时，同比增长12.71%，占比为17.87%；火电（不含生物质）772亿千瓦时，同比增长2.81%，占比为45.08%；风电364亿千瓦时，同比增长10.37%，占比为21.28%；太阳能262亿千瓦时，同比增长46.01%，占比为15.30%；生物质8亿千瓦时，同比增长6.87%，占比为0.47%[2]。

全社会用电量与经济发展同步，总体呈"产业用电增、居民用电稳"发展态势。2023年，甘肃省全社会用电量为1644.68亿千瓦时，同比增长9.59%。2024年1~9月，甘肃省全社会用电量为1291亿千瓦时，同比增长

---

[1] 甘肃省电力公司向甘肃省统计局定期报送的数据。
[2] 数据来源：甘肃省统计局网站。

7.09%，增速居全国第19位。分产业看，第一产业用电量14亿千瓦时，同比增长7.58%；第二产业用电量950亿千瓦时，同比增长7.58%；第三产业用电量221亿千瓦时，同比增长5.97%；居民生活用电量106亿千瓦时，同比增长5.35%①。总体看来，与2023年基本保持一致，呈"产业用电增、居民用电稳"发展态势。

陇电外送通道建设顺利推进，"西电东送"的规模和区域不断扩大。甘肃电网位于西北电网中心，是我国"西电东送"重要走廊，也是新疆、青海等省份电力外送的必经之路，目前4条在运特高压直流输电线路穿境而过（酒泉—湖南、哈密—郑州、准东—皖南、青海—河南）。截至2024年8月，陇电入鲁工程甘肃段土建工程完成70%，完成配套新能源项目并网129万千瓦，投产后年输送电量可达360亿千瓦时。陇电入浙工程于2024年核准开工，预计2026年源网同步建成，投产后年输送电量可达360亿千瓦时。陇电入川工程于2024年1月纳入《国家"十四五"电力发展规划》，正在开展可研编制等前期工作。2024年，全国首个双端柔性直流特高压输电线路工程——甘肃至浙江±800千伏特高压柔性直流输电试验示范工程开工建设。2023年甘肃跨省外送新能源电量253.2亿千瓦时，占外送电量的48.5%，排名全国第二②。截至2024年，陇电外送区域已扩大至25个省份。

（五）可再生能源发展强劲，全力迈进风光强省

甘肃省风能、光能资源丰富，资源有效储量分别为2.37亿千瓦和1亿千瓦以上，分别位居全国第五、第三，具备基地化、规模化、一体化开发的优越条件③。此外全省多年平均入境水资源量307.8亿立方米，出境水资源量460.5亿立方米④，蕴藏巨大的水利资源。

---

① 甘肃省电力公司向甘肃省统计局定期报送的数据。
② 王占东：《陇电外送区域扩大至25个省份 甘肃新能源外送规模居全国第二》，《每日甘肃》2024年3月17日。
③ 《甘肃省人民政府办公厅关于印发甘肃省"十四五"能源发展规划的通知》（甘政办发〔2021〕121号），https：//www.gansu.gov.cn/gsszf/c100055/202201/1947911.shtml。
④ 《甘肃省水利资源》，https：//www.gansu.gov.cn/gsszf/c100388/202007/162292.shtml。

可再生能源总体发展势头强劲。截至2024年9月底，甘肃新能源累计装机达5992万千瓦，占全省发电总装机的63.4%；1~9月新能源发电量为634亿千瓦时，占比达37%，排名全国第二。风电成为全省第一、光伏成为全省第二大电源[1]。预计到2025年底，全省新能源总装机将达到8000万千瓦，水电总装机将达到980万千瓦。甘肃正在全力由风光大省加快迈向风光强省。

水电开发、生态保护与安全生产并重。首先，2024年，甘肃省张掖盘道山抽水蓄能电站、皇城抽水蓄能电站、黄龙抽水蓄能电站、漳县抽水蓄能电站、东乡抽水蓄能电站等多个抽水蓄能项目稳步推进。其次，根据《水利部办公厅关于做好绿色小水电示范电站创建工作的通知》要求，2024年7月，甘肃省水利厅对岷县清水电站、渭源县峡城水电站、玉门市西干渠电站、河西水电站、龙马水电站等符合绿色小水电申报要求的电站予以公示[2]。最后，甘肃省积极推进小型水电站安全生产标准化建设，省水利厅组织制定了《甘肃省小型水电站安全生产标准化达标评级管理办法（试行）》为小型水电站安全生产提供了依据和指导[3]。

积极推进生物质发电。2024年，甘肃省积极布局生物质发电，努力探索可持续发展的能源路径。开展了第一批存量生物质发电补贴项目的申报工作。同时，积极推动新的生物质发电项目建设，武威市古浪县30兆瓦生物质热电联产项目建成投产后对当地的能源供应和全省生物质资源利用都具有重要的示范引领意义。

新型储能项目稳步发展。一是稳步推进储能电站建设，提高电力保供和新能源消纳能力。截至2024年6月底，甘肃已并网新型储能电站141座，装机总规模366万千瓦/876万千瓦时。二是实现储能高效利用。2023年，

---

[1] 甘肃省电力公司向甘肃省统计局定期报送的数据。
[2] 《水利部办公厅关于做好绿色小水电示范电站创建工作的通知》，http://www.mwr.gov.cn/zwgk/gknr/202304/t20230407_1652681.html。
[3] 《甘肃省水利厅办公室关于征求〈甘肃省小型水电站安全生产标准化达标评级管理办法（试行）〉意见建议的函》，https://slt.gansu.gov.cn/slt/c106726/c106732/c202201111504/c106748/202405/173915021.shtml。

甘肃新型储能平均利用小时数1022小时，电网侧储能利用小时数1580小时，全国排名第二。2024年1~8月甘肃新型储能平均利用小时数776小时，排名全国第五，较全国平均的616小时高26%，其中电网侧1410小时、电源侧640小时，分别较上年平均水平进一步提高34%和10%[①]。电网侧储能实现日均至少一充一放，部分日期实现两充两放。河西光伏配储基本实现日均一充一放。三是有效提升电网调节能力。储能参与电网调频有效缓解了新能源波动性对电网频率带来的影响，弥补了常规机组调节性能不足的问题。2024年1~8月，电网侧储能累计调频里程达557万千瓦，占全网总调频里程的44%，储能与新能源协同一体控制，有效平抑新能源的波动。四是源网荷储一体化项目进展顺利。截至2024年8月，甘肃省已分四个批次批复项目8个，涉及负荷规模453万千瓦，配置新能源装机规模951万千瓦（风电624.5万千瓦、光伏326.5万千瓦），储能147.5万千瓦/526万千瓦时[②]。

（六）锚定"双碳"目标，促进绿色低碳发展

2024年，甘肃锚定"双碳"目标，提升绿电消纳水平，促进全社会绿色低碳发展。

大力提升甘肃工业企业绿电消纳水平。在碳达峰碳中和目标与新型工业化战略推进下，甘肃省工业部门电气化水平日益提升。截至2024年7月8日，甘肃省内用电主体成交绿电电量9.24亿千瓦时，同比增速超113%，折合减少二氧化碳排放约764万吨。省内参与绿电交易用电主体增加至222个，较上年同期增加87个，其中31个主体已实现100%绿色用能。这表明企业对绿电的需求在不断增加，越来越多的工业企业开始选择使用绿电，以满足自身的能源需求和符合环保要求。

聚焦重点项目推动绿电消纳。如中能建张掖光储氢热综合应用示范项目

---

① 数据来源：甘肃省电力公司调度中心。
② 甘肃省电力公司向甘肃省统计局定期报送的数据。

一期1000标方每小时电解水制储氢一体化项目成功投运，该项目以5兆瓦自备光伏电站为电源，离网所发电量全部用于电解水制氢，每年将约800万度电就地转化为高纯氢气150吨，稳定满足30辆氢燃料电池公交车的用氢需求。甘肃高台县100万千瓦风光电一体化基地项目建成后年均可发绿电约21亿千瓦时。同时，该基地配套产业中的钠离子电池正极材料项目达产后每年可消纳3亿多度的绿电，MPCVD金刚石项目每年可消纳1.12亿度绿电①。

持续推动零碳园区建设。2024年6月，甘肃省发改委、能源局印发《甘肃省国家新能源综合开发利用示范区建设方案》，提出将绿电优势和园区载体有效融合，打造低碳零碳产业园，形成绿电支撑园区发展、园区促进绿电消纳的良性发展新格局。目前，通渭县"零碳乡村"、庆阳市"东数西算"产业园、张掖氢能零碳产业园、甘肃公航旅低碳示范产业园、榆中生态创新城科创中心净零碳园区及净零碳建筑等项目稳步推进。

探索现代设施农业智慧低碳发展路径。甘肃积极探索现代设施农业智慧低碳发展路径，研究多能互补微能网控制方法在定西香泉马铃薯扶贫产业园进行应用，解决农村电网无法满足农业负荷持续增长需求以及消纳扶贫光伏发电的难题。通过培育设施农业用电负荷892千瓦，实现了450千瓦扶贫光伏就地消纳，每年增供50万千瓦时售电量，给示范园区带来8000万~10000万元的营业收入，实现利润2000万元以上。

积极参与碳市场交易。甘肃积极参与碳排放权交易，在第二个履约周期内，甘肃共有20家发电企业被纳入配额管理，2023年新增4家，目前共有24家发电企业被纳入配额管理。2024年7月25日，甘肃省庆阳市林业和草原局作为项目业主在全国自愿减排交易系统（CCER）开户成功。庆阳市林业和草原局首个实施的林业碳汇项目按照70元/吨CO_2预算，项目总收益达4.9亿元，有望在年内实现首笔CCER减排交易②。这是甘肃积极参与全国碳市场交易取得的重要进展。

---

① 高台县人民政府网站数据。
② 安志鹏、李伟：《庆阳林业碳汇纳入全国碳交易市场》《甘肃日报》2024年7月31日，第3版。

二 2024年甘肃能源行业发展面临的挑战

近年来，甘肃能源行业在不断克服国际能源波动、疫情影响、经济下行压力较大带来的诸多不利因素的情况下，始终坚持新发展理念，坚持稳中求进工作总基调，全面保障了全省经济社会提质增效高质量发展，努力为国家能源安全贡献甘肃力量，在取得显著成效的同时亦面临诸多挑战。

（一）煤炭供需矛盾依然较为突出

一是甘肃煤炭供需矛盾依然突出。甘肃已查明煤炭资源量占全国的18.6%，全省在产煤矿产能共11700万吨，尚有1/3的规划产能未能释放。从2021年到2023年用煤数据来看，陇东地区年均有1500万吨的煤炭外运川渝和周边省份，甘肃则年均还需从外省调入煤炭3000万吨，甘肃面临明显的煤炭消费缺口大和区域性供需矛盾问题。二是交通运输瓶颈长期制约行业发展。煤炭运输费用较高，在煤炭企业生产流通成本中居首位，全国平均占比约为40.0%。然而全国8条重点煤炭运输的大动脉，通过甘肃的仅有兰渝铁路，无法满足陇东煤炭向西、向南外运需求。河西地区用陇东煤炭的运输成本偏高导致其倾向于从新疆等省区调入煤炭补充消费缺口就是这一现状的直观反映。三是随着新能源发电和电力外送量不断增长，调峰用煤压力加大。甘肃新能源装机规模和电力外送量逐年扩大，为确保电力系统的安全稳定运行，亟须提高煤电调峰能力。据统计，至"十五五"时期末，需新增电煤至少4000万吨/年；而到2025年，全省在建煤矿建成投产后预计年产量为8000万吨，按当前火电用煤比例估算，火电用煤为5200万吨左右，火电用煤自给后劲不足[①]。

---

① 《2024年甘肃省煤炭矿业权出让项目推介会》，https://zrzy.gansu.gov.cn/zrzy/c107751/202405/173908066.shtml。

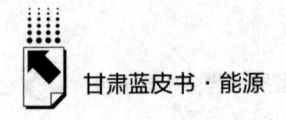

（二）油气行业转型升级压力大

一是油气勘探开发面临技术瓶颈。与一些油气产业发达地区相比，甘肃在油气勘探、开采、炼化等关键技术方面仍存在一定差距，限制了对一些复杂地质条件下油气资源的有效开发利用。如长庆油田油气资源丰富，随着油气勘探开发的不断推进，低渗、特低渗石油资源不断增多，稳产增产难度增大。已开发的油田已整体进入高含水、高采收率阶段，单井产量相对低，随着勘探的持续进行，提高开发效率面临的技术难题亟待攻克。二是油气化工产业链短、附加值低、同质化倾向严重。当前甘肃油气行业发展仍以原料开采、输出为主，高端产品缺乏，谋划的高端石化产业项目距离目标计划仍有一定的差距，低端产品市场竞争激烈，产能饱和，与周边的鄂尔多斯、榆林等地同质化程度较高，企业生产经营压力明显。

（三）电网协同建设及运行难度加大

一是新能源的高速发展对电网规划建设的安全、经济统筹水平提出更高要求。新能源能量密度低，风电平均利用小时数为2000~2500小时，光伏发电平均利用小时数为1400~1800小时，不到常规电源的一半，相应电力送出线路的利用效率也将会有所下降，此外常规机组参与新能源调峰，利用小时数也会随之降低。随着第三产业和居民生活用电占比持续提高，负荷"两峰两谷"特性更加突出。因此，如果继续按照当前满足电源接入最大需求（最大用电负荷）的原则开展电网规划设计，将会造成大量设备闲置。随着新能源项目布局逐步深入沙漠戈壁荒漠腹地，与之配套的电网建设规模持续扩大和单位造价持续增长，单位电量对应的电网建设运行成本呈快速上升趋势，需解决好能源和经济及社会统筹、输电走廊规划、系统安全保障等问题。二是新能源对大电网安全稳定运行带来一定风险。新能源发电量受气象条件和时间等因素影响较大。甘肃电网作为西北电网的枢纽及电力交换中心，目前全省新能源装机占比超过63%，排名全国第二，是典型的高比例新能源大规模外送型电网，电力系统"双高双峰"特征凸显。迎峰度夏期间，甘肃电网最大负荷突破2000万千瓦，逼近常规电源最大出力，极端天气新能源小发时段供需平衡难度加大。这些特性对甘肃电力供应安全、系统安全稳定、非常规电网安全均带来一定风险。

（四）电力安全保供要求日趋复杂

在国际能源安全形势日趋复杂的背景下，国内受近年来煤炭、极端天气以及电网中新能源占比持续增高等因素影响，电力供应长期处于紧平衡状态，电力保供的边界条件、主要矛盾都发生了重大变化。一是甘肃经济社会高质量发展对能源供应保障能力有更高要求、更大需求。进入新时代，甘肃省在高载能产业转移、新能源和新材料加快发展、现代服务业水平提升、旅游市场需求旺盛以及人民生活水平提高等因素的带动下，电力消费水平大幅提升，对大电网安全稳定运行和电力保供能力提出更高要求。二是安全保供要求下对储能的发展要求进一步提高。随着电力安全保供水平的提高，甘肃在配建储能与新能源的协同控制能力、新型储能发挥电力保供的支撑作用、多级耦合断面下的储能调节控制精度、多场景组合下的全网储能优化调控与应急控制能力等方面都亟待加强。

（五）新能源消纳形势依然严峻

一是近年来甘肃新能源装机规模不断扩大，"十四五"期间新能源理论发电量年均增长约29%，远超省内全社会用电量增长速度，甘肃省新能源装机已达到全省最大用电负荷的2.5倍。根据《甘肃省"十四五"电力发展规划》，预计到2025年，全省新能源装机将超过8000万千瓦，全省最大负荷约为2641万~2763万千瓦，省内就地消纳能力不足。新能源装机规模大幅增长与消纳空间不足的矛盾日益突出。二是风电和光伏发电随机性、波动性、间歇性的特征导致发电出力不稳定。2024年迎峰度夏期间，甘肃在外送电量整体增长10%的情况下，午间外送电量同比大幅下降。这种"高电力、低电量"的矛盾局面，亦增加了消纳难度。三是跨省区电力交易规则不够完善叠加周边省份新能源发展同质化趋向，导致送端省份送电竞争激烈。随着新能源规模进一步增加，省内新能源利用率存在进一步下降的风险，午间电力盈余和晚高峰电力不足的矛盾将更加突出，新能源多时间尺度的波动不仅需要系统匹配相应的灵活调节能力，还需进一步深化需求侧等各市场主体的联动协同。

三 2025年甘肃能源发展前景展望及对策建议

（一）2025年甘肃能源发展前景展望

2025年，甘肃将迎来"十四五"收官之年，甘肃能源行业将进一步全面贯彻党的二十大精神和甘肃省委、省政府决策部署，全面贯彻新发展理念，以加快建设新型能源体系为主线，锚定"十四五"能源发展目标，着力贯彻落实《推进新时代甘肃能源高质量发展行动方案》，持续在能源重点领域蓄力发力，推动能源高质量发展。为加快建设幸福美好新甘肃、不断开创富民兴陇新局面提供坚实可靠的能源保障。

1. 将进一步推动煤炭优质先进产能释放，夯实煤炭保供基础

2025年，甘肃将持续科学规划煤炭产能，着力夯实煤炭供应保障基础，发挥好煤炭"压舱石"作用。一是政策规划的指导作用将进一步凸显。国家能源局制定的《关于加快煤矿先进产能建设 保障煤炭安全稳定供应的通知》《关于建立煤炭产能储备制度的实施意见》及甘肃省出台的《甘肃省矿产资源总体规划（2021~2025年）》《关于推动矿产资源勘查开发高质量发展的意见》《优化营商环境提升矿产资源保障能力的若干措施》《关于深化矿产资源管理改革及进一步完善勘查开采登记工作的通知》《甘肃省矿业权出让收益征收办法》等一系列文件，将构建协同发展、保障有力的政策体系，有力支撑煤炭优质先进产能释放。二是煤炭资源勘查和生产将加速推进。未来，甘肃将建设一批煤炭储备基地，构建以企业储备为主体、政府储备为补充、产品储备与产能储备有机结合的煤炭储备体系。煤炭勘查的重点将聚焦河西地区的山丹-永昌煤田和肃北煤田两大煤炭富集区，中部地区的靖远、窑街老矿区深部和外围，陇东地区的宁县中部和灵台独店等12个资源赋存好、有潜力的区块，提高勘查强度以满足矿井开发需求。同时随着新增产能核准的稳步增长，甘肃煤炭安全稳定供应能力将大幅增强。

2. 油气行业在国际地缘政治博弈影响下仍将稳步提升油气保供能力

2025年，国际地缘政治博弈、局部地区战争风险增加等因素客观存在。甘肃石油行业还需科学研判发展前景，未雨绸缪，着力提升油气供应保障能力，维护国家能源安全。一是市场环境不确定性依然存在。俄乌冲突持续升级，中东局势严重，全球经济增速明显放缓，对石油的需求量可能会低于预期值；国际石油价格波动等因素客观存在，相关影响必然波及国内油气市场，石油行业的生产经营以及拓展外部市场或将承受压力。二是将着力推进油气"全国一张网"在甘肃重点工程建设，稳步推进陇东千万吨级油气生产基地和特色高端战略性石化工业基地建设，切实做到控油增化、提质增效。在2024年全省原油产量超1180万吨目标顺利完成的基础上，预计2025年，甘肃原油产、消量持续稳中有进。三是将加快省内天然气支线管道建设，推进天然气储气设施项目建设，补齐储气能力短板，增强天然气应急调峰保供能力。在2024年天然气产量超过8亿立方米目标顺利完成的基础上，预计2025年，天然气产量、天然气消费比重、储气能力将依然保持稳步提升。

3. 电力行业将延续火电兜底、新能源发电齐头并进的良好发展态势

一是国家将继续大力支持新能源行业发展，这是甘肃电力行业加快新型能源体系建设、实现高质量发展的重大机遇。2025年，甘肃将加快推进国家新能源综合开发利用示范区建设，探索建立适应新能源发展的各项体制机制，持续提升新能源开发能力，将进一步形成新能源发展与电力系统调节能力相适应、电力系统安全稳定运行、新型电力系统构建全面推进的新格局，新能源、抽水蓄能、新型储能、特高压将进一步协同发展。

二是甘肃电力以火电兜底保障电力安全可靠供应的基础仍将保持稳定，重点将探索研究如何科学合理优化煤电布局和火电绿色改造以提升系统支撑和灵活调节能力。甘肃在实现"双碳"目标的过程中，传统火电的角色正

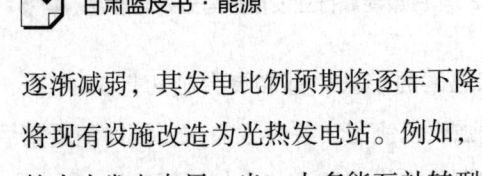

逐渐减弱，其发电比例预期将逐年下降。目前，已有一些火电企业开始探索将现有设施改造为光热发电站。例如，大唐托克托发电公司正在实施由传统的火力发电向风、光、火多能互补转型的项目，这是甘肃省火电企业在低碳转型方面的积极探索。未来，甘肃省将进一步淘汰落后产能，以新能源发电技术推动老电厂低碳转型，不仅为火力发电提供一条清洁化的转型路径，也为实现从高碳到零碳的资产转变提供可能。

三是省内电力消费量或将迎来高速增长。2023年，在酒泉宝丰多晶硅、兰州新区东金硅业等项目投运的带动下，甘肃全社会用电量达到1644.7亿千瓦时，同比增长9.59%；年度全社会最大用电负荷为2246.4万千瓦，同比增长9.92%，创历史新高①。2024年1~9月，甘肃全社会用电量达到1291.3亿千瓦时，同比增长7.1%②。随着庆阳"东数西算"数据中心、新能源装备制造产业园、电动汽车充电桩等战略性新兴产业和未来产业加速落地，预计2025年和"十五五"时期，全省电力消费仍将保持快速增长。

四是新能源消纳和外送能力将进一步增强。2025年，甘肃将加大陇电外送通道建设，将在全面投运4条电网外送通道的基础上，前瞻布局，再谋划2条外送通道，这将有效缓解新能源消纳压力，陇电外送的规模和范围将进一步扩大。

五是省内新型储能多元化、规模化发展，电化学储能应用将进一步深化。目前，除锂离子电池储能之外，重力储能、全钒液流电池储能、高温熔盐储能等多种类型的新型储能项目正在稳步推进，新型储能将实现高速发展，预计到2024年底甘肃省以电化学储能占主体的新型储能装机将超过500万千瓦。

（二）加快建设甘肃省新型能源体系的对策建议

习近平总书记指出："加快构建清洁低碳安全高效的能源体系，是我国

---

① 数据来源：甘肃省统计局网站。
② 甘肃统计月报2024年9月。

能源革命的主攻方向。"为加快建设"安全高效、清洁低碳、多元协同、智能普惠"①的新型能源体系，实现甘肃能源高质量发展目标，本报告提出以下对策建议。

1. 加快煤炭行业绿色升级，着力构建有机立体的煤炭储备体系

一是要加快推进煤炭行业绿色升级。要全面提升甘肃省煤炭行业智能化开采技术水平，加大对智能化采煤设备和技术的研发与应用投入，如采用自动化采煤机、智能运输系统、智能通风与排水系统等，提高煤炭开采的效率和安全性，减少井下作业人员数量，降低人力成本和安全风险。要全面提升清洁利用技术，加强煤炭洗选技术的改进和创新，提高煤炭的洗选效率和质量，降低煤炭中的灰分、硫分等杂质含量，减少燃烧过程中的污染物排放。要全面提升废弃物处理技术水平，研发和应用煤矸石、煤泥等煤炭废弃物的处理技术和回填造园等模式，减少对环境的污染。要合理控制煤炭消费总量，助力"双炭"战略目标。有序推进兰州、金昌等地重点企业自备燃煤机组清洁能源替代，进一步提高企业清洁能源消费比例。

二是要进一步优化省内产能布局。要根据煤炭资源的分布和市场需求，合理规划煤炭产能布局，淘汰落后产能，核准核增一批规划内的先进产能项目，提高煤炭产业的集中度和竞争力。要促进产业链延伸，利用甘肃丰富的煤炭资源，发展煤制油、煤制气、煤制烯烃等煤化工产业，提高煤炭的附加值，减少对传统煤炭市场的依赖。加强煤炭企业与电力企业的合作，推进煤电一体化项目建设，实现煤炭的就地转化和高效利用。围绕煤炭产业，培育和发展煤炭运输、煤炭贸易、煤炭金融等相关产业，完善煤炭产业链，提高煤炭产业的综合效益。

三是要着力构建有机立体的煤炭储备体系。要积极探索构建以企业储备为主体、政府储备为补充、产品储备与产能储备有机结合的煤炭储备体系以增强甘肃煤炭消费的供给端弹性，更好发挥煤炭在能源供应中的"压舱石"

---

① 谢克昌：《新型能源体系发展背景下煤炭清洁高效转化的挑战及途径》，《煤炭学报》2024年第1期。

和"稳定器"作用，有效应对国际能源市场剧烈波动、供需形势急剧变化和极端天气带来的电能产出波动。在产品储备方面，应严格落实最低煤炭库存制度，确保2025年实现煤炭产品储备达到全省年消费量的5.0%，静态储备能力达到45.0万吨以上的目标。

2. 油气行业坚决保障国家能源安全，全面推进提质增效

一是要守牢油气战略的安全底线。要扎实落实高质量油气勘探开发"七年行动计划"，升级勘探开发技术、炼化技术，加大石油资源的勘探开发力度，保障勘探开发项目建设条件，促进油气储量和产量增加，保障相对稳定的石油产量。

二是要持续优化石油天然气产业结构。向上游延伸，加强与油气勘探、开发相关的服务产业发展，如石油钻井服务、测井服务、油井维护服务等，提高产业的协同发展能力。向下游拓展，发展油气化工产品的深加工和终端应用产业，提高产品的附加值和市场竞争力。推动省内产业集群内的企业进行产业链协同创新，共同开展技术研发、产品设计、市场开拓等活动，提高整个产业集群的创新力和竞争力。

三是要坚持绿色可持续发展路径。在石油天然气勘探、开采、炼化等过程中，严格遵守环境保护法律法规。对开采过程中破坏的土地、植被等进行修复和治理，保护生态环境。加强对油田周边生态环境的监测和评估，及时发现和解决环境问题。要推广应用节能技术和设备，降低石油行业的能源消耗。在石油企业中推广应用太阳能、风能、地热能等清洁能源，减少对传统化石能源的依赖，降低碳排放。

四是要持续深化对外合作，推进高质量发展。加快推进对外开放合作是推动油气行业高质量发展的重要内容。甘肃一方面要坚持对外开放，持续推进"一带一路"工程项目建设，强化与中亚西亚国家的石油产业合作。另一方面要抢抓石油产量增储上产的机遇，开展多种方式的企地合作，推动当地企业发展压裂试油、采油设备制造、管道防腐、机械维修和技术服务等油气勘探辅助和配套服务产业。

五是要加强全省各县区天然气生产消费、调峰调度、安全管理和突发应急管理能力，完善工作机制。建议建立天然气行业发展监督管理领导小组或者行业沟通协调联动机制，为甘肃省天然气行业的有序发展保驾护航。建议相关能源部门和发展规划机构继续扩大天然气外部合作空间和规模，在原有合作的基础上积极开展外部天然气合作项目，保障我省天然气消费外部气源能够长期有效供给。

3. 系统推进新型电网建设，提升电网安全水平

一是要协调统筹电网规划与网架优化，大力争取国家对甘政策支持。要根据甘肃能源发展目标和电力需求增长趋势，不断优化调整中长期电网规划。加强对省内不同区域电网的统筹规划，要按照"集中连片开发、打捆接入电网"原则，统筹常规电源、调节电源、新能源、负荷需求、电网接入能力等各要素，科学合理确定新能源规划布局、年度开发建设规模以及新能源和常规电源的结构配比。充分考虑不同地区新能源发展、系统承载力、系统经济性、本地负荷等因素，引导新能源装机向消纳条件较好的甘肃省中东部地区发展、储能等调节资源向消纳形势严峻的河西地区发展，确保电网布局合理、结构坚强。持续加强750/330千伏骨干网架建设，合理规划变电站布局，加快现代智慧配电网建设，提高配电网的智能化水平和供电可靠性，提高电网的输电能力、稳定性和安全性。依托沙漠、戈壁、荒漠大型风光电基地，推进库木塔格沙漠基地外送等后续特高压直流外送通道规划研究。

二是提升电力市场建设与运营水平。加快融入全国统一电力市场建设步伐，健全中长期、现货、辅助服务市场运行机制，启动电力零售市场，促进各层级多时间尺度市场联动融合发展。完善电力市场交易规则，提高市场的透明度和公平性，引导市场主体积极参与电力交易。规范市场主体的行为，维护电力市场的正常秩序，保障电力系统安全稳定运行。要完善辅助服务市场规则，加大顶峰、深调激励力度，引导常规机组进一步灵活性改造，将甘肃火电机组最小发电能力平均值降至30%以下。优化需求侧响应市场机制，引导用户错峰生产，扩大需求侧响应资源库，挖掘用户侧调节能力。

三是多层级强化电网安全保供能力。积极落实"政府主导、政企协同、企业实施"的保供格局，健全密集输电通道联合防控机制，持续巩固"三道防线"，提升电网本质安全水平。加强对电网设备的运维管理，定期开展设备检修和隐患排查治理工作，确保电网设备的安全可靠运行。高效推进现代智慧配电网规划建设，提高中低压配电网抵御自然灾害的能力，补齐农村电网发展短板。通过新增变电站布点提高对新增负荷的供电能力，保障电气化铁路等重要大用户负荷高可靠性、高质量供电要求。

四是加强新型电力系统构建相关的科技创新人才培养。开展电网建设和运行管理方面的科技创新研究，提高电网的智能化、自动化水平。加强对新型电力设备、技术和材料的研发和应用。积极开展培训、交流和项目实践，培养一批在电力建设和运行管理领域具有专业技能和创新能力的人才，为甘肃新型电力系统构建提供人才保障。

4. 发挥新能源产业优势，加快形成新质生产力

一是要积极统筹规划新能源发展布局。要坚持"统筹全局、量率一体"原则，研究制定甘肃省新能源发展指导意见，紧扣"双碳"目标，以国家下达的消纳责任权重为下限，分年度确定控制新能源装机规模，分地区优化布局，分市州明确利用率底线，明确新能源合理消纳目标、装机规模和并网时序，推动新能源高质量发展，助力甘肃省建设国家新能源综合开发利用示范区。

二是要优化新能源电源结构与储能配置。加快灵活调节电源建设，加快抽水蓄能电站建设，推进张掖、皇城、玉门、黄羊、黄龙、永昌等已核准项目的施工进度，争取早日投产。积极探索新型储能技术的应用，推动"新能源+储能"协同发展。进一步健全"新能源+储能"的发展机制，针对储能设施建设作为新能源项目开发的重要配套措施协同开发后产生的成本增加问题，组织专家研究论证解决方案。加强多元化储能技术的研发与应用，推动储能成本持续下降、性能持续提升，为新型储能的规模化、商业化应用奠定坚实基础。引导社会资本积极参与新型储能建设，形成多元化投资、专业化运营的市场格局，激发市场活力，推动新型储能产业持续健康发展。

三是寻求主要技术突破，加快形成新质生产力。加强不同时长储能差异化配置研究，针对不同的应用场景进行储能时长差异化配置，以满足在分钟级、小时级、日级、季度级乃至年度级等多时间尺度上的电力系统灵活性调节需求。建立新能源产学研合作平台，促进高校、科研机构与企业之间的深度合作。开展新能源项目研发和示范，加速新技术的应用和推广。探索利用大数据、人工智能、物联网等先进技术，实现新能源生产、传输、存储和消费的智能化管理。发挥电网资源配置作用，实现新能源与传统能源的高效协同，优化能源分配和利用。

5. 推动绿电交易，多维度挖掘消纳潜力

一是提升新能源预测准确性和延长预报时长。利用市场化手段充分挖掘源网荷储调峰潜力，构建源网荷储各环节共同发力、全社会各方共同参与的新能源发展消纳新机制。建成新能源消纳"全国一盘棋"的统一优先调度机制。通过创新性开展富余新能源跨区跨省交易、参与全国统一电力市场交易平台等手段，组织甘肃火电、水电与新能源打捆，向北京、湖南、天津、广东等25个省份输送绿色电力，有效提升省内新能源消纳水平。

二是进一步提升调峰能力。落实新能源属地化管理责任，分片区、分性质、分项目、分断面等精细化统计新能源利用率，引导新能源向甘肃中东部地区布局，缓解河西地区新能源大规模集中接入消纳压力。在新能源富集区域，引导本地新能源通过建设友好型新能源电站、新能源配建储能、共享储能等多种形式，平滑输出功率、保障新能源高效利用，提升新能源并网友好性和容量支撑能力。对于沙漠、戈壁、荒漠大型新能源基地，通过合理配置新型储能，提升外送通道利用率和通道可再生能源电量占比，支撑大规模新能源外送。

三是提升本地消纳能力。研究制定甘肃省绿色电力消纳的政策措施，形成政策合力，推动绿色电力在省内的广泛应用。大力发展电能替代，加大省内工业、交通、建筑等领域的电能替代力度。比如，在工业领域推广电锅炉、电窑炉等设备，在交通领域加快电动汽车的普及和充电桩的建设，在建筑领域推广电采暖、电制冷等技术，提高本地绿电消费能力。大力培育新兴产业，结合新能源发展，积极培育和引进大数据、云计算、人工智能等新兴

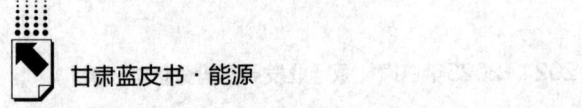

产业，为新能源本地消纳提供新途径。积极推动零碳园区建设，研发和引进先进的绿色低碳技术，加强低碳零碳负碳技术、人工智能技术、数字技术等研发推广和转化应用，探索碳捕集、利用和封存等技术的创新应用，扩大绿电消纳。推进设施农业绿色低碳可靠供电技术应用，积极推进农（牧）光互补、渔光互补等"光伏+"综合利用项目，在农业产业园、有条件的村镇建设风、光、生物质、储能等多能互补综合利用项目，提高用能效率和综合收益。实施"户用光伏+储能"试点项目，推动农户低碳零碳用电，实现用电自给自足。

参考文献

中共国家能源局党组：《加快建设新型能源体系 提高能源资源安全保障能力》，《求是》，2024年第11期。

章建华：《深入学习贯彻习近平总书记重要讲话精神 以更大力度推动我国新能源高质量发展》，《时事报告》2024年5月。

特别报告

B.2 甘肃省实施能源安全新战略十周年成就与展望

王 圆[*]

摘 要： 2014~2024年，甘肃深入践行习近平总书记"四个革命、一个合作"能源安全新战略，围绕省委省政府决策部署，能源发展成就显著，在一系列政策的支持下，传统能源获得稳步发展，新能源装机规模持续扩大，发电量不断创新高，产业布局不断优化；重点项目建设进展顺利，重点企业贡献突出；政策支持与技术创新推动能源发展。甘肃能源发展经验包括发挥资源优势、加强政策支持、拓展消纳渠道和加快外送通道建设。未来，甘肃将继续加大新能源产业发展力度，优化产业布局，发挥重点企业作用，丰富创新模式与措施，加强政策支持与技术创新，为实现"双碳"目标和经济社会可持续发展做出更大贡献。

关键词： 能源安全 新能源 甘肃省

---

[*] 王圆，中共国网甘肃省电力公司党校（培训中心）政工师，研究方向为政策研究与战略分析。

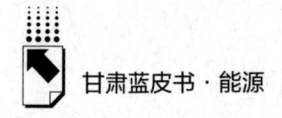

2014年6月13日，在中央财经领导小组第六次会议上，习近平总书记提出"四个革命、一个合作"能源安全新战略，为我国能源安全和发展提供了根本指引，要求"推动能源技术革命，带动产业升级，立足我国国情，紧跟国际能源技术革命新趋势，以绿色低碳为方向，分类推动技术创新、产业创新、商业模式创新，并同其他领域高新技术紧密结合，把能源技术及其关联产业培育成带动我国产业升级的新增长点"。2024年9月12日，习近平总书记在全面推动黄河流域生态保护和高质量发展座谈会上强调，要大力发展绿色低碳经济，有序推进大型风电光伏基地和电力外送通道规划建设，加快重点行业清洁能源替代。十年来，甘肃积极践行国家能源安全新战略，充分发挥自身资源优势，全力推动能源产业迈向转型升级与可持续发展之路。

一 能源安全新战略实施十周年甘肃能源发展成就

2014~2024，甘肃能源发展取得了令人瞩目的成就。传统能源方面，煤炭资源得到更为高效的开发和利用，先进的开采技术和环保措施确保了煤炭生产的安全与可持续。石油和天然气产业稳步发展，油气管道网络日益密集，保障了能源的安全供应，为地区经济增长提供了稳定的动力。新能源方面，大力发展新能源，风力发电、太阳能发电产业迅速崛起。电力方面，电网建设不断加强，电力输送稳定性和可靠性不断提升，新能源装机容量不断攀升，甘肃成为国家重要的新能源基地。

（一）能源消费更加合理

能源绿色低碳发展关乎人类未来，推动能源消费革命，需要抑制不合理能源消费，协同推进降碳、减污、扩绿、增长。

1. 煤炭消费得到合理控制

长期以来，煤炭是甘肃的主体能源，占一次能源消费的70%以上，随着经济发展和能源结构调整，煤炭需求量一度逐年增加，但在能源供应日趋紧张以及环保、低碳发展的要求下，煤炭消费量增长逐步得到合理控制，并呈下降趋势，2020年全省削减煤炭消费量447万吨，煤炭占能源消费比重降低到52.74%以下①。不断优化煤炭消费结构，2017年全省关闭退出煤矿10处，退出产能240万吨②；2018年，全省关闭煤矿28处，退出产能538万吨，推动煤炭产业绿色转型。推进煤炭清洁高效利用，严控钢铁、建材、化工等主要耗煤行业耗煤量，严格执行行业能耗标准，新建项目实行产能等量或减量置换。持续压减散煤消费，严禁劣质煤使用，科学有序推进散煤替代。全面开展煤电机组改造升级，推动煤电节能降碳改造、灵活性改造、供热改造"三改联动"，推动煤电向基础保障性和系统调节性电源并重转型。甘肃新能源的开发和利用不断增加，对煤炭的依赖度逐渐降低。

2. 石油消费呈现波动式增长

随着省内经济尤其是交通运输、工业等领域的持续发展，对石油的需求不断增加，推动了石油消费总量的上升。然而，受到宏观经济形势变化、能源结构调整以及新能源发展等因素的影响，石油消费的增速并非一直保持稳定，存在一定的波动。甘肃石油消费结构以交通运输和工业领域为主，在交通运输领域，各类货运车辆、客运车辆以及私家车保有量不断增加，对汽油、柴油的需求较大；航空运输的快速发展也使得航空煤油的消费量不断上升。在工业领域，石油在甘肃的工业生产中具有重要地位，石油化工产业是甘肃的重要产业之一，企业在生产过程中需要大量的原油作为原料。此外，一系列能源政策、环保政策等对石油消费产生了重要影响，新能源汽车的推广，在一定程度上抑制了汽油消费的增长；工业企业的节能减排要求不断提高，促使企业采用更加高效的能源利用方式，减少对石油的依赖。

3. 天然气消费逐步增加

随着经济发展以及居民生活水平的提高、工业生产的持续推进、能源结

---

① 《甘肃省人民政府办公厅关于印发贯彻国务院部署保持基础设施领域补短板力度实施方案的通知》，https://www.gansu.gov.cn/gsszf/c100055/201812/100420.shtml。
② 《甘肃省发展和改革委员会关于对全省2017年煤炭行业化解过剩产能拟关闭煤矿的公示》，https://www.gansu.gov.cn/gsszf/c100002/c100010/201705/107450.shtml。

构的不断优化，天然气消费总量呈上升趋势。居民生活中天然气使用范围不断扩大，从城市逐渐向部分乡镇普及，天然气在居民的炊事、热水供应等方面得到广泛应用。在工业领域，天然气的需求也在不断增长，化工、建材、冶金等行业企业将天然气用于生产过程中的加热、烘干、燃烧等环节。此外，天然气季节性消费差异明显，冬季居民采暖用气需求大幅增加，一些工业企业在冬季也需要更多的天然气用于生产和供暖，进一步加大了冬季的天然气需求。总体而言，甘肃天然气消费呈现增长态势，但也面临资源供应、地区差异、季节性波动等方面的挑战。

4. 电力消费实现绿色转型

工业领域，深入推进终端能源消费电气化，严格执行行业能耗标准，控制钢铁、建材、化工等耗煤行业耗煤量，推动企业采用电能等清洁能源；部分企业采用电窑炉、电加热等设备替代传统的燃煤、燃油窑炉和加热方式，一些砖瓦厂将"土砖窑"改造为"电窑"，实现了节能减耗和经济效益的提升。在居民生活领域，推进冬季清洁取暖试点城市建设，用清洁电力取暖替代传统的燃煤取暖。在交通领域，城市公交、出租车等公共交通工具逐步电动化，铁路运输中的电气化铁路里程不断增加，提高了铁路运输的能效和环保水平；加快充电桩建设布局，截至2024年5月底，全省高速（一级）公路165个服务区建成充电桩892个（充电车位1744个），高速公路沿线充电设施覆盖率达95.54%。国省干线公路具备条件的48个服务区建成充电桩118个，国省干线公路沿线充电设施覆盖率达到100%。在建筑领域，推广建筑节能和分布式光伏发电，一些新建建筑采用太阳能光伏发电系统，实现了部分电力的自给自足；在公共建筑和居民住宅中推广电采暖、电制冷等技术，减少对煤炭、天然气等能源的需求。

十年间，甘肃省能源消费总量不断攀升，由2013年的7286.72万吨标准煤，增长到2022年的8667.89万吨标准煤，增长率为16%（见表1）。能源消费结构逐步优化，新能源占能源消费总量的比重逐渐提高，传统能源在能源消费结构中的比重逐渐下降。能源利用效率不断提高，单位GDP能耗总体下降（见图1），有效推动减污降碳，促进绿色低碳转型。

表 1 2013~2022 年甘肃省能源消费总量及构成

单位：万吨标准煤，%

年份	能源消费总量	占能源消费总量的比重			
		煤炭	石油	天然气	一次电力及其他能源
2013	7286.72	60.63	16.70	3.98	18.69
2014	7521.45	60.41	16.34	4.19	19.06
2015	7488.50	60.21	16.15	4.45	19.19
2016	7299.93	58.72	17.25	4.63	19.40
2017	7503.63	55.83	17.13	4.93	22.11
2018	7822.54	54.44	16.21	4.98	24.37
2019	7818.02	52.40	15.50	5.27	26.83
2020	8104.71	52.74	15.33	5.29	26.64
2021	8434.23	55.45	14.58	5.25	24.72
2022	8667.89	55.00	15.46	5.46	24.08

数据来源：甘肃省统计局网站。

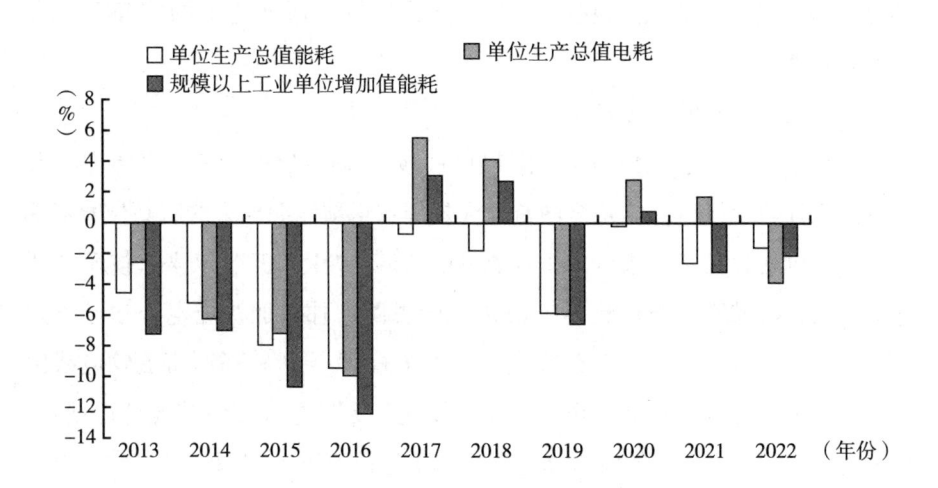

图 1 2013~2022 年甘肃省能源消耗

数据来源：甘肃省统计局网站。

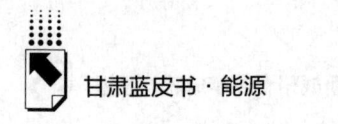

（二）能源供给持续优化

1. 传统能源安全供给水平提高

党的十八大以来，甘肃能源行业始终把确保能源安全可靠供应摆在首要位置，逐步建立了多元供给的能源供应体系。十年间，煤炭供给稳步增长，成为全省经济发展的重要能源支柱。2015年，甘肃省原煤产量为4399.6万吨，2016~2020年，受供给侧结构性改革、去产能等政策影响，省内部分落后产能退出，原煤产量有所下降。2022年至今，随着煤炭行业的发展以及相关政策的推动，煤炭产量有所提升。原油产量稳步增长。甘肃拥有长庆、玉门两大油田，2022年石油储量为4.82亿吨，位居全国第二，占全国比重为12.7%；剩余探明技术可采储量为3.83亿吨，位居全国第四。2014~2021年，随着技术的不断进步和新油田的开发，甘肃省石油产量逐渐增加，2022年及以后，产量继续保持增长态势，为全省乃至全国能源供应提供了有力保障。石油行业产业链不断完善，形成了包括开采、炼化、基础化工、合成材料、精细化工的完整石化化工产业体系。

2. 电力供应规模持续扩大

"十二五"期间，甘肃就谋划推进电力外送通道建设。2017年6月，祁韶直流工程建成投运，这是全国首个大规模输送新能源电力的特高压直流输电工程，也是甘肃省首条特高压直流输电通道。"十四五"以来，按照"用好第一条、建成第二条、建设三四条"的思路，甘肃加快陇电外送通道建设步伐。2023年8月，开工建设陇东—山东±800千伏特高压直流输电线路工程，该工程是全国首个"风光火储一体化"大型综合能源基地外送项目，起于甘肃庆阳，落点在山东泰安，线路全长926.4公里，甘肃段全长108.104公里，年外送电量360亿千瓦时，其中新能源占比超过50%。截至2024年10月13日，甘肃段已实现全线贯通。2024年7月，世界首个柔性特高压直流工程——甘肃至浙江±800千伏特高压直流工程开工建设，该工程起于甘肃武威，落点在浙江绍兴，线路全长2370公里，配套建设调峰煤电400万千瓦、新能源1120万千瓦。随着陇电外送通道的建设和推进，甘肃外送电力的规模和区域持续扩大，外送电量从2015年的135亿千瓦时增长到2023年的522亿千瓦时。2024年1~9月，甘肃外送电量达437亿千瓦时，同比增长17.5%（见图2）。

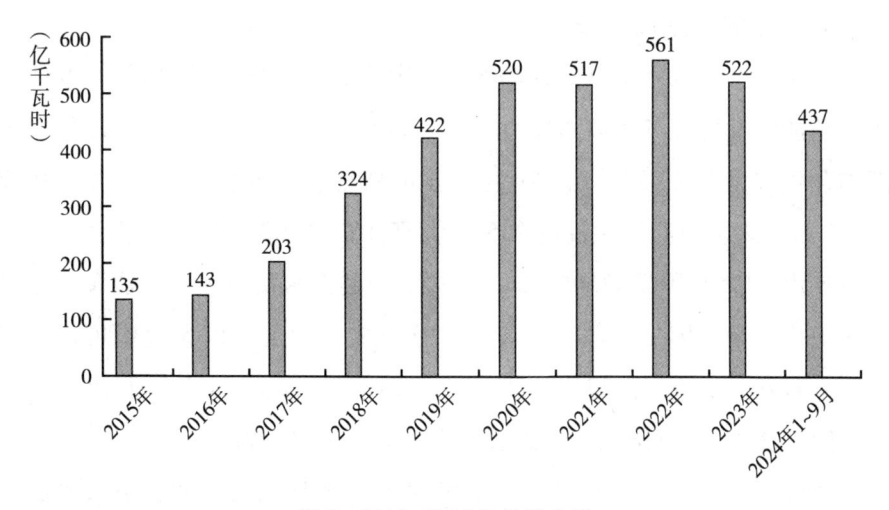

图2　2015~2024年外送电量

数据来源：甘肃省电力公司。

3.能源基础设施建设成果丰硕

在电力领域，进一步强化省内750/330千伏骨干网架，陆续建成了兰临750千伏输变电工程、郭隆至武胜750千伏第三回线工程等多个输变电工程，优化了地区网架结构，满足了各类电源接入和新增负荷发展的需要，提高了电网供电可靠性和稳定性。加强与各省区市之间的协同互联，目前，甘肃电网通过19回750千伏线路与宁夏、青海、新疆和陕西电网联网运行，输电能力由2016年的1400万千瓦提高到2024年的3490万千瓦，形成了东联陕西、北通宁夏、西接青海、西北延至新疆的电网结构，为保障西北电网安全稳定运行提供了有力支撑。农网升级改造取得成效，2018年甘肃深度贫困地区脱贫攻坚电网工程全面建成，标志着甘肃农村电网提档升级，深度贫困地区群众的生产生活开始从"用上电"向"用好电"转变。在油气领域，加快油气产能建设，筹备组建省级天然气公司，并加强天然气输配价格监管等。省内天然气管网不断完善，形成了纵横交错、覆盖广泛的油气输送网络，提升了油气资源的运输和供应能力，保障了居民生活、工业生产。

4. 新能源产业蓬勃发展

十年来，新能源呈爆发式增长，"十四五"期间，甘肃新增3643万千瓦新能源并网，其中风力发电新增装机容量1663万千瓦、太阳能发电新增装机容量1970万千瓦、生物质发电新增装机容量10万千瓦。相比"十三五"末，新能源装机由2355万千瓦提升至6014万千瓦，新能源装机占比由42%提升至63.4%（见图3），新能源装机占比、新能源发电量占比均排名全国第二，电源构成由以化石能源为主向以大规模可再生能源为主转变，实现了能源生产清洁化。2014年12月31日，甘肃电网风电并网突破1000万千瓦，标志着甘肃千万千瓦级"陆上三峡"风电基地全面建成。2021年12月10日，通渭风电基地盘龙山四期、华家岭西一二期风电场并网发电，标志着甘肃中部首个百万千瓦级风电基地建成。截至2023年底，全省新能源并网装机超过5000万千瓦，新能源装机占比超过60%，其中风电装机在新能源装机中占据重要份额。目前在张掖、武威、白银、定西、庆阳建成5个百万千瓦级风电基地，在兰州、武威、金昌、张掖、酒泉、嘉峪关建成6个百万千瓦级光伏发电基地。自2014年被列入国家首批光伏扶贫试点省份以来，甘肃积极推进光伏扶贫，截至2020年，省内光伏扶贫项目规模达到127.6万千瓦，其中村级电站92.1万千瓦，共计3896个建档立卡贫困村18.92万户建档立卡贫困户受益。

总体而言，10年来，甘肃省能源生产总量不断攀升，生产总量由2013年的5538.21万吨标准煤，增长到2022年的7778.97万吨标准煤，增长率约为30%（见表2），主要能源产品产量也呈现总体增长态势（见表3）。

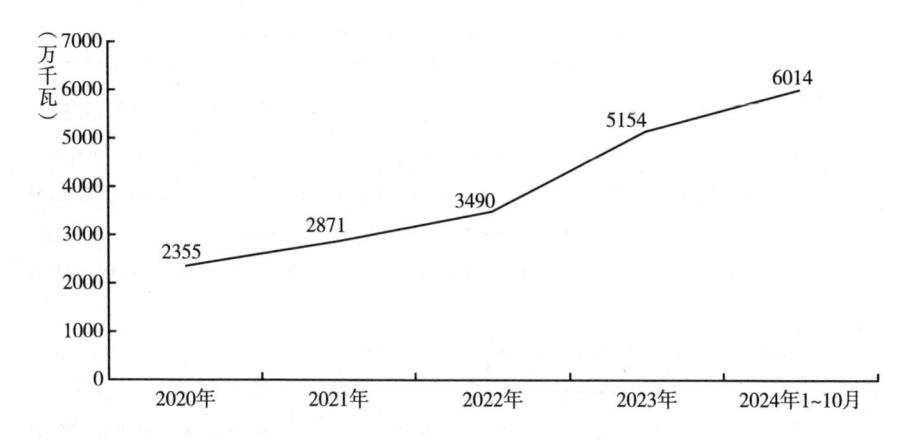

图3 2020年至2024年1~10月甘肃省新能源装机

表2 2013~2022年甘肃省能源生产总量及构成

单位：万吨标准煤，%

年份	能源生产总量	占能源生产总量的比重			
		原煤	原油	天然气	一次电力及其他能源
2013	5538.21	55.48	18.32	0.25	25.95
2014	5926.50	54.64	18.61	0.27	26.48
2015	5816.78	52.02	20.14	0.27	27.57
2016	5667.42	51.86	20.20	0.24	27.70
2017	5749.10	45.20	20.55	0.39	33.86
2018	6107.42	40.76	20.11	0.48	38.65
2019	6394.63	39.53	20.19	0.31	39.97
2020	6729.39	39.17	20.57	0.70	39.56
2021	7031.70	40.52	20.91	0.70	37.87
2022	7778.97	44.32	20.06	0.84	34.78

数据来源：甘肃省统计局网站。

表3　2014~2023年甘肃省主要能源产品产量

主要能源产品产量	2023年	2022年	2021年	2020年	2019年	2018年	2017年	2016年	2015年	2014年
原煤产量（万吨）	5990.2	5351.8	4151.1	3859	3663.08	3575.11	3712.3	/	4399.6	2390.53
焦炭产量（万吨）	560.3	/	499.9	516.84	449.40	385.38	471.65	508.59	525.00	583.00
原油产量（万吨）	1166.4	1092.2	1029.1	968.70	903.55	859.76	1100	/	820.09	700
燃料油产量（万吨）	8.6	5.3	2.7	2.21	3.30	3.91	2.28	6.78	16.92	25.11
天然气产量（亿立方米）	7.5	/	4.18	3.90	0.12	1.03	0.60	0.06	0.08	0.15
发电量（亿千瓦时）	1925.4	1816.6	1724.6	1762.35	1630.50	1531.43	1349.15	1214.33	1242.00	1241.13
水力发电量（亿千瓦时）	289.6	287.4	328.6	506.81	496.12	411.92	374.15	313.51	335.98	354.74
火力发电量（亿千瓦时）	1038.6	1045.2	1003.9	875.95	787.82	803.44	713.92	704.18	718.65	730.96

数据来源：国家统计局网站。

（三）能源技术不断创新

1. 煤炭利用水平有效提升

在煤炭开采过程中，不断改进开采技术，提高开采效率和安全性，优化采煤方法，减少煤炭资源损失，降低劳动强度。创新煤炭加工与转化，加强煤炭洗选加工，探索煤炭气化、液化等转化技术，提高煤炭附加值和利用率，开展煤制甲醇、煤制烯烃等项目，推动煤炭产业链延伸。注重煤矿安全技术的研发和应用，不断改进瓦斯监测与治理技术、煤矿通风技术等，降低煤矿事故发生率，建立安全监测系统和应急预案，提高煤矿应对突发情况的能力。

2. 油气探采实现突破

勘探技术取得突破，应用地球物理勘探技术更精确探测油气储存位置和地质构造，为油气的高效开采提供了基础。优化开采工艺，采用水平井、定向井等钻井技术，增加开采面积，提高单井产量；优化钻井工艺和设备，采用新型钻头、钻井液等材料设备，减少钻井中的故障和事故，提高钻井速度和质量；针对甘肃复杂的地质条件，探索形成一系列防塌堵漏和提速攻关等工艺技术，保障了油气井的顺利生产。在石油开采、炼化等领域取得了一系列技术突破，在低渗、低压、低丰度的"三低"油气藏开发方面，形成了快速获取油气资源的原创性地质理论和关键核心技术，为长庆油田的发展提供了技术支持。提升天然气净化技术水平，研发百亿方级特高含硫天然气净化装置安全清洁生产关键技术与装备，解决了高含硫天然气净化过程中的安全和环保问题。针对甘肃地区土壤和气候特点，研发新型管道防腐材料和技术，延长了管道使用寿命，降低了管道维护成本；利用物联网、大数据、人工智能等改进储运技术，实现对管道的远程监控和管理。

3. 电力技术创新持续优化

创新发电技术。在火电领域，采用超临界、超超临界发电机组技术，降低煤耗，减少污染物排放，提高能源利用效率。加强先进设备研发，2014年，国网甘肃电力公司自主研制出420千牛级的SAQ-420智能化牵引机，再次刷新世界牵张设备制造行业纪录，为特高压电网建设和大截面导线展放提供了强有力的技术支撑。提升输电技术水平。采用高压直流输电、特高压输电等先进技术，加大输电容量和距离，降低输电损耗，提升了陇电外送能力和在全国电力供应体系中的地位。优化储能系统配置和控制策略，提高储能系统充放电效率和响应速度。加强智能电网调度技术研发和应用，通过调度算法和控制系统，实现对新能源电力的优化分配和灵活调度。积极探索风光储一体化、"光热+风光电"等多能互补模式，发挥光热发电储能调节作用，提高整体能源输出的稳定性和可靠性。

4. 新能源技术研发取得突破

强化光伏技术研发，高效光伏组件研发取得重大进展，光电转换效率不断提高，逆变器等关键设备国产化率不断提升，降低了光伏发电成本。探索"光伏+"模式，运用"板上双层发电、板下双层种植、板间双层养殖"的立体生态光伏治沙技术，通过双玻组件实现板上双面发电增加发电量，板下种植作物改善生态，板间养殖形成良性循环，实现了"光伏+"的多重效益。创新风电设备制造技术，研发大尺寸叶片，提高扫风面积，增加发电量；改进叶片材料及工艺，通过气动、结构、材料等多学科深度交叉融合，突破叶片气动效率低、国产原材料性能不稳定等关键技术瓶颈。创新风电运维技术，通过声学传感器和环境监测设备，实时采集声纹数据及环境参数，准确识别故障部位和类型，提高运维效率和可靠性。创新风电功率预测技术，研发戈壁环境风电功率预测系统，预测极端天气下的风电功率，准确率提升了1.5个百分点，提升了新能源场站的发电能力和经济效益。

（四）能源体制不断优化

1. 能源政策机制不断完善

2014~2024年，在能源清洁高效利用方面，印发《能源发展战略行动计划（2014~2020年）》《甘肃省碳达峰实施方案》《甘肃省矿产资源总体规划（2021~2025年）》《推进新时代甘肃能源高质量发展行动方案》等政策，着力发挥煤炭资源托底保障作用，转变能源发展方式，调整优化能源结构，推动能源产业转型升级，保障能源安全稳定供应，实现绿色、低碳和可持续发展。在能源高质量发展方面，印发《甘肃省"十三五"能源发展规划》（2016~2020年）、《甘肃省"十四五"能源发展规划》（2021~2025年）、《甘肃省"十四五"电力发展规划》、《甘肃省供用电条例》、《甘肃省电网建设与保护条例》、《甘肃省"千家万户沐光行动""千乡万村驭风行动"试点实施方案》、《甘肃省新能源关键共性技术攻坚行动实施方案（2022~2024年）》等政策，加大对新能源发电项目的支持力度，加强电力输送网络建设，提升新能源电能消纳能力，加强新能源关键技术创新，并将新能源优先并网及其配套建设写入地方性法规。

2. 节能降碳体制进一步完善

加强能源消费总量和强度"双控"。印发《甘肃省节约能源条例》《甘肃省节能环保产业专项行动计划》《甘肃省"十四五"节能减排综合工作方案》，明确了节能管理体制及职能，计划建设西部地区节能环保产业示范基地，加快建立健全绿色低碳循环发展经济体系，推动全省经济社会发展全面绿色转型，助力实现"双碳"目标。强化专项节能规划。2014年，省政府办公厅印发《甘肃省节能环保产业发展规划（2014~2020年）》，依托节能环保重点工程，强化政策引导，突破一批关键技术，发展一批自主品牌产品，培育壮大一批创新能力强、实力雄厚的龙头示范企业，逐步形成市场潜能大、布局合理、功能完备的产业体系。推进重点领域节能，出台了《甘肃省公共机构节约能源资源"十三五"规划》《甘肃省"十四五"节约能源与循环经济发展规划》《甘肃省"十四五"建筑节能与绿色建筑发展规划》《甘肃省关于促进汽车消费的若干落实措施》《加快推进充电基础设施建设更好支持新能源汽车下乡和乡村振兴的若干措施》，明确了工业、建筑、交通等重点领域的节能要求。

3. 新能源发展支持政策持续加力

新能源产业发展方面，发布《甘肃省清洁能源产业发展专项行动计划》《培育壮大新能源产业链的意见》《关于氢能产业发展的指导意见》《省属企业新能源及装备制造产业攻坚行动方案》《甘肃省"十四五"可再生能源发展规划》，明确着力解决新能源消纳问题，不断完善清洁能源产业结构，提高清洁能源消费比重。新能源基地建设方面，发布《甘肃省国土空间规划（2021~2035）》《甘肃省新能源关键共性技术攻坚行动实施方案（2022~2024年）》《甘肃省国家新能源综合开发利用示范区建设方案》，明确土地规划保障，加强科技创新和关键共性技术攻关，提升新能源装机能力，打造新能源高效利用、安全保障、绿色转型、产业升级新高地，培育新能源产业集群。支撑战略性新兴产业发展方面，2024年，甘肃省发改委、能源局发布《甘肃省新能源建设指标分配办法（试行）》《甘肃省促进新能源产业发展评价办法（试行）》及分解下达全省"十四五"第三批风光电项目建设

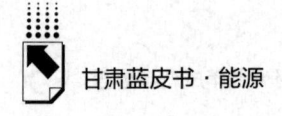

指标，明确了新能源支持战略性新兴产业发展的重点领域。

4. 生态环境保护持续加强

建立健全能源行业环境保护监管体系，出台《甘肃省清洁能源消纳情况综合监管工作实施方案》，促进能源结构向清洁、低碳方向转型，减少传统能源带来的环境污染和碳排放等问题。加强对传统能源开发利用过程中的污染治理。2021年，省政府办公厅印发《甘肃省"十四五"生态环境保护规划》，提出以工业、燃煤、扬尘、机动车污染防治为抓手，强化多污染物、多污染源协同治理。2024年，省政府印发《甘肃省空气质量持续改善行动实施方案》，提出稳步推动能源结构优化调整，合理控制煤炭消费总量，全面实施燃煤锅炉关停整合，推动工业炉窑清洁能源替代。大力推广清洁生产技术。2022年，甘肃省发改委、生态环境厅、工信厅等10部门制定了《甘肃省"十四五"清洁生产推行方案》，加快推行农业清洁生产，积极推动建筑、交通、服务业清洁生产，创新清洁生产推行模式。

（五）能源合作稳步推进

1. 推动能源装备制造产业合作

打造新能源装备制造基地，在酒泉建成西部产业链最为完整、集聚效应最为明显、实际产能最大的新能源装备制造基地，吸引了国内外众多新能源装备制造企业入驻，形成了包括风机制造、光伏组件生产、储能设备制造等环节的产业链，为能源产业发展提供了装备支持。新能源装备产品辐射覆盖西部地区10余个省份，并出口到乌兹别克斯坦等"一带一路"国家，为国际能源合作提供了优质的产品。

2. 加强能源安全供应合作

支撑保障能源通道建设，通过建设能源储备基地、优化能源输送线路等方式，为"一带一路"交通物流提供可靠能源保障。通过加强边境地区能源安全管理、开展能源运输通道联合巡逻等方式，与"一带一路"国家共同维护能源运输通道安全，确保能源顺利运输和供应。

3. 加强能源技术输出与合作

甘肃自然能源研究所为134个"一带一路"共建国家培训了2500多名技术人员，其研发的太阳能移动电源、太阳能水泵、太阳能一体化路灯等具有储能功能的产品，在尼泊尔、巴基斯坦、塔吉克斯坦等国家得到规模化示范应用，改善了当地的能源结构。积极参与能源项目投资与建设，在哈萨克斯坦投资运营的6个新能源电站全被列入"中哈产能合作重点项目"，每年可满足当地约60万户居民的用电需求，为哈萨克斯坦的电力供应提供了有力保障。

二 甘肃能源发展面临的挑战

在"双碳"背景下，我国能源加速转型，构建了以新能源为主体的新型电力系统，新型能源体系建设纵深推进，能源领域产业形态、功能结构、体制机制、科学技术发生深刻变革，对甘肃能源转型发展提出了新的要求和挑战。

（一）能源消费结构调整难度大

一是传统能源依赖程度较高。甘肃长期以来形成了以煤炭等传统化石能源为主的能源消费结构，要在短期内大规模减少传统能源，转向绿色能源消费，面临产业转型成本高、技术改造难度大等问题。二是绿色能源消费能力不足。甘肃具有丰富的新能源资源，而新能源发电间歇性和波动性强，不稳定的能源供应难以满足工业生产等对能源稳定性要求较高的场景，能有效平抑波动的储能技术仍处于初期发展阶段，储能设备运行成本较高，且设备寿命有限，难以大规模应用，进一步增加了绿色能源使用成本。三是需进一步挖掘绿色能源消费潜力。甘肃出台了一系列支持绿色能源发展的政策，需进一步完善绿色能源市场机制，深入挖掘绿色能源的有效需求，提高企业对绿色能源消费的积极性。

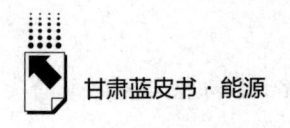

（二）绿色能源供应能力有待提高

一是新能源消纳成本疏导机制还需完善。甘肃风、光资源主要集中在河西走廊等特定区域，而负荷主要集中在东部区域，省内能源供应需求存在矛盾，对电网的承载能力和灵活性提出了更高要求。随着沙漠戈壁荒漠新能源基地的大规模落地，配套的电网建设、智能化升级及运维检修成本持续增加，同时，为了适应新能源发电的波动性，提高新能源发电利用率，亟须加快构建新型电力系统，保障电网安全稳定运行。但在消纳新能源过程中产生的运行成本无法有效疏导，电网改造和升级面临很大压力，亟须进一步完善成本疏导机制。二是分布式能源系统配套设施不足，分布式光伏发电和小型风电系统配套设施建设滞后，造成绿色能源利用不足。三是油气管网建设还需加强。油气管道安全隐患较多，应对山体滑坡、地震等自然灾害的能力较弱。管网覆盖不均衡，部分偏远地区和新兴能源开发区域，管网建设相对缓慢，导致油气供应的稳定性和及时性受到影响。

（三）能源科技创新能力有待提高

一是石化科技面临新的挑战。当前国际政治经济环境复杂多变，能源绿色低碳转型节奏加快，能源体系清洁化、多极化发展已成必然趋势，化石能源主导地位逐渐下降。面对新形势，化石能源亟须转型发展，但依然存在自主创新能力不足、基础研究薄弱、产品高端化开发落后等问题。二是能源领域高端设备、高附加值装备、关键零部件及关键材料制造方面研发不够。随着能源结构优化和产业低碳化的要求越来越高，能耗水平进一步降低的难度越来越大，能源产业的科技创新能力、先进设备的研发能力需要进一步加强，而甘肃核心技术未完全掌握，亟须加强相关领域人才储备、人才培养和人才引进。三是创新能力与新型电力系统建设需求不匹配。甘肃走在新型电力系统建设的前列，新设备、新工艺、新技术的应用层出不穷，对自主创新能力提出更高要求。而科技研发活动重复性较多，原创性、引领性、颠覆性技术研究偏少，基础研究、交叉融合研究、能源战略研究有待拓展。在重大项目谋划、培育方面成效不足，在重点领域有利生产、可实施、能落地的重大项目较少，研发活动与生产一线需求、市场需求之间的有效匹配仍需进一步加强。

（四）能源体制机制尚需优化

"十四五"期间，甘肃能源体制机制创新取得了积极进展，充分发挥新能源资源优势，装机规模和发电量均居全国前列。随着新型能源体系和新型电力系统加快构建，新兴能源技术加快迭代，能源产业进入高质量发展快车道，区域竞争越发激烈。一是市场配置资源作用还未充分发挥。甘肃相关产业及产业链发展相对滞后，新能源设备制造、储能设备制造、储能系统集成、储能服务等环节都较为薄弱，在国内市场竞争力较弱，对省内经济的带动作用有限。二是新能源设备回收利用产业化水平低。风电、光伏设备更迭频率较高，面临设备关键组件处置及循环利用的难题，若不能及时合理处理这些固体废物，将不利于产业可持续发展。而新能源产业回收利用市场规模较小，产业化水平低，回收系统尚不成熟，回收产业仍处于起步阶段，导致新能源装机规模和固废处置产业链存在空间错位。

三 甘肃能源发展展望及建议

（一）着力推动传统能源消费清洁高效

一是提高煤炭利用率。发展煤炭洗选加工业，对煤炭进行精细加工和分级，为化工、冶金等行业提供更优质的原料，实现煤炭的高效利用。促进煤炭清洁转化，加大对煤制天然气、煤制液体燃料等煤炭清洁转化技术的研发和投资力度，将煤炭转化为清洁的气体和液体燃料，降低对石油和天然气的依赖。发展煤基甲醇、烯烃、芳烃等化工产品，延伸煤炭产业链，提高煤炭附加值。

二是提高油气生产环保水平。加强油气田环境保护，在油气勘探、开采过程中采用更加环保的技术和设备,减少对土壤、水源和空气的污染。在油气生产环节,积极推广节能减排技术和措施,降低能源消耗和温室气体排放。进一步提高天然气在城市燃气、工业燃料等领域的普及率,替代煤炭等高污染能源,减少大气污染物排放,改善空气质量。积极发展天然气分布式能源系统,实现能源的梯级利用,提高能源利用的经济性和环保性。

三是探索传统能源与新能源融合发展。推动煤炭与新能源协同发展,将煤炭发电与太阳能、风能等可再生能源相结合,在煤炭产区发展煤炭与新能源的耦合产业,利用新能源产生的电力进行煤炭开采和洗选,减少传统能源消耗。促进能源与交通融合,加快电动汽车充电桩建设,完善充电基础设施网络,推动电动汽车普及应用。推动能源与工业融合,为工业企业提供清洁、高效的能源解决方案,加大对新能源的利用力度,提高能源利用效率,降低生产成本。

(二)加快推进新能源供给持续快速发展

一是持续扩大新能源产业规模。不断完善新能源产业链,强化光伏与农业、渔业、畜牧业等产业的有机融合发展,实现土地资源高效利用。持续扩大风电装机规模,推进大型风电场建设。加大光热发电投入和建设力度,与光伏、风电等新能源形成良好互补,提高电力系统的稳定性和可靠性。

二是加快储能设施建设。推动抽水蓄能、电化学储能、压缩空气储能、飞轮储能等技术协同发展,实现不同储能技术的优势互补。挖掘储能在电源侧、电网侧及用户侧的应用场景,探索储能在微电网、分布式能源系统中的综合应用,实现多种能源形式的协同优化。完善储能产业链条,发展储能设备制造、储能系统集成、储能项目建设和运营等相关产业,提高储能产业的本地化水平和配套能力。完善储能参与电力市场的规则和机制,建立合理的价格机制和补偿政策,充分发挥储能在调节电力供需、提供辅助服务等方面的价值,提高储能资源利用效率。

三是推动能源网络互联互通。建设综合能源系统,推动电力、煤炭、石油、天然气等多种能源形式之间的协同发展和互补利用,实现不同能源之间的灵活转换和优化配置，提高能源利用效率和系统稳定性。构建能源互联网平台，整合能源生产、传输、存储、消费等各环节数据信息，实现能源智能化管理和交易。全力打造甘肃"大送端"坚强电网，加快新型电力系统构建，进一步加强与周边省份的能源互联，提升甘肃在全国能源格局中的地位。

四是推动能源产业融合与协同发展。注重新能源与传统能源的融合发展，加大对新能源领域的投入和布局，推动传统能源与新能源相互补充，实现能源产业多元化发展，共同为经济社会发展提供稳定的能源供应。构建综合能源供应体系，将传统能源供应网络和新能源发电、供热系统相结合，建设"油气—电—热"三联供系统，利用天然气发电，同时回收余热用于供热，接入太阳能、风能等新能源电力，形成稳定、高效、环保的综合能源供应体系。优化能源产业布局，根据资源禀赋和环境承载能力，对传统能源产业进行合理布局。

（三）推动能源科技创新引领发展

一是加大研发投入。加大对能源科技领域的财政投入，设立专项科研基金，支持能源科技创新项目开展。通过税收优惠、补贴等政策措施，引导能源企业增加对科技创新的投入，例如，对企业的研发费用给予一定比例的税收减免，提高企业开展科技创新的积极性。建立多元化投融资机制，设立能源科技产业投资基金，引导风险投资、私募股权基金等社会资本投向能源科技创新企业和项目。

二是培育创新主体。鼓励能源企业加强自主创新能力建设，支持企业建立研发中心、技术中心等创新平台，对创新能力强、技术水平高的能源企业给予重点扶持，培育一批具有核心竞争力的能源科技企业。搭建创新平台，支持高校、科研机构和企业建设国家级、省级能源科技创新平台，提高甘肃在能源科技领域的研究水平和创新能力。建立能源科技企业孵化器和加速器，为能源科技初创企业提供场地、资金、技术、人才等方面的支持和服务，孵化出一批具有创新能力和市场竞争力的能源科技企业。规划建设能源科技产业创新园区，吸引能源企业、科研机构、创新服务机构等入驻，形成能源科技创新的产业集群。

三是加强人才培养和引进。加强高校能源相关专业建设，优化课程设置，培养适应能源科技创新发展的专业人才。鼓励高校与企业开展合作办学，建立实习基地，培养学生的实践能力。同时，加强对在职人员的培训和继续教育，提高能源行业从业人员的技术水平和创新能力。制定优惠政策，吸引国内外能源科技领域的高层次人才和创新团队，赋予科研人员更大技术路线决定权、更大经费支配权等。

四是推动技术创新与成果转化。鼓励能源企业和科研机构开展能源技术创新，加强对新能源技术、储能技术、智能电网技术、能源互联网技术等关键技术的研发和应用。建立健全能源科技成果转化机制，加强科技成果转化服务平台建设，为能源科技成果的转化提供信息发布、技术评估、交易撮合等服务，促进能源科技成果向现实生产力转化，推动能源产业发展。

（四）加快推动能源体制机制改革

一是持续优化电力体制。深化电力市场改革，不断完善电力市场交易体系，扩大电力直接交易、辅助服务市场等交易规模和范围，让更多市场主体参与电力交易。推动分布式能源发展，完善分布式能源的接入标准和管理办法，鼓励分布式光伏发电、分布式风力发电、天然气分布式能源等分布式能源的发展。建立健全电力系统灵活性调节机制，鼓励发展储能技术、需求侧响应等灵活性资源。制定储能产业发展政策，推动储能技术的研发和应用，提高电力系统的调峰、调频能力。

二是强化油气领域建设。完善油气管道运营机制，加强油气管道统一规划和管理，建立健全油气管道运营监管机制。推进油气管道互联互通，建立油气管道信息共享平台，实现管道运行数据实时监测和共享，提高油气资源输送效率和保障能力。推进油气市场化改革，逐步放开油气市场准入限制，鼓励更多市场主体参与油气勘探开发、储运、销售等环节。建立健全油气价格形成机制，逐步实现油气价格的市场化，提高油气资源的利用效率。健全政府储备、企业储备和商业储备相结合的油气储备体系，提高储备的多元化和灵活性。加大油气储备设施建设力度，扩大油气储备规模，保障油气应急供应。

三是完善新能源支持政策与市场机制。利用补贴政策、税收优惠政策、土地政策等持续支持新能源高质量发展，为新能源产业发展提供良好的政策环境。加强对新能源产业的规划和引导，制定科学合理的发展目标和战略，推动新能源产业有序发展。加大对新能源技术研发和创新的支持力度，提高新能源产业核心竞争力。健全市场机制，完善电力市场交易体系，促进新能源市场化消纳。推进新能源发电市场化交易，提高新能源发电经济效益。鼓励金融机构加大对新能源产业的支持力度，创新金融产品和服务，降低新能源项目融资成本。

（五）积极促成能源战略合作

一是加强政策沟通与协调。建立跨区域政策协调机制，积极与其他地区（包括国内其他省份和国外相关国家）建立能源合作政策协调机制，推动与周边省份以及"一带一路"国家能源管理部门开展定期政策对话，消除政策壁垒，营造良好的能源合作环境。完善能源合作法规和标准体系，在国内合作方面，推动与其他省份在能源市场准入、能源产品质量、能源基础设施建设等方面的标准统一。在国际合作中，积极研究并遵循国际能源贸易和合作的相关法规和标准，同时推动我国能源标准与国际标准接轨，为能源进出口和跨国项目建设提供法律保障。

二是强化能源基础设施互联互通。加快建设跨区域电网通道，加强与周边省份电网的联络线建设，提升电力输送能力。推进油气管网互联互通，加大对省内油气管网建设的投入，完善省内油气输送网络，同时加强与国内其他主要油气产区和消费区的管网连接。积极参与跨国油气管线项目规划和建设，确保油气资源能够顺畅引进和输出。

三是推动能源技术合作与创新。开展技术联合研发，与东部沿海地区在新能源储能技术、智能电网技术等方面开展合作，通过共享科研资源、联合攻关技术难题，提高能源技术水平。设立联合科研基金，重点支持新能源高效利用、传统能源清洁化等领域的研究。积极引进国内外先进的能源技术，发挥自身在风电设备制造技术、太阳能热利用技术等方面的优势，实现技术合作的互利共赢。

　　四是拓展能源贸易与投资合作。扩大能源产品贸易范围，利用自身新能源装备制造优势，扩大对中亚等地区的光伏组件和风电设备出口，实现能源贸易的优势互补。创新能源贸易方式，利用电子商务平台、期货市场等手段，开展线上能源贸易和能源金融交易。

参考文献

张智刚：《能源安全新战略引领电力事业高质量发展》，《求是》2024年第11期。

传统能源篇

B.3
2024~2025年甘肃省煤炭行业发展形势分析与展望

蒋 钦*

摘 要： 2024年，甘肃煤炭行业呈现原煤产量稳定增长、消费量在新能源替代和工业用电双向拉动下减速增长、煤炭价格在与全国同频共振中向合理区间回归、煤矿智能化改造有序推进等特征，但甘肃煤炭行业长期存在的区域性供需矛盾、陇东煤炭外运通道不畅等突出问题尚未完全解决，新增调峰用煤缺口较大、企业收益空间收窄、煤矿安全生产形势仍显严峻等问题。预计2025年，甘肃煤炭增储上产能力将持续增强，煤电在全省能源结构中的占比继续缩小，煤炭清洁高效利用水平进一步提升，煤矿安全生产向好稳定。为进一步推动甘肃煤炭行业高质量发展，应加快构建煤炭储备体系，严格合理控制消费总量，开展煤电机组深度灵活性改造，聚焦发展现代煤化工，继续强化煤矿安全生产建设。

---

* 蒋钦，甘肃省社会科学院区域经济研究所副研究员，主要研究方向为产业经济。

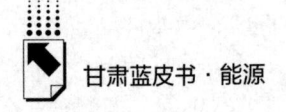

关键词： 能源安全　绿色低碳　煤化工　煤炭产业

我国富煤贫油少气的资源禀赋，决定了以煤为主的能源结构短期内不会发生根本性改变，煤炭是保障国家能源安全的"压舱石"。2024年是深入实施"十四五"规划的攻坚之年，习近平总书记在主持召开新时代推动西部大开发座谈会上强调："能源事关国计民生和国家安全，是国之大者；要提升能源资源等重点领域安全保障能力。"甘肃煤炭资源相对富集，已查明资源量385.8亿吨，排在全国第六位，主要分布在陇东煤田、靖远煤田和窑天煤田等5个赋煤带，目前共有矿井86处，其中生产矿井53处、在建矿井20处，共占用查明资源量的40.0%。甘肃煤类齐全，其中，长焰煤、不黏煤和弱黏煤等动力、化工用煤占全省煤炭资源量的90.0%以上。煤炭也是甘肃的主体能源，占全省一次能源消费的70.0%以上，其开发利用为维护国家能源安全、推动全省经济社会高质量发展提供了有力的能源资源支撑。近年来，甘肃煤炭行业通过深化整治、结构调整、改革改制等一系列举措，产业集中度不断提高，生产技术水平逐步提升，优质产能持续释放。2024年，甘肃煤炭行业发展呈现增储上产能力增强、消费减速增长、数智化改造持续推进、煤炭价格与行业固定资产投资下行等特征。预计2025年甘肃煤炭兜底保障能力将进一步增强。

一　2024年甘肃煤炭行业发展形势分析

（一）原煤产量稳定增长，煤炭兜底保障能力持续增强

2024年，甘肃落实国家能源增产保供、持续提高能源资源安全保障能力要求，原煤产量在近两年高增长基础上继续保持高速增长态势，煤炭资源兜底保障能力不断增强。前三季度，全省规模以上原煤生产企业累计开采原煤5034.1万吨，较上年同期增加527.6万吨，同比增长10.5%，增速与上年同期持平（见图1），比全国平均水平高出9.9个百分点，居全国第三位。

从各市原煤生产情况看，主要产煤的三个市，庆阳市、平凉市和白银市前三季度原煤累计产量分别为728.6万吨、1680.5万吨①和981.8万吨，合计产煤量占全省同期原煤产量的近七成。

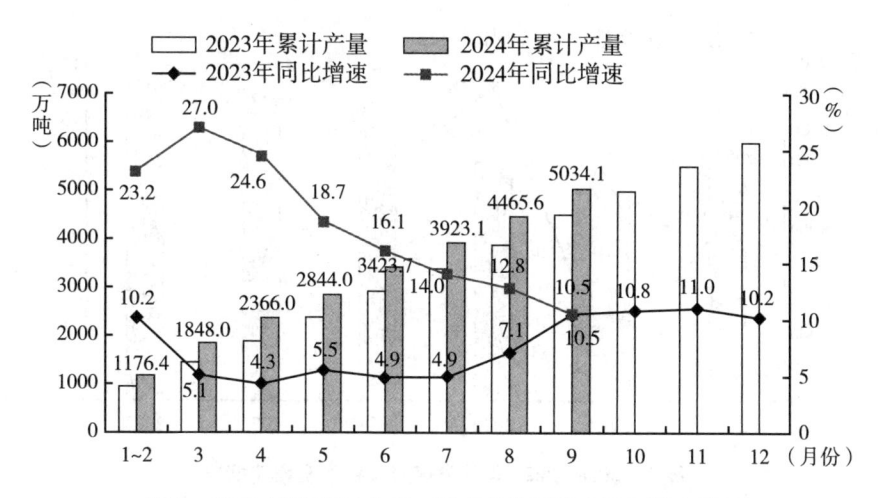

图1 2023年至2024年前三季度甘肃原煤产量和增速情况

数据来源：甘肃省统计局网站。

（二）煤炭消费量减速增长，工业用电拉动作用明显

近年来在风、光等新能源装机和发电量快速增长态势下，甘肃煤炭消费增速放缓，但总量保持攀升，2020年以来全省煤炭年均消费量均在7000万吨以上，"压舱石"作用显著（见图2）。甘肃煤炭消费主要集中在火力发电，2023年，甘肃火电用煤占全省煤炭消费量的65.0%以上②（见图3）；2024年前三季度，火力发电量占全省发电量的49.8%，占比较上年同期下降3.3个百分点。从用煤终端看，工业煤炭消费量占全省煤炭消费总量的75.0%左右，其中主要通过火电消费，用作原料的煤炭仅占工业用煤的11.7%③。2024年

---

① 2024年前三季度平凉市原煤产量未公布，数据由1~8月原煤产量替代。
② 甘肃省自然资源厅网站：2024年甘肃省煤炭矿业权出让项目推介会，2024年5月9日，https://zrzy.gansu.gov.cn/zrzy/c107751/202405/173908066.shtml。
③ 数据根据历年《中国能源统计年鉴》中甘肃能源消费数据计算。

前三季度，甘肃工业生产增长较快，全省规模以上工业增加值同比增长12.0%，增速居全国第二位，工业累计用电940.3亿千瓦时，同比增长7.8%，用电量占全省全社会用电量的72.8%，工业用电有力拉动了甘肃煤炭消费。

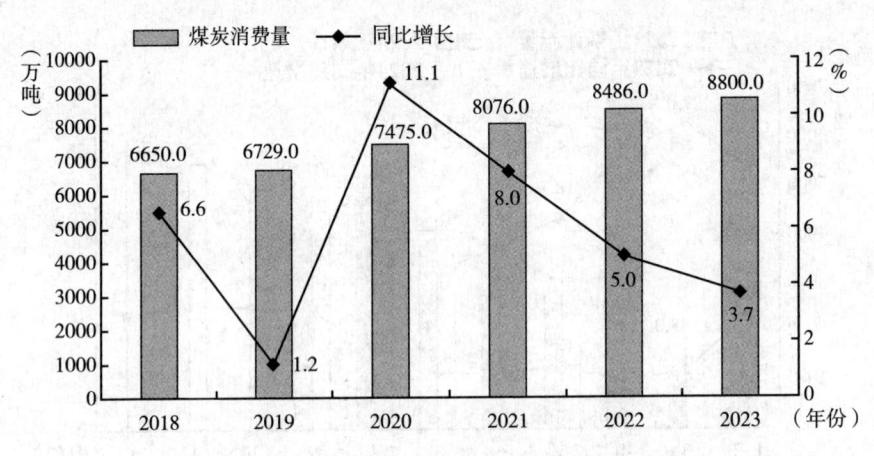

图 2　2018~2023 年甘肃煤炭消费量及增速情况

数据来源：甘肃省煤炭交易中心和2024年甘肃省煤炭矿业权出让项目推介会资料。

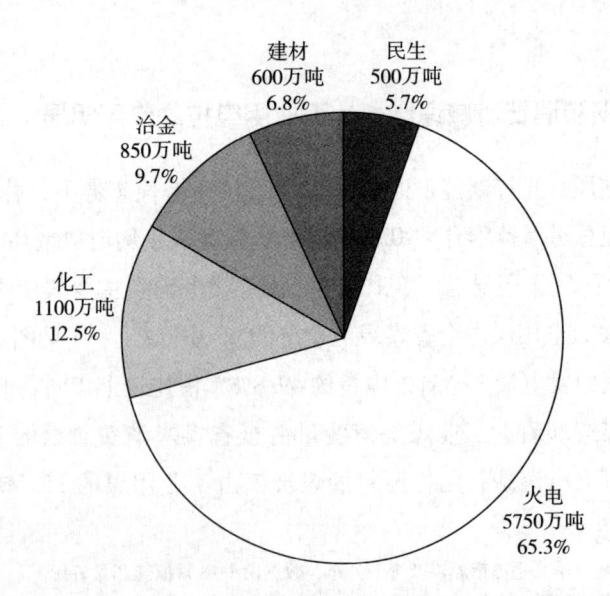

图 3　2023 年甘肃煤炭消费结构

数据来源：2024年甘肃省煤炭矿业权出让项目推介会资料。

（三）煤炭价格震荡下行，政策调控引导煤价回归合理区间

2024年，国内存煤量较高导致动力煤市场供大于求，价格下行，甘肃与全国同频共振。2024年1~9月，甘肃动力煤价格逐月下跌，块煤价格在窄幅震荡中整体下降。9月，省内动力煤（混煤5000大卡）和块煤（中块5000大卡）的价格分别为578元/吨和1112元/吨，较1月分别下跌106元/吨和150元/吨；与上年同期相比，动力煤价格下跌118元/吨，同比下降17.0%，块煤价格下降70.0元/吨，同比下降5.9%[①]。省内炼焦煤价格相对稳定，2024年前9个月，武威、兰州和白银等3个主要炼焦煤市场平均出厂含税价为1376.1元/吨、1075.0元/吨和627.8元/吨[②]。随着省发改委对煤炭出矿环节中长期合同交易价格区间相关政策的出台，在政府对煤炭市场弹性调控和市场调节共同作用下，甘肃煤炭价格趋向合理和稳定。

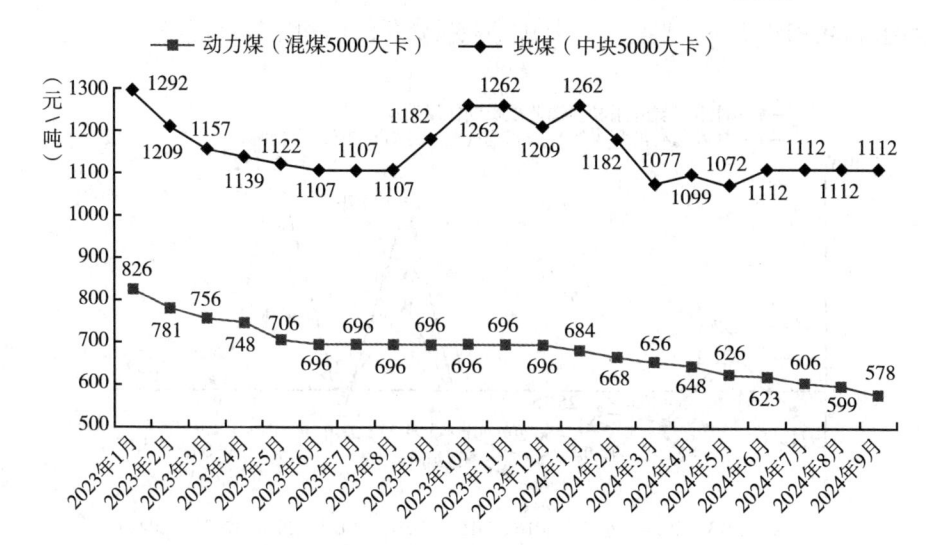

图4　2023年至2024年9月甘肃动力煤、块煤价格变化情况

数据来源：甘肃省发展和改革委员会。

---

① 数据来源：甘肃省发展和改革委员会，全省主要商品价格变动情况（2023年9月~2024年9月），https://fzgg.gansu.gov.cn/fzgg/c106095/list.shtml。

② 数据来源：我的钢铁网站。

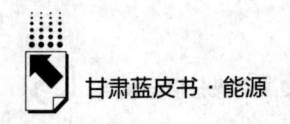

（四）煤炭投资增速回落低位，投资金额呈缩减态势

在煤炭市场供需变化、国家政策调整等因素影响下，近年来甘肃煤炭采选业投资增速波动较大（见图5）。2023年以来，进口煤炭量在价格优势和零关税政策下大幅增长，2024年上半年我国进口煤炭2.5亿吨，同比增长12.5%[①]，对国内煤炭生产投资造成较大压力。同时，我国致力于能源结构调整，重点控制化石能源消费。市场供需和产业发展方向变化均影响煤炭行业投资决策。甘肃煤炭采选业投资，尤其是对行业长远发展能力有重大影响的固定资产投资波动较大，总体上处于低谷状态。2022年，甘肃煤炭采选业投资和国有经济煤炭采选业固定资产投资分别同比下降1.60%和25.10%，投资金额较上年缩减。但也应看到，在能源重点领域技术改造和设备更新政策下，煤矿智能化建设和安全改造将成为行业投资重点，2024年在市场和政策不变形势下，甘肃煤炭投资延续前两年发展态势。

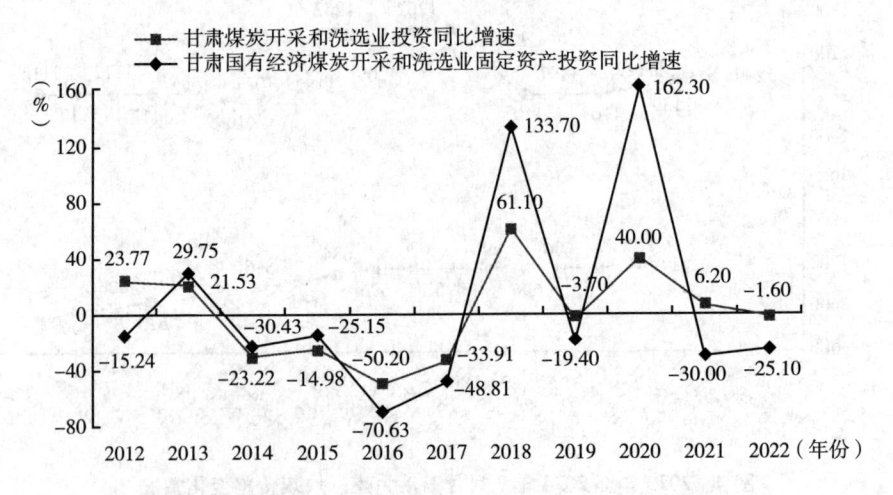

图5　2012~2022年甘肃煤炭开采和洗选业投资增长情况

数据来源：《中国能源统计年鉴》（2013~2023年）。

[①]《上半年我国煤炭进口多元化稳定》，《中国能源报》2024年8月5日。

（五）矿业权出让逐步常态化，煤炭增储上产能力增强

为推动甘肃煤炭资源规模化开采和高效化利用，尽快把资源优势转化为经济优势，以赋能经济高质量发展，近年来甘肃持续推进煤炭矿业权公开出让。2022年以来，甘肃累计公开出让煤炭矿业权32宗，成交价361.1亿元，占全省矿业权成交总价的79.4%。2024年是新一轮找矿突破战略行动的关键时期，甘肃将环县钱阳山煤矿、正宁县罗川东煤矿2宗采矿权和山丹县东水泉东、合水西—宁县北等21宗探矿权共23宗煤炭矿业权公开出让，资源量约83.0亿吨，其中17宗矿业权具备建设大中型矿山的资源条件。通过推进矿业权公开出让常态化，2024年甘肃计划核准建设12处煤矿，新增产能3310.0万吨。至2024年底，甘肃核定产能将突破1.5亿吨，将大幅提升甘肃煤炭保障和增储上产能力。

（六）煤矿数智改造有序推进，生产效率和资源利用率提升

2023年末，甘肃煤炭大数据监测分析系统在甘肃煤炭交易中心上线运行，标志着甘肃煤炭行业数字化发展迈出关键步伐。2024年，华亭煤业千万吨智能化集中洗选厂项目抓紧实施主厂房、原煤准备车间和浓缩池等工程建设。入选国家首批智能化示范建设煤矿的华能集团核桃峪煤矿正以矿井一体化管控平台为载体，着手打通信息基础设施、矿井生产和管理系统等主板块下的多个子系统间的数据传输壁垒，同时完善子系统功能，推进智能供电、供水、煤流等多个项目建设。全省第一家通过智能化验收的灵台邵寨煤业目前在升级能源定位系统，把智能化矿山建设推向更高水平。省列重大项目——靖煤能源有限公司清洁高效气化气综合利用项目一期工程已完成工程土建工程和所有大型装置吊装工作，年底将出产品。

二 甘肃煤炭行业发展存在的突出问题

（一）煤炭产能未完全释放，消费缺口和区域性供需矛盾突出

甘肃已查明煤炭资源量占全国的18.6%，目前全省生产煤矿产能共

11700万吨,尚有1/3的规划产能未能释放。2023年,甘肃煤炭产量6160.0万吨,仅占全国煤炭总产量的1.3%,占全省资源查明量的40.0%,有60.0%的查明资源量尚未开发;而同时,甘肃又面临煤炭消费缺口大和区域性供需矛盾长期存在的问题。从2021~2023年数据看,全省原煤产量从4407.0万吨增至6160.0万吨,消费量从8070.0万吨攀升至8800.0万吨,年均需从外省调入煤炭3000.0万吨。同时,省内煤炭资源空间分布"陇东富、中部有、河西贫"的特征和狭长的省域空间决定了煤炭运输为东出西进,陇东地区年均有1500.0万吨的煤炭外运川渝和周边省份,而中部地区煤炭生产"季节性紧张、消费量大"、河西地区"生产不足、消费量大"的特点导致每年需从新疆等省区调入煤炭补充消费缺口(见图6)。

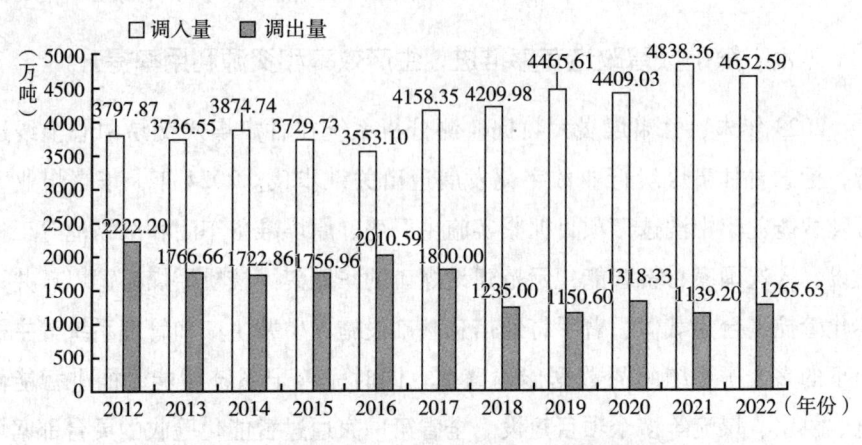

图6 2012~2022年甘肃煤炭调入与调出情况

数据来源:《中国能源统计年鉴》(2013~2023年)。

(二)专线铁路建设迟缓,陇东煤炭外送通道不畅

陇东地区煤炭资源开发已全面展开,但交通运输瓶颈长期制约行业发展。从全国8条重点煤炭运输大动脉看,通过甘肃的仅有兰渝铁路,无法满足陇东煤炭外运需求。"十四五"期间,甘肃煤炭铁路运输方向由"十三五"时期的向东调整为向南向西,现已规划建设6条(段)主要铁路建设

项目，其中，承担平凉市灵台、华亭矿区煤炭外运内送任务的有长庆桥—王家沟铁路专用线项目、郭家河—长庆桥铁路专用线项目和天华铁路华亭站改"四电"工程等三项，承担庆阳市宁正矿区、宁北和宁西矿区煤炭资源外运和向中部点到点运输的有庆阳—长庆桥铁路、环县—褚家湾铁路和马福川—褚家湾铁路项目。目前，天华铁路华亭站改"四电"工程已完成，长庆桥至王家沟铁路专线于6月动工，其他工程尚处于开工前期准备阶段。

（三）新能源发电和电力外送量不断提升，调峰用煤压力加大

甘肃新能源装机规模和电力外送量逐年扩大，为确保电力系统的安全稳定运行，亟须提高煤电调峰能力。从风、光等新能源看，截至2024年第三季度末，全省新能源装机和发电占比分别为63.4%和35.0%，对煤电的调峰需求在1000万千瓦左右，而现阶段甘肃煤电调峰能力仅为730万千瓦左右。电力外送方面，酒湖直流和陇电入鲁、入浙、入川4条电力外送通道建成后共需配套火电1600万千瓦、用煤4000万吨/年。国家已批复甘肃新增内用火电470万千瓦，瓜州、张掖和窑街电厂投运后将新增电煤需求1100万吨/年。据此，至"十五五"时期末，需新增电煤至少4000万吨/年；而到2025年，全省在建煤矿建成投产后预计年产量8000万吨，按当前火电用煤比例估算，火电用煤仅为5200万吨左右，火电用煤自给后劲不足①。

（四）煤炭工业效益下滑，企业经营压力加大

2024年1~8月，甘肃规模以上煤炭工业累计实现利润额42.5亿元，较上年同期减少10.1亿元。从利润变化趋势看，1~8月，累计利润环比增幅明显下滑，3~7月环比增速分别为46.6%、20.3%、13.4%、18.6%、12.8%和7.3%；与上年同期相比，同比净增额由正转负且逐月扩大，2~7月累计利润同比净减少额由0.7亿元扩大到10.0亿元以上（见图7）。其主

---

① 数据来源：甘肃省自然资源厅网站，2024年甘肃省煤炭矿业权出让项目推介会，2024年5月9日，https://zrzy.gansu.gov.cn/zrzy/c107751/202405/173908066.shtml。

要原因,一是原煤价格下降导致煤炭采选业利润增幅下降;二在下游行业市场需求不足,水泥、粗钢产量受房地产行业拖累,2024年前三季度产量分别同比下降13.3%和1.5%,导致煤炭工业企业盈利能力普遍减弱;三是煤炭运输费用较高,在煤炭企业生产流通成本中居首位,全国平均占比约在40.0%左右,甘肃由于煤炭铁路货运量较小、公路铁路运价比价关系不合理和基础设施衔接不畅等问题导致煤炭流通成本较高。

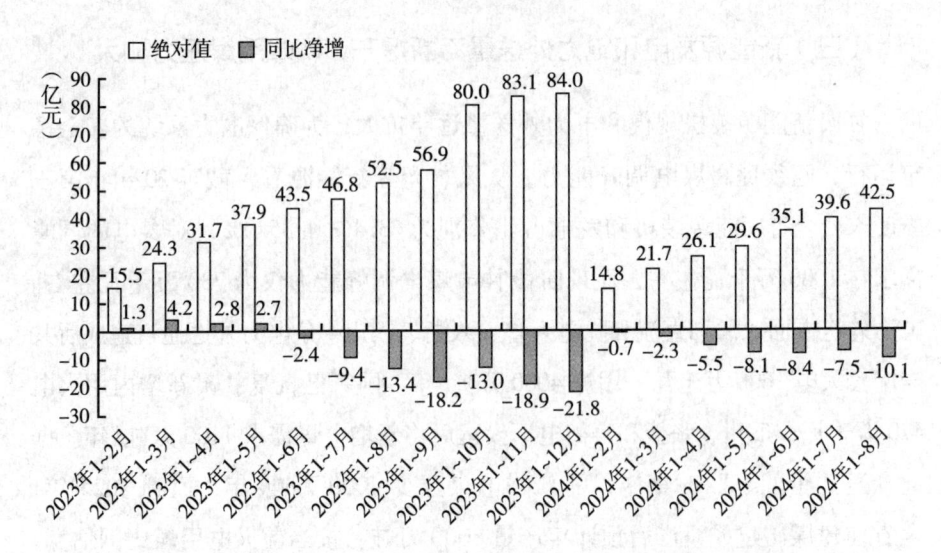

图7 2023年至2024年1~8月甘肃规模以上煤炭工业利润情况

数据来源:甘肃省统计局。

(五)煤矿开采走向深部,安全生产隐患增多

近年来甘肃部分煤矿因长时间高强度生产,设备超负荷运转,风险隐患不断增大。2023年,甘肃省应急厅开展的全省矿山安全生产大起底大排查专项行动发现,部分煤矿采掘接续紧张问题突出,对煤矿生产安全造成极大挑战。隐患增多的原因众多:一是靖煤公司等开采历史长的老矿区逐渐进入深部、核桃峪煤矿等部分新建矿区采煤深度深,地质构造、水文地质条件和煤层赋存条件更加复杂,瓦斯、水害、矿压、煤尘等灾害叠加,对矿井安全

生产构成极大威胁；二是随着采掘采场扩大，采动影响区内巷道维修量大，治理跟不上生产推进；三是专业技术人员匮乏和采掘人员操作使用智能化设备能力欠缺，导致采掘智能化设备效能发挥不完全，难以满足矿井安全生产的技术要求；四是作业人员和管理人员安全生产意识不够强，违章操作偶有发生，日常安全监管存在盲区，对突出问题没有积极整改解决。

三 甘肃煤炭行业发展形势预测与展望

（一）煤炭供应保障基础不断夯实，供需矛盾有望缓解

从政策看，甘肃矿业发展相关制度保障体系更加完备。国家层面，党的二十大报告提出要提升战略性资源供应保障能力，2022年中央政府工作报告提出要加强重要能源、矿产资源国内勘探开发和增储上产，2023年新一轮找矿突破战略行动推进会进一步明确了今后一个时期的找矿目标任务。国家能源局制定《关于加快煤矿先进产能建设 保障煤炭安全稳定供应的通知》《关于建立煤炭产能储备制度的实施意见》等多部文件。省级层面，甘肃省委省政府高度重视矿产资源安全保障能力建设，先后出台了《甘肃省矿产资源总体规划（2021~2025年）》《关于推动矿产资源勘查开发高质量发展的意见》等文件，省自然资源厅相继制定了《优化营商环境提升矿产资源保障能力的若干措施》《关于深化矿产资源管理改革及进一步完善勘查开采登记工作的通知》《矿业权出让收益征收办法》等配套文件，形成了制度完备、保障有力的政策体系，为矿业经济发展夯实了制度基础。

从营商环境看，甘肃推动矿业高质量发展的政务服务质效不断提升。甘肃已制定出台16条举措以确保要素保障精准到位，其中，通过精简审批登记环节和申请要件、优化协查程序、进一步压缩矿业权审批等行政审批时限、推动行政审批数字化转型、采矿权抵押备案网上办理并缩短办理时限等多途径提高政务服务水平；通过省市县联动形成问题会商机制和深入一线破解难题，不断完善运行机制，形成了陇东地区煤炭资源开发建设整体推进工

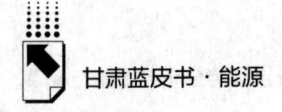

作方案，钱阳山、罗川东、河水东煤矿等历史遗留问题有望顺利解决，预计新增煤炭产能2000万吨，将大幅提升甘肃煤炭资源保障能力。

从煤炭资源勘查看，甘肃深入实施新一轮找矿突破战略行动，煤炭资源勘查项目正在加速推进。目前正在实施的煤炭勘查项目有24个，灵台县路家沟、环县小南沟东北部和正宁县第家川等9个勘查区已取得阶段性找矿成果，估算潜在资源量可达61170万吨。下一步煤炭勘查将聚焦河西地区的山丹—永昌煤田和肃北煤田两大煤炭富集区，中部地区的靖远、窑街老矿区深部和外围，陇东地区的宁县中部和灵台独店等12个资源赋存好、有潜力的区块，提高勘查程度以满足矿井开发需求。

从煤矿产能核准看，甘肃煤炭安全稳定供应能力将大幅增强。国家《"十四五"煤炭清洁开发与利用规划》安排甘肃"十四五"期间新核增煤矿产能4000.0万吨/年，"十四五"中期评估调整时甘肃向国家能源局申请2024~2025年再增加3400.0万吨/年的产能。2023年酒泉吐鲁东、张掖平山湖、庆阳九龙川等5处大型现代化煤矿项目已获国家核准，产能规模超过当年全国核准同类项目的1/4。2024年，甘肃计划争取再核准红沙梁露天矿、公婆泉露天矿、后安、灵北等煤矿12处，新增产能3130.0万吨/年，年底总产能将达到1.5亿吨/年，原煤产量将达到7000.0万吨以上，其中，张掖青阳煤矿已于1月取得国家核准。以上煤炭资源的产能核准将有效缓解区域内煤炭资源紧缺的现状，并支撑陇电外送配套调峰火电用煤需求，为甘肃新能源外送起到兜底保障作用。

（二）能源结构持续优化，煤电结构占比将保持下降态势

"十四五"以来，甘肃抢抓国家"双碳"战略和构建新型电力系统的历史机遇，着力打造全国重要的新能源基地。《甘肃"十四五"能源发展规划》提出，要加快推进煤电由主体电源向基础性和调节性电源转型，促进煤电与新能源发展更好协同。从阶段性发展成果看，全省新能源发展取得突破性进展，风、光等非化石能源供给能力不断提高，新能源装机占比和发电占比不断提升。截至2024年第三季度末，全省新能源累计装机占比较"十

三五"时期末提高21.4个百分点，新能源装机和发电量占比均居全国第二位①，成为省内第一大电源，反映出煤电装机容量和以煤为主的火电发电量占比下降。煤电将加快由主体电源向兜底保障电源转变，相应地煤电在全省电力结构中的占比将继续保持下降态势。

（三）煤化工产业链扩张，煤炭清洁高效利用水平将持续提升

现代煤化工产业的发展是推动煤炭清洁高效利用的重要途径，也是实现国家和甘肃《2024~2025年节能降碳行动方案》目标的重要举措。近年来，甘肃坚持延链补链强链，以强工业行动为抓手，以强龙头、补链条、聚集群为主线，着力提高煤炭清洁利用水平，在稳定煤炭保供、保障重大项目建设前提下，构建煤炭清洁供给、产业集群耦合、配套设施齐备的现代煤化工产业体系。华煤集团年产60万吨煤制甲醛项目和20万吨聚乙烯科技示范项目在技术上取得显著突破，通过多项先进技术的应用不仅提高了煤制甲醛的生产效率和质量，促进了煤炭的高效利用，同时项目引入先进生产工艺生产聚丙烯，减少了煤炭直接燃烧造成的环境污染，进一步推动了煤炭清洁高效利用。甘肃省"十四五"期间重点项目和省列重大建设项目——甘肃能化集团低阶煤高效利用制氢及高浓度尿基复合肥生产线加快推进，将于2024年底在金昌建成并于2025年6月试生产。该项目建成投产将进一步提高甘肃煤炭高效清洁利用水平。

（四）安全生产制度不断完善，煤炭安全生产形势将稳定向好

国家历来高度重视安全生产工作，近年来关于矿山安全生产的政策文件也密集出台，继2023年《中共中央办公厅 国务院办公厅关于进一步加强矿山安全生产工作的意见》《煤矿安全生产条例》等系列文件后，2024年国家再次制定出台《矿山安全生产治本攻坚三年行动方案（2024~2026年）》《关于深入推进矿山智能化建设 促进矿山安全发展的指导意见》《关于防范遏制

---

① 甘肃省人民政府网站：《甘肃省新能源装机占比居全国第二》，2024年10月22日。

矿山领域重特大生产安全事故的硬措施》等文件，煤矿安全生产领域的基础主干法规《煤矿安全生产条例》也于2024年5月开始施行。甘肃以国家相关政策文件为主线，以开展矿山安全生产治本攻坚三年行动为抓手，相应制定了《甘肃省安全生产行政处罚自由裁量权适用规则》《甘肃省安全生产行政处罚自由裁量权基准》《进一步加强矿山安全生产工作的若干措施》《2024年全年矿山安全生产工作要点》等文件。其中，《2024年全省矿山安全生产工作要点》要求加快完善煤矿安全生产信息化系统，年中完成煤矿水害防治感知数据和露天煤矿连坡监测感知数据联网，年底前实现达坡现状高度在150米以上的金属非金属露天矿山、具备条件的金属非金属地下矿山、尾矿库感知数据的应联尽联。同时，"国家监察、地方监管、企业负责"的矿山安全监管监察体制不断巩固完善，明确了各级的责任和义务，强化了安全监管监察责任。此外，智能化技术在煤矿生产过程中进一步应用和安全管理不断加强，煤矿安全生产形势将进一步稳定向好。

四 推进甘肃省煤炭行业高质量发展的对策建议

（一）加快煤炭储备体系建设，有效应对市场供需波动

短期内甘肃煤炭消费仍将保持刚性增长，为有效应对国际能源市场剧烈波动、供需形势急剧变化和极端天气，缓解煤炭供应中的周期性问题，降低市场对突发事件的敏感度，缓解区域性供需矛盾和时段性供应偏紧问题，更好发挥煤炭在能源供应中的"压舱石"和"稳定器"作用，甘肃在科学规划建设煤炭产能、保证优质先进产能释放外还应尽快提升煤炭储备能力，建立健全以企业储备为主体、政府储备为补充、产能储备与产品储备有机结合的煤炭储备体系。在产能储备方面，规划布局一批煤炭储备基地，以省内大型现代化露天煤矿和安全保障程度高、运输条件好的煤矿为重点，加快在新建和在建煤矿项目中选择产能储备煤矿；压缩产能储备煤矿的申报、核准及采矿、环评等手续办理时长。在产品储备方面，应严格落实最低煤炭库存制

度，确保 2025 年实现煤炭产品储备达到全省年消费量 5.0%，静态储备能力达到 45.0 万吨以上的目标。

（二）合理控制煤炭消费总量，助力"双炭"战略目标

落实国务院《2024~2025 年节能降碳行动方案》《空气质量持续改善行动计划》和甘肃《空气质量持续改善行动实施方案》，在煤炭、煤电兜底保供基础上，严格控制煤炭消费总量增长，使煤炭消费增量运行在合理区间。一是削减建材、化工、钢铁等主要耗煤企业耗煤量，控制自备燃煤机组新增量，减少自备电厂上网电量，优化电力调度；二是落实重点产能过剩行业错峰生产要求，严格执行甘肃利用电石渣生产水泥熟料的企业错峰生产停产 100 天计划，并推动水泥错峰生产常态化；三是有序推进兰州、金昌等地重点企业自备燃煤机组清洁能源替代，进一步提高企业清洁能源消费比例；四是加快生物质能和地热能源的开发利用，加速推进兰州、天水、定西、张掖、陇南等地中深层地热能和浅层地热能资源勘探。

（三）开展煤电机组深度灵活性改造，挖掘煤电调峰潜力

"双碳"目标的推进、清洁能源的快速发展和能源结构优化升级，决定了未来甘肃煤电的功能由主力电源逐步向基础保障和系统调节性电源转变。但新能源发电的不稳定性导致电力系统在发电高峰时段消纳不足、低谷时段顶峰能力不足，在储能规模化应用之前需要提升煤电调峰能力以平抑新能源发电造成的波动。煤电机组进行深度灵活性改造是在现有改造基础上持续提高电力系统调峰能力、实现火电兜底保障的现实选择。一要选择试点企业开展煤电机组深度调峰改造，进一步优化调峰幅度、爬坡速率和启停时间。二是制定灵活性改造补奖政策，建议对煤电企业因灵活性改造增加的成本支出、发电减少造成的经济损失进行补偿，保障改造项目可取得合理收益，激发企业改造积极性。三是优化煤电灵活性改造技术路线，减少改造后煤电机组低负荷运行对设备的损耗，确保机组安全经济运行。

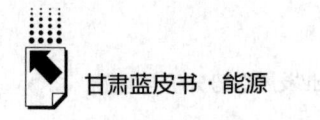

（四）聚焦现代煤化工发展，深入推进煤炭清洁高效利用

现代煤化工是实现煤炭由燃料变原料和煤炭清洁高效利用的重要途径。今后甘肃在保障好煤炭能源供应前提下，应全力推动煤化工延链补链强链。一是做好顶层设计，在充分考虑全省水资源条件的基础上系统谋划煤炭全产业链发展，编制甘肃煤炭全产业链发展规划，明确产业链中下游发展定位、目标任务与措施等。二是坚持龙头企业示范引领，保障能化集团金昌煤制氢和华煤集团煤制乙烯项目建设，加强与中能建西北公司、心边心等集团对接，加快高台南华工业园煤化工区油气合建站、金昌新型作物专用肥等重点项目实施进度。三是充分利用华亭、靖远和窑街优质气化用煤的资源优势发展煤制气，攻克技术难关，从现有煤制甲醇新型煤化工向煤制烯烃高端煤化工迈进。四是对开办煤化工专业的兰州石化职业技术学院等予以重点扶持，培养高素质的煤化工及相关专业复合型技术技能人才。

（五）加强煤矿安全生产建设，防止和减少生产安全事故

安全是矿区的永恒主题，煤矿作为传统高危行业，历来是安全生产的重中之重。为加强煤矿安全生产，预防和减少煤矿生产安全事故，一要加强地质勘探，提高矿井地质勘探程度，查明煤层赋存、地质构造和水文地质等条件，为安全生产提供准确依据；二要建立和预测预报体系，利用数智技术建立矿井地质预测预报体系，及时发现并预警潜在的地质灾害；三要抓住甘肃支持大规模设备更新契机更新改造设备设施，提高矿井机械化和自动化水平，积极推广新技术、新工艺、新设备和新材料，提高矿井安全生产的科技保障能力，建立完善的设备设施维护管理制度，加强日常检查、定期维护和保养，确保设备设施处于良好状态；四要加强人员培训与教育，定期开展安全培训活动，提高矿工安全意识和安全操作技能，建立完善的激励机制，鼓励员工积极参与安全生产工作，提高员工的安全生产积极性和主动性。

参考文献

中国煤炭工业协会：《2023煤炭行业发展年度报告》，中国煤炭工业协会网，2024年3月28日。

张宏、郭中华：《2023年煤炭行业高质量发展报告》，《中国能源发展前沿报告（2023）》，社会科学文献出版社，2023。

莫昊川、张运兵：《我国煤炭行业发展方式变革方向与路径探析》，《内蒙古煤炭经济》2024年第15期。

B.4
2024~2025年甘肃省石油行业发展形势分析与展望

代雪玲*

摘　要： 石油作为重要的能源资源之一，在我国能源体系中发挥着不可或缺的作用，对于保障国家能源安全、满足日常生产生活需求、实现高质量发展具有至关重要的作用。甘肃作为"一带一路"建设与向西开放的重要交通枢纽和运输通道，也是重要的能源基地之一，其石油行业发展对于保障国家能源安全、促进地区经济发展具有重要意义。2024年是实现"十四五"规划目标任务的关键一年，甘肃在技术变革、产业转型发展、新能源开发等因素影响下，坚持稳中求进总方针，以能源供给侧结构性改革为主要任务，深化国家能源战略，充分发挥得天独厚的资源禀赋和基础条件，逐步优化石油产业布局和石油产品结构，总体呈现石油产储量持续增加、石油产品供需基本平衡、石油产业转型发展稳妥推进的良好发展趋势。但也存在石油勘探开发技术有限、石化企业减碳任务重、产业链短等问题。基于此，甘肃要继续推动增储上产行动，全力保障国家能源安全，促进绿色、低碳、可持续发展，全面实现"双碳"目标，强化科技创新推动石化产业补链强链，拓展对外合作，促进石油行业高质量发展。

关键词： 石油　增储上产　减油增化　甘肃省

党的十八大以来，习近平总书记高度重视能源工作，为推动能源发展做

---

* 代雪玲，甘肃省社会科学院生态文明研究所副研究员，主要研究方向为生态经济。

出了一系列重要指示。2014年6月，习近平总书记提出了"四次革命、一次合作"的能源安全战略，为推动新时代能源高质量发展提供了根本指导。2022年党的二十大报告指出，"深入推进能源革命，加大油气资源勘探开发和增储上产力度，加快建设新型能源体系，加强能源产供销体系建设，确保能源安全"。这为推动石油行业的高质量发展明确了思路。2024年是实现"十四五"规划的关键之年，也是石油和化工行业高质量发展的重要一年，甘肃认真学习贯彻习近平总书记重要讲话和重要指示批示精神，坚持党对能源工作的全面领导，立足石油资源省情，锚定发展目标，坚持稳中求进、以进促稳、先立后破，更好统筹高质量发展，全面提高石油资源的安全保障能力，为中国式现代化贡献甘肃石油力量。

一 甘肃石油行业发展现状

甘肃省继续推进"七年行动计划"，增加石油行业的储量和产量，取得了显著的发展成效。2023年规模以上石化工业增加值累计增速为6.5%，占全省工业增加值比重达到32.6%[1]；2024年1~9月规模以上石化工业增加值累计增速达到6.7%[2]。2023年规模以上石化工业利润总额绝对数为111.9亿元[3]；2024年1~8月规模以上石化工业利润总额绝对数达到115.0亿元，同比净增15.7亿元。2023年限额以上单位石油及制品类零售额458.2亿元，同比增速高达13.1%[4]；2024年1~9月限额以上单位石油及制品类零售额366.0亿元，呈现良好发展态势，为甘肃石油行业发展奠定了坚实的基础。

---

[1]《我省石化化工产业集群发展迈上新台阶》，http://gxt.gansu.gov.cn/gxt/c107572/202404/173895729.shtml。

[2]《甘肃统计月报2024年9月》，http://tjj.gansu.gov.cn/tjj/c109456/202410/174010699/files/a54a56e97bfc488eb0285c0fc1ba26d7.pdf。

[3]《甘肃统计月报2024年2月》，http://tjj.gansu.gov.cn/tjj/c109456/202403/173885270/files/3a7fff25c2584584838510094233b5f2.pdf。

[4]《甘肃统计月报2023年12月》，http://tjj.gansu.gov.cn/tjj/c109456/202402/173854677/files/54c90cf963574f9fabfddbdcdd014a52.pdf。

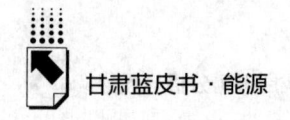

（一）原油生产总量稳步提升

自 2019 年实施增储上产"七年行动计划"以来，甘肃不断加大油气勘探开发力度，取得了一定成效。原油产量逐年提高，为国家能源安全以及地方经济社会发展提供了坚实保障。甘肃省统计局数据显示，2014 年，甘肃原油产量达到 772 万吨，同比增长 8.7%，原油生产月均产量约为 64.33 万吨。2023 甘肃原油生产总量增长至 1166.4 万吨，其中庆阳石化 1129.67 万吨、玉门油田公司 36.73 万吨，全国排名第七，较上年增长了 6.8%，原油生产月均产量为 97.2 万吨，实现了原油生产产量的连续增长，进一步夯实了原油长期稳产的基本盘，保持逐年增长的良好势头，为甘肃石油增储上产发挥了重要支撑作用。2014~2023 年，甘肃原油产量总体呈总量增加、增速相对稳定的趋势，年均增长率高达 4.69%，远远高于全国平均水平（见图 1），在西北五省区中排名第三位，但从 2023 年同比增长速度来看，甘肃省位居西北五省区之首，达到 6.8%，说明依然具有强劲的发展势头（见图 2）。

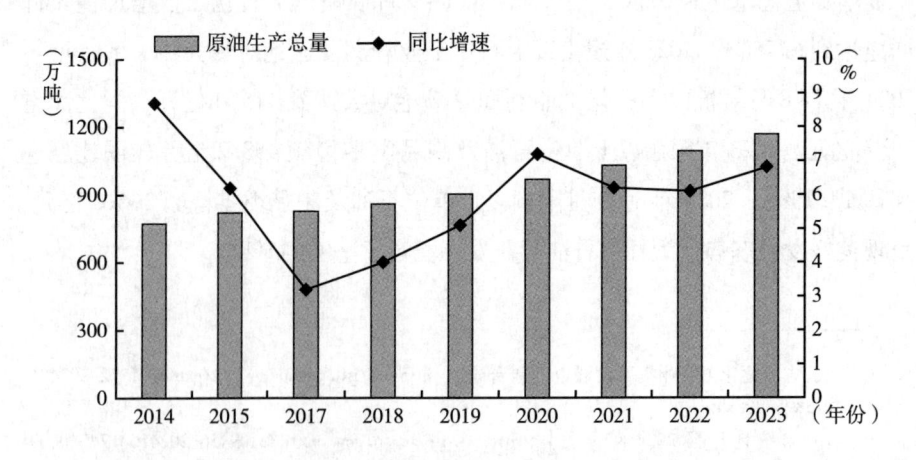

图 1　2014~2023 年甘肃原油生产总量及占比

数据来源：2014~2023 年《甘肃省国民经济和社会发展统计公报》。

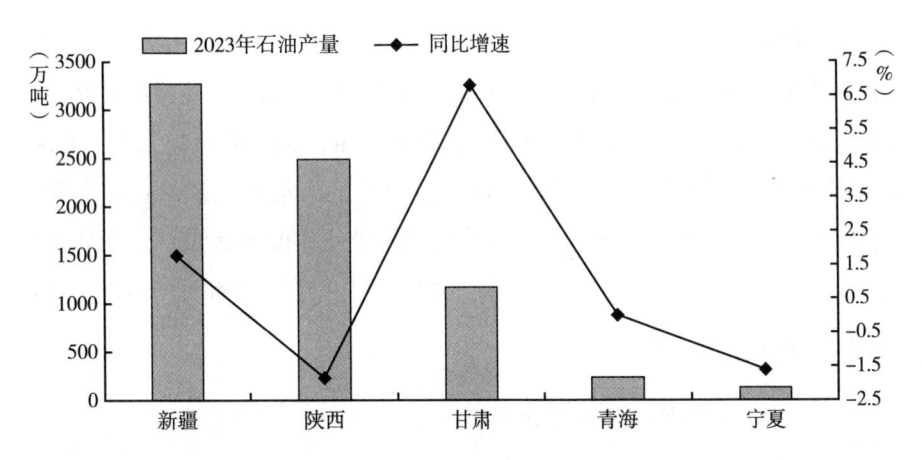

图 2　2023 年西北五省区石油产量及同比增速

数据来源：国家统计局网站。

统计数据显示，2014～2022 年随着甘肃省能源生产总量的总体增加，原油占比总体呈增加趋势。能源生产总量从 5926.5 万吨标准煤增加至 7778.97 万吨标准煤，原油生产总量的占比也由 18.61%（约为 1102.92 万吨标准煤）波动上升至 20.06%（约为 1560.46 万吨标准煤），年均增长率为 4.43%（见图 3）。

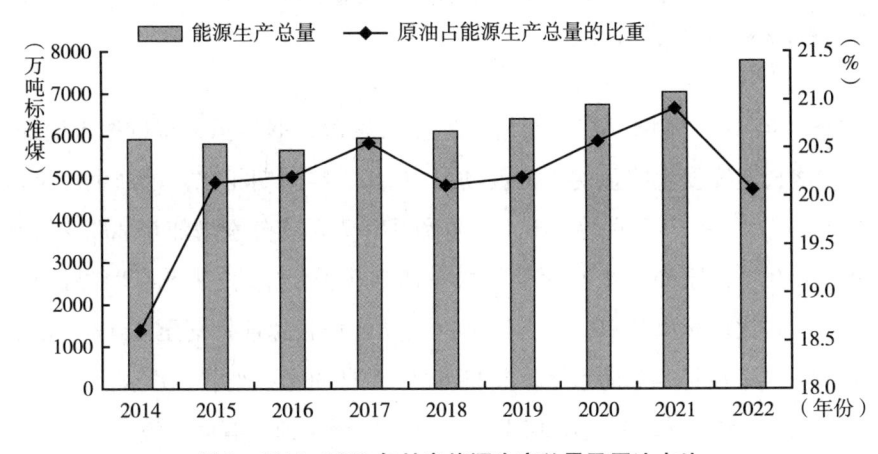

图 3　2014～2022 年甘肃能源生产总量及原油占比

数据来源：《甘肃发展年鉴》。

从2024年1~9月的原油产量和增长速度来看，总量保持相对稳定上升，同比增长速度呈正向波动。原油产量由1月的102.1万吨增加至9月的104.6万吨，增加了2.5万吨，6月原油生产产量达到最高峰为125.7万吨。与2023年1~9月相比较，2024年1~9月每月的原油产量和增长速度均有显著提升，但增长速度波动较大，6月的同比增长速度高达26%，同样2月的同比增长速度也达到了11.2%，而2023年1~9月的原油产量和同比增长的趋势相对平稳（见图4）。

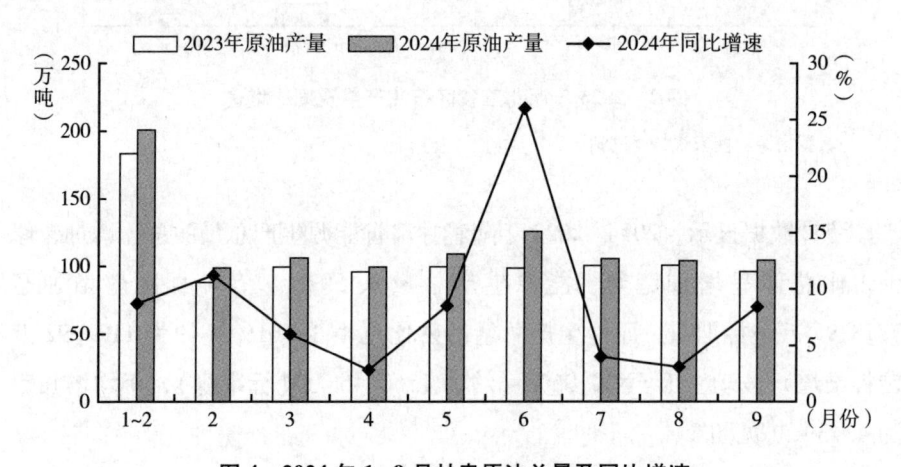

图4 2024年1~9月甘肃原油总量及同比增速

数据来源：甘肃省统计局网站。

2024年1~9月原油产量和增长速度的累积数据显示，总量逐年增加，但同比增长速度发生明显的正向波动。与2023年同期相比，原油生产量从2023年1~2月和1~9月的183.4万吨和879.7万吨分别增加至200.9万吨和955.4万吨，原油产量有明显增加。2024年同比增长速度有明显波动，1~6月的同比增长高达10.2%，1~9月的同比增长速度回落至8.5%，依然高于2023年同期7.4%的水平。2023年1~9月的累积增长速度保持相对稳定（在8.2%左右浮动），但2024年1~9月的增长速度有明显波动，呈上升的发展势头（见图4）。

有资料显示，截至2024年8月，长庆油田已成功开发了50个油气田，形成了4个整装含油富集区，成为我国油气上产的重要增长极①。长庆油田的油气勘探开发力度不断加大，产量持续提升；2013年油气产量当量超过5000万吨，2020年继续上升至6000万吨，2023年实现6600万吨②。2024年1~8月，长庆油田生产油气当量超4400万吨，同比增长64万吨，历年累积生产油气当量突破10亿吨，为保障国家石油能源安全、推动区域经济协调发展注入了强劲的动能③。同时长庆油田继续加强陇东页岩油的勘探开发，发现了国内页岩油储量规模最大的庆城大油田。在甘肃陇东率先建成中国首个百万吨级页岩油开发基地，2023年页岩油产量达到264万吨，占国内页岩油总产量的2/3以上，形成超低渗透油田开发的"安塞模式"④。

另外，《2022年全国矿产资源储量统计表》也显示，2022年甘肃石油储量达到了48233.81万吨，仅次于新疆（66956.82万吨），全国排名第二，占全国石油总储量的比重达到了12.67%，表明甘肃省石油储量丰富，石油产业具有较大的发展潜力，将为甘肃省石油生产提供坚实的基础保障。我国的十多条原油和成品油管道穿过甘肃省，甘肃已成为全国石油和成品油管道线路最长、最密集的省份之一。这些都将为甘肃省石油的稳步勘探开发提供有力的支撑和保障。

（二）原油加工量保持平稳

甘肃紧贴市场需求，灵活调整优化石油炼化业务，低成本应对市场变化，原油加工量保持平稳发展。统计数据显示，2014年，甘肃原油加工量为1446.4万吨，较上年下降了6.9%，月均原油加工量约为120.53万吨。

---

① 《探寻长庆油田油气当量突破10亿吨的发展之路》，http：//www.cpptn.com.cn/index.php/index/new_art/id/7722.html。
② 《中国最大油气田累产油气当量突破10亿吨》，https：//baijiahao.baidu.com/s？id=1809137987871643408&wfr=spider&for=pc。
③ 《曾是"没有经济开采价值的边际油田"现在产量突破10亿吨》，https：//china.nmgnews.com.cn/system/2024/09/03/030038113.shtml。
④ 《长庆油田：奋力谱写"加油增气"新篇章》，https：//baijiahao.baidu.com/s？id=1811769696474136531&wfr=spider&for=pc。

2023年甘肃规模以上工业原油加工量增加至1466.5万吨，其中兰州石化869.2万吨、庆阳石化361.27万吨（同比增长18.4%）、玉门油田公司236.03万吨（同比增长6.7%），月均原油加工量约为122.21万吨，保持了原油加工量的相对稳定，为保障国家能源安全发挥了基础支撑作用。2014~2023年，甘肃原油加工量总体相对稳定增加，2017年以后增速保持稳定的状态，年均增长率为0.17%（见图5）。

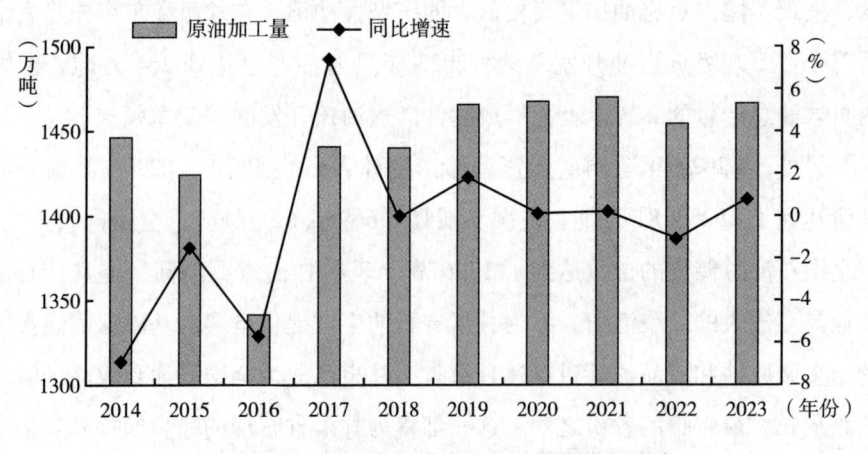

图5　2014~2023年甘肃原油加工量及增长速度

数据来源：2014~2023年《甘肃省国民经济和社会发展统计公报》。

2024年1~9月的原油加工量数据显示，每月的原油加工量总体增加，同比增长波动上升。2024年1月原油加工量达到125万吨，9月原油加工量增加至124.0万吨。与2023年1~9月年相比，2024年1~5月各月、8月和9月的原油加工量均有不同程度的下降，同比增长速度均为负值，9月从141.2万吨下降至124.0万吨（下降最多），同比增长率下降12.2%；2024年6月和7月的原油加工量的同比增长速度均有显著提升，原油加工量分别由71.6万吨和56.4万吨快速增加至125.8万吨和131.1万吨，同比增长速度也分别高达75.8%和132.3%，达到2024年以来的最高峰，9月的原油加工量有所回落（见图6）。

2024年1~9月原油加工量和增长速度的累积数据显示，总量逐年增加，但增长速度波动变化。与2023年同期相比，原油加工量有明显增加，由2023年1~9月的1061.1万吨上升至2024年1~9月的1151.0万吨；但增长速度有明显波动，2024年1~2月、1~3月、1~4月、1~5月的同比增长速度均为负值，特别是1~5月的原油加工量由657.8万吨减少至639.5万吨，同比下降2.8%，1~6月的原油加工量由729.4万吨增加至765.3万吨，同比增速为4.9%，1~9月同比增长速度上升至8.5%，表现出良好的发展势头（见图6）。2024年1~6月，兰州石化累计加工原油472.7万吨，完成年计划的50.8%，实现了上半年的生产目标。

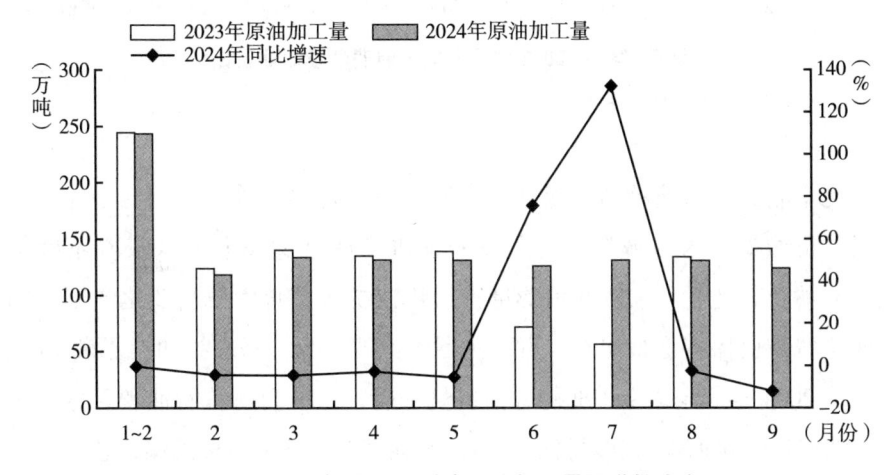

图6 2024年1~9月甘肃原油加工量及增长速度

数据来源：甘肃省统计局网站。

（三）石油消费量呈下行趋势

2014~2022年随着甘肃省能源消费总量的波动上升，原油占比总体呈下行趋势。能源消费总量从7521.45万吨标准煤增加至8667.89万吨标准煤，石油占比由16.34%（约为1229.00万吨标准煤）波动下降至15.46%（约为1340.06万吨标准煤），年均增长率为1.09%（见图7）。

2024年1~9月规模以上石油开采业、石油及其他燃料加工业、化学原

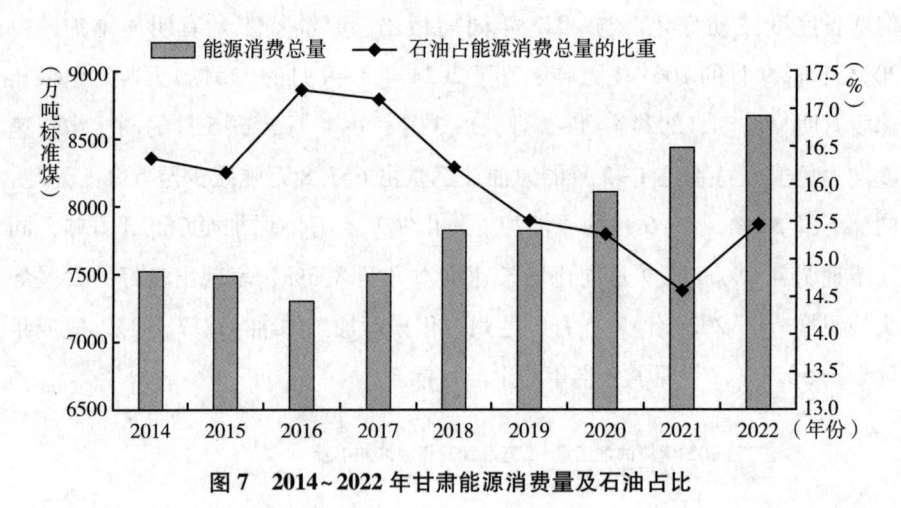

图 7　2014~2022 年甘肃能源消费量及石油占比

数据来源：《甘肃发展年鉴》。

料及化学制品制造业的消费量总体保持平稳，石油开采业的同比增速有所下滑，可能是因为区域资源有限，开采难度逐渐递增和生产成本不断提高。石油及其他燃料加工业消费量持续快速扩大，化学原料及化学制品制造业消费量也保持增长状态，可能是因为产能扩大、需求拉动（见表1）。

从 2024 年规模以上工业能源消费量来看，1~9 月各月石油和天然气开采业消费量绝对值保持相对稳定，每月平均值为 6.4 万吨标准煤，各月同比增长速度呈波动上升态势，6 月为正向增长，同比增长速度为 4.7%，其他月份均保持负向增长，3 月的同比增长速度下降至最低（-5.4%）；1~9 月累积绝对数达到 57.3 万吨标准煤，同比下降 0.03%。1~9 月各月石油、煤炭及其他燃料加工业消费量绝对值相对稳定，同比增长速度快速上升，每月平均值为 64.9 万吨标准煤，表现出良好的发展态势，特别是 6 月的同比增长速度高达 84.7%，7 月继续上升至 159.1%；1~9 月累积绝对数达到 584.3 万吨标准煤，同比增长 24.9%。1~9 月各月化学原料及化学制品制造业消费量绝对值保持相对稳定，每月平均值为 37.6 万吨标准煤，各月同比增长速度呈波动变化，4 月、8 月和 9 月均为负向增长，其他月份均为正向增长；1~9 月累积绝对数达到 338.8 万吨标准煤，同比增长 2.0%（见表1）。

2024~2025年甘肃省石油行业发展形势分析与展望

表1　2024年1~9月甘肃规模以上石化工业能源消费量及同比增速

单位：万吨标准煤，%

月份	规模以上工业能源消费量		石油和天然气开采业		石油、煤炭及其他燃料加工业		化学原料及化学制品制造业	
	绝对数	同比增速	绝对数	同比增速	绝对数	同比增速	绝对数	同比增速
1~2月	942.5	8.6	13.1	5.6	137.5	25.5	68.6	29.5
3月	516.9	5.3	6.2	-5.4	67.3	20.3	41.8	14.2
4月	478.7	0.5	6.4	-2.4	62.4	16.1	37.7	-24.0
5月	479.7	2.8	6.3	-0.6	62.8	12.3	39.0	4.1
6月	476.6	10.8	6.5	4.7	54.5	84.7	40.5	9.0
7月	499.4	12.9	6.7	-1.0	67.4	159.1	39.8	7.2
8月	504.0	3.1	5.9	-4.9	66.3	-3.1	36.1	-8.3
9月	493.1	0.9	6.2	-1.1	66.1	-3.8	35.3	-15.8

数据来源：甘肃省统计局网站。

（四）成品油销售量总体稳定

1. 燃料油产量相对平稳

2023年甘肃生产成品油1103.7万吨，同比增长3.4%；2024年1~6月，中石油兰州石化累计生产成品油341.3万吨，完成年计划的55%，实现上半年的生产目标。从成品油不同品种的产量来看，汽油产量、煤油产量呈平稳增长状态，柴油产量总体呈下降趋势，燃料油产量呈先减小后平稳发展的趋势。

从汽油产量数据来看，总量保持增长状态，同比增长速度发生波动变化。汽油产量由2014年的381.23万吨增加至2023年的452.7万吨，增加了71.47万吨，年均增长1.93%，2020年汽油产量达到最高峰为450.78万吨，产量增长相对稳定。从同比增长速度来看，从2015年的3.74%波动上升至2023年5.43%，其中2017年的增长速度最快为9.41%，2016年、2018年、2021年和2022年的同比增长速度为负，有轻微的波动变化（见图8）。

从煤油产量数据来看，总量保持波动增长状态，同比增长速度保持快速发展状态。煤油产量由2014年的63.99万吨增加至2023年的109.7万吨，增加了45.71万吨，年均增长高达6.17%。2018年煤油产量达到最高峰为112.32万吨，产量呈快速增长状态。从同比增长速度来看，从2015年的15.97%波动上升至2023年45.68%，2023年也是增长速度最快的一年，2020年和2022年的同比增长速度为负，有轻微的波动变化（见图8）。

从柴油产量数据来看，总量保持波动下降状态，同比增长速度波动变化。柴油产量由2014年的628.39万吨波动减少至2023年的541.3万吨，减少了87.09万吨，年均增长率为-1.64%，产量呈下降趋势。从同比增长速度来看，只有2017年、2019年和2022年为正向增长，2022年增长速度最快为9.97%，其余年份均为负向增长，2023年的同比增长速度为-3.73%，波动变化明显（见图8）。

从燃料油产量数据来看，总量和同比增长速度均保持波动变化。燃料油产量由2014年25.11万吨波动减少至2023年的9.2万吨，产量快速下降。从同比增长速度来看，只有2018年、2021年、2022年和2023年为正向增长，2023年增长速度最快为162.86%，其余年份均为负向增长，2017年的同比增长速度为-66.37%，波动变化明显（见图8）。

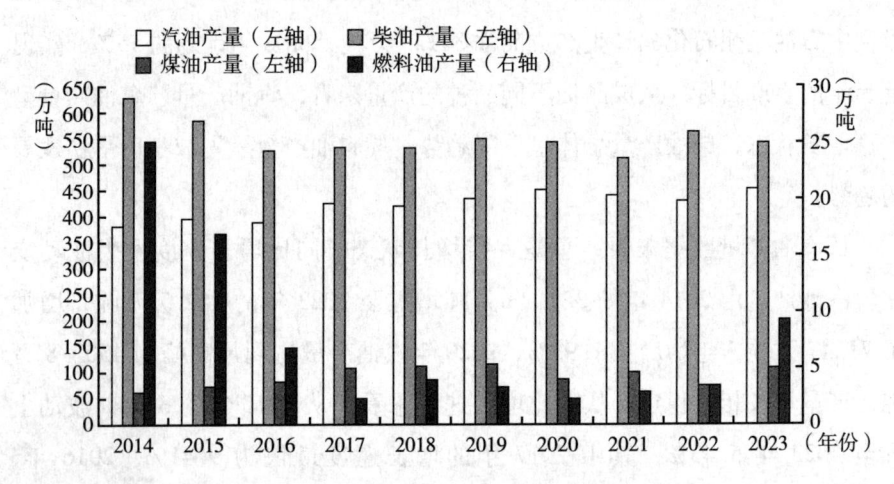

图8 2014~2023年甘肃燃料油产品产量

数据来源：2014~2023年《甘肃省国民经济和社会发展统计公报》。

2. 成品油销售量稳步增长

随着综合交通运输体系的不断完善、机动车保有量的快速增加，甘肃成品油销售量保持相对稳定。2016~2020年，成品油累计销售达到2119万吨，年均增长率为-0.11%。2020年，成品油销售量为436万吨，较2019年增加20万吨，增长4.81%。但受经济波动、价格下跌等因素影响，成品油销售量呈先减少后增加的趋势（见图9）。

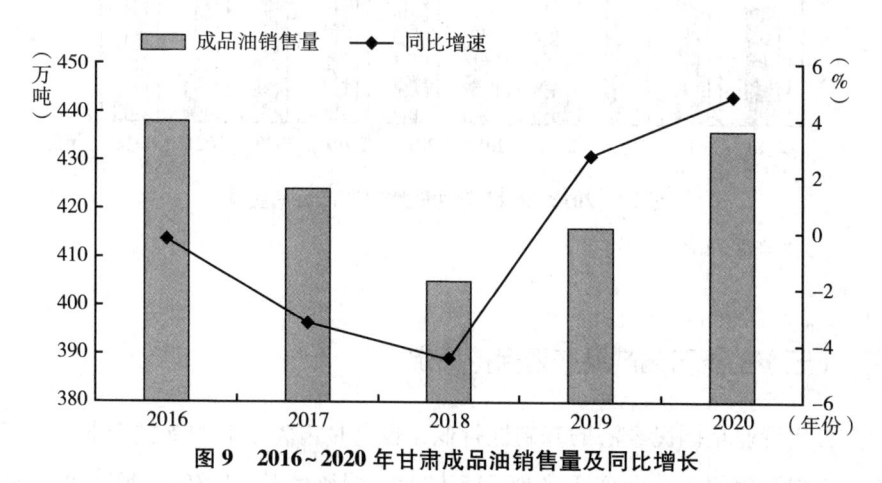

图9 2016~2020年甘肃成品油销售量及同比增长

数据来源：《甘肃省"十四五"成品油和车用天然气分销体系发展规划》。

从成品油不同品种消费量来看，汽油总体呈增长态势，柴油、煤油、燃料油均呈现下降趋势，但降速不一，分化明显。2013~2022年，汽油累计销量1854.32万吨，年均增长5.03%，销量增长保持稳定。柴油累计销量3084.45万吨，年均下降2.82%，销售增速明显下降。煤油累计销售量75.61万吨，年均增长4.42%，销量增速上升明显。燃料油累计销售量35.12万吨，年均下降11.7%，销售量增速下降明显。2022年，汽油销售量191.13万吨，同比下降14.56%，2018年也为负增长，其他年份均为正向增长。2022年柴油销售量290.16万吨，同比增长为16.46%，2022年以前的年份均为负增长。煤油销售量7.53万吨，与上一年持平，只有2017年、2020年和2021年为负增长。燃料油销售量1.4万吨，同比下降16.17%，其中2019~2022年连续四年负增长（见图10）。

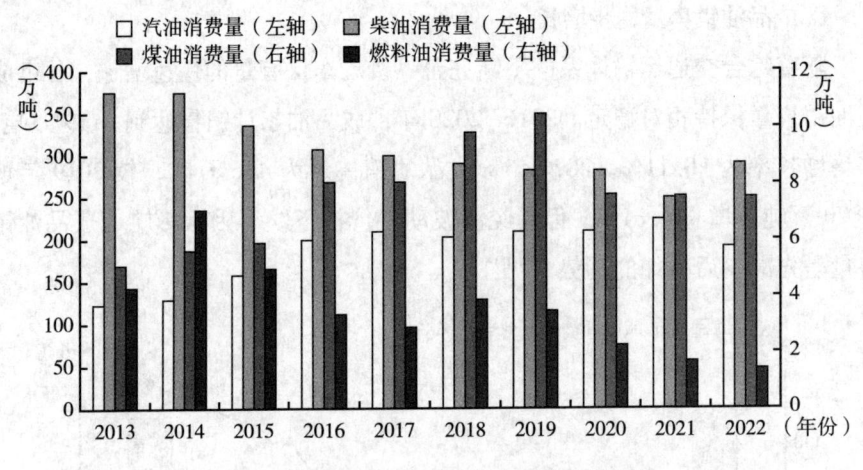

图 10 2013~2022 年甘肃燃料油产品消费量

数据来源：《甘肃发展年鉴》。

（五）主要石化产品产量保持稳定

石化行业是国民经济的基础性行业，也是甘肃省工业的支柱产业。2023年，庆阳石化化工产业实现产值815亿元，同比增长41.3%。2024年一季度，庆阳石化化工产业产值超过204亿元，同比增长9.82%，呈现持续增长的良好发展态势，为甘肃石化化工产业链建设奠定了坚实的资源基础。从主要石化产品乙烯的产量来看，总体保持良好的发展势头。统计数据显示，乙烯产量由2013年的63.2万吨波动下降至2023年的60.8万吨，年均增长率为-0.32%，产量相对稳定。2015年、2017年、2018年、2020年和2021年的同比增长均为正值。其中2017年乙烯产量为64万吨，同比增长23.72%，乙烯月均产量约为5.33万吨；2020年乙烯产量增加至69.7万吨，同比增长30.67%，乙烯月均产量上升为5.81万吨（见图11）。

从2024年1~9月的乙烯产量和增长速度来看，总量保持相对稳定，同比波动增长。7月乙烯产量达到最高峰，8月回落至6.3万吨，各月产量保持相对稳定。与2023年同期相比较，2024年1~9月每月的乙烯产量显著提升，但增长速度有波动，6月的同比增长速度高达265.9%，7月同比增长

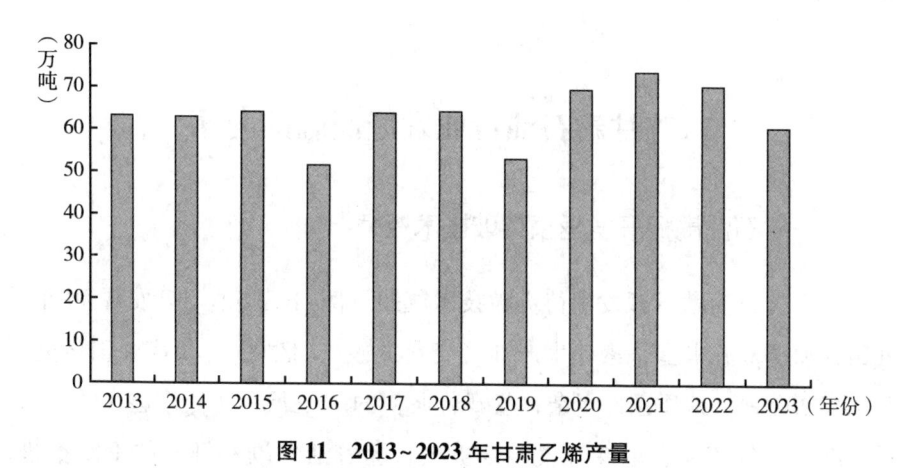

图 11　2013~2023 年甘肃乙烯产量

数据来源：2013~2023 年《甘肃省国民经济和社会发展统计公报》。

速度快速上升至 3019.4%，均表现出强劲的发展势头（见图 12）。

2024 年 1~9 月乙烯产量和增长速度的累积数据显示，同比增长速度呈上升趋势。乙烯产量从 2023 年 1~2 月和 1~9 月的 11.7 万吨和 42.0 万吨分别增加至 2024 年 1~2 月的 12.1 万吨和 1~9 月的 55.5 万吨，乙烯产量增加明显。2024 年同比增长速度波动上升明显，1~6 月的同比增长速度高达 17.1%，1~8 月的同比增长速度继续增加至 37.0%，1~9 月回落至 31.9%，呈现快速发展的良好趋势（见图 12）。

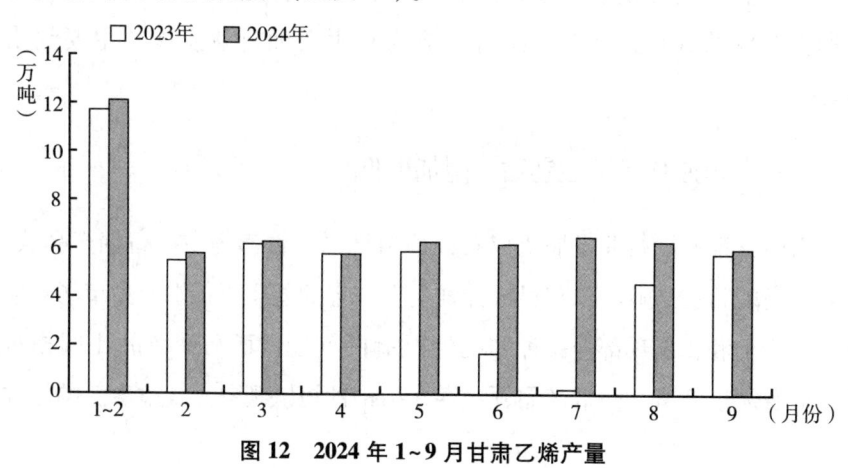

图 12　2024 年 1~9 月甘肃乙烯产量

数据来源：甘肃省统计局网站。

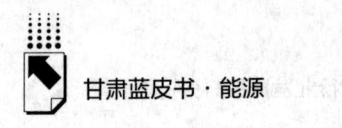

二 甘肃石油行业发展面临的问题

（一）石油勘探开发亟须突破技术瓶颈

甘肃省石油勘探开发亟待突破技术瓶颈。例如长庆油田已发现50个油气田，油气资源丰富，累计生产油气当量突破10亿吨[①]。长庆油田所处的鄂尔多斯盆地，地质条件复杂，蕴藏着典型的"三低"（低渗透、低压力、低丰度）油气资源，勘探开发难度极大。随着油气勘探开发的不断推进，低渗、特低渗石油资源不断增多，稳产增产难度增大。已开发的油田已整体进入高含水、高采收率的阶段，单井产量相对低，随着勘探的持续进行，提高开发效率面临的技术瓶颈亟待突破。

（二）石化企业减碳目标任重而道远

石化行业是国民经济的重要支柱产业，具有高能耗、高碳排放的特征。北京大学能源研究院发布的《中国石化行业碳达峰碳减排路径研究报告》显示，炼油和乙烯是二氧化碳排放量最大的行业。随着"碳达峰碳中和"目标的提出和后续推进，甘肃石油勘探开发和石化企业仍面临长期而艰巨的碳减排任务，碳排放成为甘肃石油行业发展的主要约束指标之一。

（三）石油化工产业链短、附加值低

当前甘肃石油行业发展仍以石油原料开采、输出为主，高端产品缺乏，谋划的高端石化产业项目和目标计划仍有一定的差距，低端产品市场竞争激烈，产能饱和，出现部分品种结构性过剩的问题。而高端产品比例相对较低，下游需求旺盛，高端产品领域存在结构性短缺现象。甘肃生产的原油大

---

① 《10亿吨！长庆油田累产油气当量再创纪录》，《甘肃日报》2024年9月4日。

多数输出到省外炼化加工，且石化公司是燃料型炼厂，主要产品为成品油，不能为下游石化产业链提供化工原料。

（四）石油产业呈同质化发展趋势

甘肃与周边的鄂尔多斯、榆林等地区的同质化程度较高，其石油产业的空间拓展受到限制。周边区域的能源产业发展起步早、速度快，已建成了现代化能源化工基地，形成了较为完整的能源产业体系、发展空间和产业布局。甘肃石油产业集聚化程度低，在产品成本、运输通道、潜在市场等方面具有明显的劣势，自身需求增长空间有限，节能减排任务艰巨。

三 2025年甘肃石油行业发展形势展望

（一）资源优势为甘肃石油行业高质量发展提供了坚实的基础

甘肃石油资源富集，作为国家重要的化石能源接续基地和主产区，将会得到国家诸多的政策倾斜支持。近年来，甘肃稳步推进石油资源开发利用，能源资源开发综合性优势明显，在企业与地方合作、产业链延伸等方面积累了有益的经验，具备良好的产业发展基础。同时，甘肃石油炼化的方向明确，将建设陇东千万吨级油气生产基地和特色高端战略性石化工业基地作为"十四五"能源发展规划的重要方向，进一步明确了控油增化、提质增效、做强做好化工产业的发展目标。甘肃石化企业将发挥特有的政策优势、区位产业优势，推动产业转型，在"双碳"目标导向下，逐步缩减传统产业，布局建设氢能、生物燃料等创新产业，延伸下游产业链，实现绿色低碳、提质增效的可持续发展。甘肃在人才、技术、资金方面给予大力支持，形成了支持能源产业大发展、快发展的良好氛围。

（二）国家能源安全政策为甘肃石油行业发展提供良好机遇

保障能源安全，既是国家安全的重要内容，也是支撑双循环新发展格局的重要条件。甘肃石油行业资源富集，开发潜力巨大，是国家确定的油气增储上产的重点区和能源资源的接续区。特别是庆阳作为陕西、甘肃、宁夏等地的区位交会处，发挥着能源资源转、运、输的关键节点作用，对于构建石油储备保障体系具有重要作用。根据国家原油和成品油储备战略布局，甘肃将在保障综合能源安全、促进双循环新发展格局中发挥重要的支撑作用。

（三）国家、区域发展战略为甘肃石油行业发展带来重大契机

"十四五"时期是甘肃石油行业绿色化、智能化、集群化发展的黄金时期。国家发改委、国家能源局出台的《关于完善能源绿化低碳转型体制机制和政策措施的意见》《"十四五"现代能源体系规划》，提出增强油气供应能力，强化战略安全保障，形成多元保障、强化储备、完善的产供储销体系，保障产业链供应链稳定和经济平稳发展。同时甘肃省发布的《甘肃省"十四五"能源发展规划》指出要提高油气生产供应水平，为陇东千万吨级油气生产基地建设和特色高端战略性石化工业基地建设提供了政策保障。

（四）市场环境仍将面临多重不确定性

"十四五"时期是甘肃油气增储上产的关键阶段，甘肃石油行业将保持平稳运行趋势。然而石油行业市场环境依然面临多重不确定性因素。目前甘肃石油化工下游产业发展还相对有限，本地市场的容量相对有限，致使能源发展对外部市场的依赖性增强。全球经济增速明显放缓，市场对石油的需求量可能会低于预期值。同时在能源绿色低碳转型发展以及政策调整变化的情况下，市场对于化石燃料的需求可能会逐步减少。能源转型发展的速度、政策执行的效果等仍存在诸多的不确定性，这会极大地影响原油需求，给石油行业的生产经营以及拓展外部市场带来较大挑战。

四 2025年甘肃石油行业高质量发展的对策建议

甘肃石油行业要抢抓机遇，积极落实增储上产七年行动，不断调整产业

布局和结构，从保障国家能源安全、绿色低碳转型发展、科技创新助力补链强链、推进对外开放合作方面推动石油行业高质量发展。

（一）持续推动增储上产，保障国家能源安全

要扎实落实高质量油气勘探开发"七年行动计划"，加大石油资源的勘探开发力度，保障勘探开发项目建设条件，促进油气储量和产量的增加，保障相对稳定的石油产量。要守牢油气战略的安全底线，以石油增产保供的确定性，来应对市场环境的诸多不确定性。要推动石油行业相关规划的落地实施，确保经济平稳运行。要支持长庆油田、玉门油田加大勘探力度，稳步推进常规油开采，支持页岩油等非常规油勘探开发，高效利用已探明的石油资源，调整优化石油产品结构，提升原油的加工质量以及油品环保等级，夯实油田稳产基础。

（二）持续推进绿色发展，助力低碳可持续转型

要坚定不移地贯彻创新、协调、绿色、开放、共享的新发展理念，推进节能减排，实现石油产业绿色低碳循环发展。要推进源头绿色化、工艺清洁化、废物资源化协同发展，完成节能减排目标任务。一方面通过系统综合治理和源头绿色化管控，升级改造绿色的生产工艺技术，优化清洁生产方式，推动废气与温室气体协调控制与处置、"三废"协同控制和处置，逐步提高石油资源的循环利用效率，从而降低碳排放。另一方面要推进石油资源和新能源产业的融合发展。在油田周边布局光伏、风电项目，保证在石油资源勘探开发中使用清洁能源，探索多能融合发展的新模式。同时在"双碳"目标导向下，布局建设氢能、生物燃料等创新产业，实现绿色低碳、提质增效的可持续发展。

（三）持续强化科技创新，助力延链补链强链

要强化科技创新，加大科技投入，全力突破石油勘探开发的关键技术，支持绿色化、规模化、智能化开发。加强技术攻关，重视油气技术装备制造

方面的持续投入和研发。甘肃石化企业将发挥特有的政策优势、区位产业优势，逐步缩减传统产业，推动产业转型，积极争取石油稳产和石油产业的升级改造、原油裂解制烯烃项目，支持石化企业建设精细化工项目，如苯乙烯、聚丙烯、乙丙醇等，延伸石油化工产业链。要梯级开发炼化副产品，综合利用废气、废渣、废水，推动石油开采—石油炼制—石油化工—精细化工全产业链发展。石化企业要加快调整现有装置，优化产品结构，增加航空煤油、高档润滑油等高附加值产品的生产，促进新产品的拓展和化工产业链的延伸，推进石化企业产业结构向"控油增化"转变，逐步打造高质量、高附加值、高效率、低能耗的石油化工产业集群。积极推进石油生产数字化改造，开展智能化油田建设。

（四）持续深化对外合作，推进高质量发展

加快推进对外开放合作是推动石油行业高质量发展的重要内容。一方面要坚持对外开放，持续推进"一带一路"工程项目建设，强化与中亚、西亚等国家的石油产业合作，实现高质量"引进来"和"走出去"；研究适合甘肃省情的新型石油产业合作模式，通过吸引外资、先进技术等提高油气资源勘探开发水平，鼓励本省企业拓展与石油国家在石油勘探开发、炼化等领域的合作，不断提升产业核心竞争力。另一方面要抢抓石油增储上产的机遇，开展多种方式的企地合作，推动当地企业发展压裂试油、采油设备制造、管道防腐、机械维修和技术服务等油气勘探辅助和配套服务产业。支持地方企业与中石油、中石化建立利益共享机制，发展地方油田服务产业，培育壮大地方石化装备制造产业，实现地方企业与油田单位协同发展，形成地企共赢、全民共享的新局面。

参考文献

王嘉懿、田磊、付晓晴等：《2021年我国石油市场形势分析与2022年展望石油行业

呈现七个新态势与五方面改革方略》,《中国能源》2022年第3期。

钱兴坤、陆如泉、罗良才等:《2023年国内外油气行业发展及2024年展望》,《国际石油经济》2024年第2期。

高璟卉、李海洋:《2023年中国石油和化学工业经济运行报告》,《现代化工》2024年第3期。

席卓妮、杨建平、赵军:《加快强龙头补链条聚集群实现甘肃石化产业凤凰涅槃——关于甘肃石油炼化产业高质量发展的对策建议》,《发展》2022年第2期。

李沛祺、屈荣春、席卓妮:《"双碳"目标下推进甘肃石化工业低碳化发展对策研究》,《发展》2021年第8期。

安鑫:《中国石化甘肃公司绿色发展转型战略研究》,兰州理工大学硕士学位论文,2022。

B.5
2024~2025年甘肃省天然气行业发展形势分析与展望

李志鹏[*]

摘　要： 2024年，甘肃省天然气行业稳步发展，在全力保障各地居民日常天然气消费的基础上，努力构建以天然气消费为主、传统能源和新能源为补充的能源消费结构，逐步实现了甘肃省绝大部分市州通天然气的发展目标，提高了群众的生活幸福指数，促进了各地经济社会快速发展。本文针对甘肃城乡高速发展衍生的天然气需求导致的天然气供应压力增大、天然气供应端呈现多元化发展趋势、天然气项目与基础设施建设如何实现高效衔接、天然气消费与"碳中和""碳达峰"和新能源如何协同发展等问题进行分析和研究，对2024~2025年甘肃省天然气行业的发展形势进行展望，并结合存在问题，提出对策建议。

关键词： 天然气行业　能源　甘肃省

2024年，甘肃省深入贯彻党的二十大精神，坚持稳中求进工作总基调，全面贯彻新发展理念，深入实施"四强"行动，做深做细"五量"文章，经济运行呈现稳中向好、进中提质、效速兼具的良好态势。而能源产业作为当前甘肃经济社会发展和民生改善的重要基础，是促进经济发展方式转变和经济结构调整的重要抓手，是实现"碳达峰、碳中和"目标的重要领域。

---

[*] 李志鹏，甘肃省社会科学院历史研究所副研究员，主要研究方向为区域经济史、民族史、中亚史、"一带一路"建设与国家西部边疆安全。

2024年为深入推动甘肃省能源发展，加快构建清洁低碳、安全高效的现代能源体系，贯彻落实《甘肃省"十四五"能源发展规划》，甘肃天然气行业稳步发展，在天然气日常消费、生产供应、设施建设、行业发展规划等方面都呈现了新的发展特点和趋势。

一 2024年甘肃省天然气行业发展现状

2024年，甘肃省积极贯彻落实国家、省委省政府能源发展战略及相关政策，出台了《推进新时代甘肃能源高质量发展行动方案》，提出要"推进天然气储气设施项目建设，补齐储气能力短板，增强天然气应急调峰保供能力"。甘肃天然气生产、消费稳步增长，重点项目建设统筹推进，安全管理水平显著提升。

（一）天然气生产与消费同步稳步增长

1. 天然气生产保持上升增长

据统计部门数据，2020年，甘肃省天然气生产量为3.8亿立方米；2021年，甘肃省天然气生产量为4.1亿立方米；2022年，甘肃省天然气生产量为5.4亿立方米；2023年，甘肃省天然气生产量为7.5亿立方米。从2020~2023年的产量数据分析来看，甘肃省天然气年度生产总量保持增长态势，2022~2023年，甘肃省规模以上工业天然气月度产量也是稳中求进（见图1~2）。2024年上半年，甘肃省石油天然气生产同比增长8.5%[①]，预计全年甘肃省天然气产量将达到8亿立方米以上，将会继续保持增长的态势。

2. 天然气消费继续稳步增长

甘肃省在加快新型城镇和农村建设的同时，积极落实能源双控政策，加强对天然气消费需求的预测和管理，确保天然气供应的安全和稳定。随着甘

---

① 数据参见甘肃省统计局《2024年上半年甘肃省经济运行情况》，https://tjj.gansu.gov.cn/。

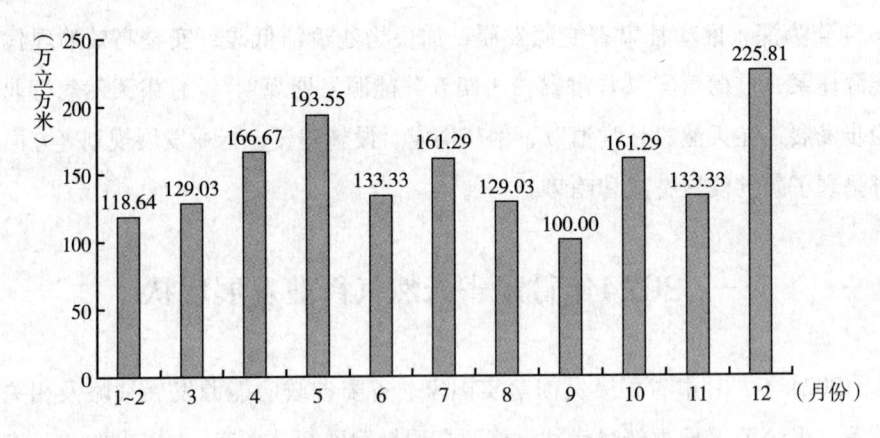

图 1　2022 年甘肃省规模以上工业天然气产量月度统计

数据来源：国家能源局。

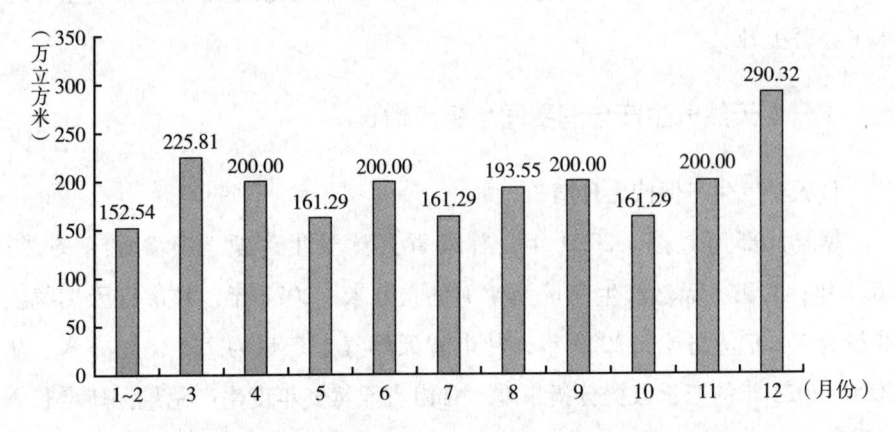

图 2　2023 年甘肃省规模以上工业企业天然气产量月度统计

数据来源：国家能源局。

肃省能源发展战略的深入实施，燃气用户有序扩增拉动天然气消费增长。严寒极端天气时有发生，冬季采暖对于天然气的安全稳定供应提出了更高需求。此外，"双碳"目标下，能源双控、"蓝天保卫战"等带动天然气增存双线替代在工业领域加速发力。仅2023年上半年，甘肃天然气消费量就达1.5亿立方米，同比增长39.7%，其中：城市燃气消费量为6000万立方米，工业用气和发电用气消费量为8000万立方米。因此，预计2024年甘肃省天然气消费量将会保持稳步增长的发展态势。

从天然气用气人口数量的增长角度分析，2019年甘肃省天然气用气人口为488.00万人，2020年甘肃省天然气用气人口为525.00万人，2021年甘肃省天然气用气人口为572.38万人，2022年甘肃省天然气用气人口为589.87万人（见图3）。预计2023~2024年甘肃省天然气用气人口依然保持增长。

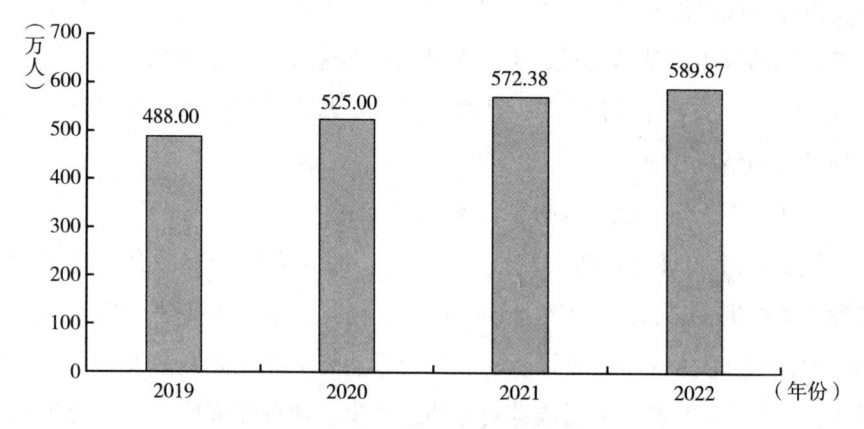

图3 2019~2022年甘肃省天然气用气人口数量

以甘肃省昆仑燃气有限公司为例，其业务经营范围覆盖甘肃省兰州市的"四区三县"（城关区、七里河区、安宁区、西固区、永登县、皋兰县、榆中县）、兰州新区、定西市（安定区、临洮县）、甘南州（合作市、夏河县）。截至2023年底，甘肃昆仑燃气有限公司备案的天然气用户共计156万余户，其中居民用户153余万户、公服用户2.26万户、工业用户536户、加气站19座，2023年全年销售天然气17.27亿立方米。2024年，公司计划新增客户8.76万户，计划销售天然气17.8亿立方米。截至2024年8月，甘肃省昆仑燃气有限公司备案登记的天然气使用户共计156万余户，其中居民用户153余万户、公服2.26万户、工业用户536户、加气站19座。消费需求的逐年稳步增长推动了天然气利用效率的不断提高和天然气需求市场的快速发展。

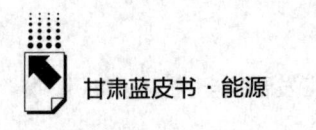

（二）天然气重点项目建设统筹推进

2024年，甘肃加快推进省内天然气储气设施建设工作，积极对接各市州发改委、能源局和天然气企业，对全省天然气应急调峰储气设施建设及运行进行督导管理，先后建设了庆阳、酒泉、张掖等地天然气应急调峰储气中心，全面推进储气调峰设施项目规划运行、系统监测、指标完成、储气责任落实以及后续设施建设。同时，甘肃省突出抓好能源项目建设，持续推进陇东千万吨油气生产基地建设，力争天然气产量超过8亿立方米。切实提升天然气生产、供应和保障能力①。目前省内主要天然气项目建设进展顺利，相关项目实施情况如下。

1. 庆阳市天然气提氦与储备调峰一体化项目

该项目为2024年度省列重大建设项目，由庆阳瑞华能源有限公司投资建设，总投资11亿元，2024年计划投资3亿元。项目主要建设日处理能力200万立方米天然气净化装置一套、日处理能力100万立方米天然气液化装置2套、3万立方米双金属全容调峰储罐1座。项目建成后，可实现年处理天然气6亿立方米，年产液化天然气（LNG）42万吨，并具备年产200万立方米氦气和10万吨食品级二氧化碳生产能力，预计年产值52亿元，上缴税金约5亿元，带动就业390余人。

2. 河口至临夏天然气管道工程

该项目建成后，临夏成为甘肃省第三个通天然气的民族自治地方。项目线路全长约69公里，设计年输气量为1.12亿立方米，建设总投资达12989万元。将为辖区25万名少数民族群众提供天然气，实现临夏州全州八县通天然气，彻底解决民族地区能源短缺问题。

3. 古浪—河口天然气联络管道工程

该项目自武威古浪压气站引出，经武威市古浪县、天祝县，白银市景泰县，兰州市永登县、西固区，接入河口压气站，线路全长188.4千米，设计

---

① 《甘肃省多措并举推进新时代能源高质量发展》，http://fzgg.gansu.gov.cn/2024-07-11。

压力10兆帕，设计年输量50.8亿立方米，总投资约24.96亿元，由国家管网集团甘肃省天然气管网有限公司全额投资建设。该项目建成后，河口站将成为联络兰银线、涩宁兰双线及新建古河线的枢纽，兰州及周边地区将形成多气源、多通道的供应格局，可实现灵活供气和调气。

4. 西气东输三线中段工程甘肃段

该工程起自宁夏中卫、途经甘肃灵台、陕西渭南、河南西峡、湖北枣阳、湖南长沙，终点在江西吉安。项目设计年输气能力250亿立方米，联通国家骨干天然气管网，辐射长三角、珠三角、环渤海和川渝地区，促进沿线地区能源结构调整，助力实现碳达峰、碳中和目标。

5. 陇东千万吨油气生产基地

2021年，长庆油田在庆阳生产油气当量达到1009万吨，这标志着庆阳革命老区建成了千万吨油气生产基地。庆阳是长庆油田的主产区和发祥地。多年来，长庆油田聚力基础研究与技术攻关，创新集成页岩油开发5大系列18项配套技术，掌握了黄土塬三维地震、水平井优快钻井、体积压裂等关键核心技术，探明并开发了储量规模超2000亿立方米的庆阳气田，探明了我国首个页岩油储量规模超10亿吨的庆城大油田，在庆阳建成首个年产百万吨页岩油开发示范区，开了世界陆相页岩油气规模效益开发的先河。

（三）天然气安全管理水平持续提高

2024年以来，甘肃省持续提高天然气安全管理水平，开展城镇燃气管道"带病运行"专项治理工作。以省内天然气销售重点企业甘肃昆仑燃气有限公司为例，该公司集中开展安全管理专项整治活动，消除安全隐患，坚决遏制城市燃气管道"带病运行"问题发生，全力保障人民群众生命财产安全，具体措施如下。

一是加强燃气管道的日常管护，健全完善长效管理机制，抓实抓细城市燃气管网隐患排查治理工作，确保城镇燃气业务安全平稳。

二是重点聚焦人员密集场所，对燃气场站设施设备、中高风险等级阀

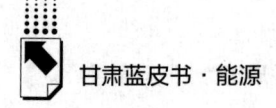

井、中高压燃气管网、老旧燃气管道等进行集中整治攻坚，全链条压实责任，提升燃气管道及设施运行管理的信息化水平，增强城市安全韧性。

三是突出抓好"两道防线"责任体系，完善"两个清单"，明晰各级责任，持续不断提升基层管理水平。

四是聚焦动态风险管控，强化风险感知，持续提升安全管理人员专业水平，努力突破风险的概率估量判断，加强对承包商等风险的横向对比、纵向分析，科学应用风险评价结果，不断完善动态风险管理机制。

五是推动安全生产治本攻坚三年行动和城镇燃气管道"带病运行"专项治理。完善实施细则，科学梳理制定任务清单，强化风险隐患督查检查，对当前开展的老旧管道改造工程严格按照管理标准执行，保障天然气重点项目安全平稳运行。持续加大能源行业监管力度，及时应对涩宁兰天然气管道泄漏突发事件，协调解决民营城燃企业气源供应问题[①]。

二 2024年甘肃省天然气行业发展的特点分析

天然气作为清洁低碳的优质能源，是甘肃能源生产消费的重点之一。2024年以来，甘肃省天然气行业的发展凸显出了一系列发展特点和问题。譬如，甘肃城乡高速发展衍生的天然气需求导致的天然气供应压力逐年增大，天然气供应端呈现多元化发展趋势，天然气项目与基础设施建设如何实现高效衔接，天然气消费与"碳达峰碳中和"和新能源如何协同发展等发展特点与问题。

（一）新型城镇化建设促进天然气消费逐年增长，给天然气供应带来压力

当前甘肃正处于城市经济社会转型升级和美丽乡村建设的关键阶段，人民群众对于天然气这一清洁低碳优质能源的需求与日俱增，目前省内兰州、

---

① 甘肃省地方史志办公室编《甘肃年鉴（2023）》，甘肃民族出版社，2023。

白银、定西、天水、陇南、平凉、庆阳、临夏、甘南等9个市州和67个县区开通了管道天然气，尤其是随着河口—临夏段天然气管道项目的开通，临夏州成为省内第三个通天然气的民族地区。这一工程项目的建设为临夏州25万名各族群众提供天然气，彻底解决了甘肃民族地区的能源短缺问题，有效提升了当地群众的生活幸福指数。因此，新型城镇化建设促进天然气消费逐年增长，给天然气供应带来压力，尤其是冬季供应压力较大，天然气供应保障能力不足。

（二）天然气供应本地自产和外地输入相结合，呈现多元化的发展趋势

甘肃的天然气以本地自产和外地输入两种方式为主，而甘肃省内的天然气生产供应来源主要分布在陇中、陇东和陇南地区。2023年1～11月，甘肃省石油和天然气生产增长6.9%。2024年上半年，甘肃天然气开采同比增长8.5%，预计2024年，甘肃天然气产量达到7.5亿立方米。甘肃省外的天然气生产供应来源，以国家西气东输项目为主。国家西气东输工程多条管线经过甘肃省，或者在甘肃省建设了调峰管理中心。此外，随着甘肃省各县区用气量的逐年增加，从周边省区调入液化天然气也是目前缓解用气压力的方法之一。总之，目前甘肃天然气供应呈现多元化的发展趋势。

（三）天然气项目建设与基础设施建设共同推进，两者亟待有效衔接

当前甘肃各县区正处于城市更新升级和乡村振兴的关键阶段，对于天然气这一绿色低碳能源的消费需求与日俱增。2024年甘肃省持续推进城市更新行动，新开工改造老旧小区374个，涉及4.39万户。2024年甘肃省扎实推进乡村建设，开展农村人居环境整治提升五年行动，实施农村改厕、改路、改水、改房、改电、改气、改厨、改院"八改"工程，打造各具特色的现代版和美乡村。因此，天然气供应要与基础设施建设有效衔接，服务经济社会发展。

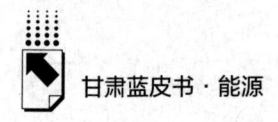

（四）天然气消费与新能源需协同发展，助力实现"双碳"目标

在"双碳"目标实现背景下，中国能源结构加速向多元化、清洁化和低碳化转变。而天然气作为新能源的"伙伴能源"，发挥着重要的作用。为促进天然气与新能源的有效融合和发展，在对甘肃省内各县区天然气与光伏发电、风电、沼气能等新能源融合发展深入调研的基础上，立足甘肃省各地发展实际打造"可再生能源+气电"的能源模式①。因此，为助力国家"碳达峰、碳中和"目标的如期实现和能源产业健康发展，需要进一步完善能源市场规则、深化监管实践愿景，建设清洁低碳、安全高效的新型能源体系，积极推进甘肃能源安全保供和高质量发展。在此能源消费架构调整和能源发展趋势下，甘肃各县区应该立足当地实际，积极推进能源结构体系的转型升级，为国家"双碳"目标的如期实现和甘肃省天然气行业与新能源协同可持续发展提供支撑。

三 2024~2025年甘肃省天然气行业发展的形势展望

2024~2025年，甘肃省天然气行业稳步发展，在天然气项目建设、行业可持续发展、能源市场消费供需等方面呈现积极的发展势头，然而存在天然气消费价格波动、能源消费市场供需不对称等问题。从发展环境来看，由于受到国际能源市场不稳定因素的冲击，甘肃天然气供应也必然会受到影响与冲击，影响未来甘肃天然气行业的稳定和可持续发展。

（一）发展优势和劣势

1. 发展优势

一是天然气资源储量大，省内天然气剩余探明技术可采储量为581.05

---

① 石云：《"双碳"背景下天然气与新能源融合发展路径及策略》，《油气与新能源》2023年第4期。

亿立方米，全国排名第13①。二是已经形成了较为成熟的天然气生产、消费、监管体系和相关产业链。甘肃省9个地州（兰州、白银、定西、天水、陇南、平凉、庆阳、临夏、甘南）67个县级行政区有效使用了天然气。天然气生产和使用分布在陇中、陇东和陇南地区，甘肃省天然气基础设施包括天然气田2个、天然气集气站6座、高压和次高压输气管道90条、关键分输站调压站等149座、LNG\CNG项目工厂12座、气化站28座、加气母站14座、城市管网燃气特许经营区86个、大型天然气化工项目3个。建立了以甘肃昆仑燃气集团公司为主的天然气生产、供应和销售企业。由国家能源局甘肃监管局负责天然气的发展监管工作，并且制定了详细的行业发展规划。此外，甘肃省发展和改革委员会、甘肃省市场监督管理局联合下发了《关于加强天然气输配价格监管有关工作事项的通知》，天然气的使用销售和各项管理制度日趋完善。三是甘肃的战略通道区位在天然气运输方面存在的优势，西气东输三条管线途经甘肃，为外部气源输入提供了便利。

2. 发展劣势

一是现有输气网络还不能满足日益增长的市场需求。广大的偏远县区由于自然环境和地形地貌复杂，铺设天然气管网难度较大，需要进行大量的基础设施建设工作。为了满足农村居民的用气需求，需要进一步推动"气化乡村"工程等基础设施建设。随着天然气需求量逐年增加，天然气的储存和配送也面临着越来越大的挑战。为了保障天然气的稳定供应和市场的稳定运行，需要加强天然气储存和配送设施建设②。二是天然气管网交易和供应体系建设需要加强，切实防范天然气供应紧张。

（二）发展机遇和面临挑战

1. 发展机遇

当前甘肃省正处于全面建设社会主义现代化，经济社会实现高质量发展

---

① 《甘肃省"十四五"能源发展规划》，https://www.gansu.gov.cn/。
② 海敏：《2023~2024年甘肃省天然气行业发展形势分析与展望》，《甘肃能源蓝皮书》，甘肃人民出版社，2024。

的关键期，城市更新升级和乡村振兴快速推进，城乡群众对于天然气这一绿色低碳能源的需求量将会逐年增长。因此，未来10~15年天然气行业快速发展的趋势不会改变。加快天然气产供销体系的建设，保持基础设施承载度仍然是未来行业发展的主要方向。随着国家"碳中和""碳达峰"目标的逐步推进，各地区随着经济社会的快速发展对于天然气的需求量将上升，同时各县区"天然气+新能源"消费模式的培育和建立，使得甘肃省对于天然气的需求保持了较为旺盛的趋势。这一趋势是未来10~15年甘肃天然气行业发展面临的重要机遇。甘肃的战略通道区位优势突出，国家西气东输三条管线途经甘肃，为天然气发展提供了便利。

2. 面临挑战

一是甘肃各县区人口分布较为分散，管道天然气网络不能实现地理单元上的全部覆盖，因此不能满足各县区经济社会发展对于天然气的旺盛需求。二是天然气安全压力一直存在：局部地区管线老化，需要不断进行维护和建设；管网缺乏科学全面的统筹和调度管理。甘肃省内天然气调峰和储备设施不够，天然气应急机制和保障措施较为被动，不能切实应对紧急突发事故。三是受到国际能源市场价格波动的影响，甘肃省天然气价格不稳定。我国液化天然气价格主要受天气情况、国际行情、原料气价格、市场供需和进出口情况等多方面影响，价格波动较大①。2024年虽然我国液化天然气市场需求会继续提升，但是产量和进口量也将会继续增加，预计国内液化天然气市场涨幅震荡运行，11月国内供暖季需求激增，将会是全年价格最高点。四是甘肃省天然气生产目标实现和市场消费之间的矛盾。根据《甘肃省"十四五"能源发展规划》，2025年，甘肃省天然气产量将达到20亿立方米，天然气消费比重将达到9.4%，储气能力将达到3亿立方米左右。形成县级以上行政区域不低于3天日均需求量、城燃企业不低于其年用气量5%的储气能力，还面临很大的压力。这些问题都是未来甘肃省天然气行业发展将要面临的挑战。

---

① 2024年中国石油天然气价格趋势，参见东方财富网，https://caifuhao.eastmoney.com/。

四 促进甘肃省天然气行业发展的对策建议

"气化甘肃"战略①的实施将是甘肃省未来能源市场的主要趋势，甘肃天然气行业发展优势与劣势并存，机遇和挑战同在。从日常管理和发展规划层面来看，需要加强管理、完善机制，科学制定发展规划，积极开展外部能源合作。从具体发展措施层面来看，需要健全能源消费模式，发挥天然气交易管理机构职能，共同促进甘肃省天然气行业的发展。现结合存在问题，提出对策建议如下。

（一）天然气生产、消费和管理压力增加，需要加强管理完善机制

当前甘肃已经初步建立了天然气行业的生产、消费和管理体系，而随着各地城市更新和乡村振兴战略的推进，经济社会发展对于天然气消费量的需求逐年增长。因此，各县区天然气生产消费、调峰调度、安全管理和突发应急等方面的问题和矛盾也不断增加，需要天然气生产企业、消费监管部门和政府相关机构通力协作加强管理，完善工作机制。建议形成天然气行业发展监督管理领导小组或者行业沟通协调联动机制，为甘肃省天然气行业有序发展保驾护航。

（二）天然气项目建设与城乡发展衔接不畅，需要科学制定发展规划

目前，甘肃省天然气行业正处于发展上升期，各县区天然气基础设施项目开工数量逐年增长。随着城乡经济社会的快速发展，需要不断优化能源消费结构，以天然气为主的绿色低碳能源发挥了能源消费的主体作用，而目前存在的突出问题是个别地区在城市发展和基础设施建设中未能将天然气项目列入，造成然气项目建设与城乡发展脱节，不能有效衔接。二次施工建设，

---

① 《砥砺奋进"十三五"·2020新亮点气化中国，秀美河山添福气》，http://news.cnpc.com.cn/。

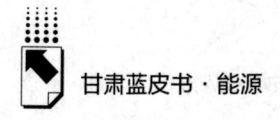

既限制了城乡社会快速发展,又浪费了公共建设资金。因此,需要城乡发展规划部门和天然气建设部门以及当地政府积极衔接、主动协调,立足发展实际,制定科学发展规划,保障天然气项目建设与城乡发展相衔接。

(三)天然气生产供应压力增大,亟待开展外部合作促进供给源头多元化

从天然气生产供应的源头来看,甘肃省的天然气生产主要分布在陇东、陇中和陇南地区。除此之外,国家西气东输三条管线经过甘肃境内,为省内天然气供给提供支撑。但是每年冬季天然气供给压力仍然很大,为了有效弥补自产天然气量的不足,甘肃还会从周边省区调入灌装液化天然气弥补各县区用气量的不足。由此可见,在当前天然气生产供应源头多元化趋势下,需要密切关注国际和国内天然气生产和发展情况,尤其是外部天然气的输出量和价格变动趋势。建议相关能源部门和发展规划机构继续扩大天然气外部合作空间和规模,保障全省天然气消费外部气源能够长期有效供给。

(四)天然气行业与新能源协同发展存在短板,需要优化能源消费模式

在国家积极推进"碳中和""碳达峰"及新能源发展的背景下,天然气行业与新能源协同发展存在短板,需要突出天然气的优势,与新能源协同发展,更需要优化能源消费模式。譬如,河西走廊风光电新能源优势突出,可以尝试建立"天然气+风光电新能源"模式。甘肃各地自然环境存在极大差异,能源消费结构和模式也并不相同。因此,建议省内各县区立足当地自然环境和发展实际,选择适合当地经济社会发展的能源消费模式。

(五)天然气行业存在价格波动和交易风险,需要发挥交易管理机构职能

天然气价格波动的影响因素主要包括能源供需关系、能源成本、能源政

策和能源市场因素。近年来甘肃天然气价格随着国际、国内天然气价格的波动而波动，直接影响到了天然气行业的发展。因此，建议发挥天然气交易管理机构职能，建立一整套科学、合理的天然气价格联动机制。首先，稳定居民日常天然气消费和使用价格，保障民生用气；其次，根据市场价格的波动适度调整工业、商业和交通等领域的天然气使用价格，保障正常经济社会发展；最后，发挥天然气交易管理机构职能和发改、价格等机构的宏观调控职能，对关乎国计民生的行业适度进行天然气价格补贴，保障各县区经济发展和能源供给。

新能源篇

B.6
2024~2025年甘肃省电力供需分析与展望

徐 铭　张龄之*

摘　要： 2024年，在立足新发展阶段、贯彻新发展理念和构建新发展格局背景下，甘肃电力行业充分发挥大电网资源优化配置和市场机制引导作用，加快构建新型电力系统，保障了电力安全平稳运行。积极服务新能源高质量发展，持续拓展省内省外消纳市场，实现了清洁能源的高效供给，助力甘肃省深入实施强科技、强工业、强省会、强县域的"四强行动"，推进社会产业结构调整与转型升级加速进行。2025年，随着国家各项经济政策不断发力，经济继续稳定发展。近年来极端天气频发，特别是新能源大规模接入后，导致电力供需的不确定性加剧。甘肃应着力推动传统产业改造升级、构建新型电力供需服务体系、推进特高压直流外送工程建设、服务省内"四强行动"和"一核三带"战略，提升供电服务保障能力。

关键词： 电力供需　电力消费　甘肃省

---

* 徐铭，国网甘肃省电力公司发展事业部高级工程师，主要研究方向为电力供需；张龄之，国网甘肃省电力公司发展事业部中级工程师，主要研究方向为电力经济运行分析。

一 甘肃省2024年电力供需情况

（一）2023年甘肃省电力消费情况

2023年，甘肃全社会用电量1644.68亿千瓦时，同比增长9.59%。第一产业用电量17.77亿千瓦时，同比增长13.42%，占比1.08%；第二产业用电量1207.40亿千瓦时，同比增长9.18%，占比73.41%；第三产业用电量280.82亿千瓦时，同比增长13.74%，占比17.07%；城乡居民生活用电量138.69亿千瓦时，同比增长4.85%，占比8.43%。整体呈现"产业用电增、居民用电稳"的发展态势（见表1）。

表1 2023年甘肃省全社会及分产业用电情况

单位：亿千瓦时、%

产业	用电量	增速	占比
合计	1644.68	9.59	100
第一产业	17.77	13.42	1.08
第二产业	1207.40	9.18	73.41
第三产业	280.82	13.74	17.07
城乡居民生活用电	138.69	4.85	8.43

（二）2024年甘肃省电力供需情况

1. 电源装机及发电量情况

（1）电源建设情况

截至2024年9月末，甘肃省发电装机9447万千瓦，同比增长24.51%，较上年末新增797万千瓦，其中，水电装机971万千瓦，同比下降0.06%，占比10.28%；火电装机（不含生物质）2484万千瓦，同比增长8.01%，占比26.30%；风电装机3016万千瓦，同比增长32.70%，占

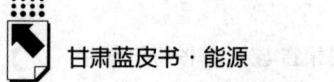

比31.93%；太阳能装机2951万千瓦（含光热发电31.00万千瓦），同比增长46.23%，占比31.24%；生物质装机25万千瓦，同比增速保持不变，占比0.26%。

截至2024年9月末，甘肃省新能源发电装机5992万千瓦，装机排名全国第七，同比增长38.84%；较上年末新增814万千瓦，占新增装机比重为63.42%，占比排名全国第二。

另有新型储能装机391万千瓦，同比增长81.69%，较上年末新增78万千瓦。

（2）发电量情况

2024年1~9月，甘肃省发电量为1712亿千瓦时，同比增长11.24%。其中，新能源发电量634亿千瓦时，发电量排名全国第七，同比增长22.68%，占全省发电量的37.05%，占比排名全国第二。新能源消纳率达到93%以上（见图1）。

分发电类型看，水电306亿千瓦时，同比增长12.77%，占比17.87%；火电（不含生物质）772亿千瓦时，同比增长2.81%，占比45.08%；风电364亿千瓦时，同比增长10.37%，占比21.28%；太阳能262亿千瓦时，同比增长46.01%，占比15.30%；生物质8亿千瓦时，同比增长6.87%，占比0.47%。

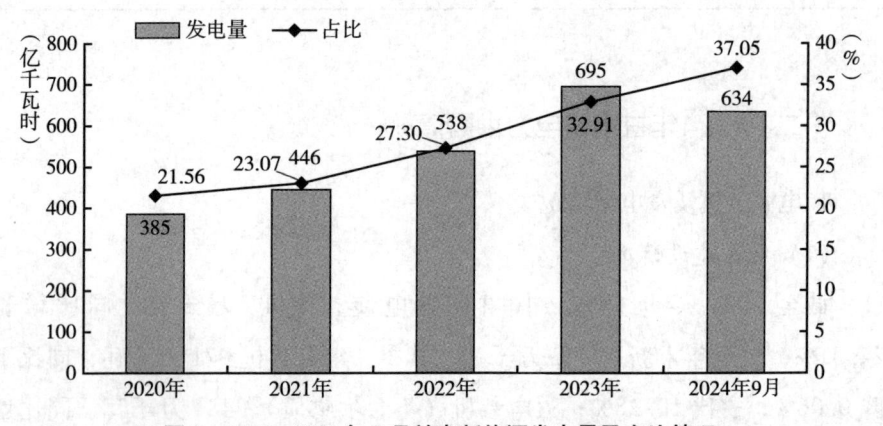

图1 2020~2024年9月甘肃新能源发电量及占比情况

2024年1~9月，甘肃省发电设备平均等效利用小时数1899小时，同比减少314小时，其中，水电3136小时，同比增加422小时；火电3119小时，同比减少305小时；风电1306小时，同比减少250小时；太阳能发电972小时，同比减少159小时。

2. 宏观经济发展

2024年1~9月，甘肃省地区生产总值9126.3亿元，按不变价格计算，同比增长6.0%。分产业看，第一产业增加值1219.8亿元，增长6.0%；第二产业增加值3216.3亿元，增长9.0%；第三产业增加值4690.2亿元，增长4.3%。

规模以上工业增加值同比增长12.0%。分三大门类看，采矿业增加值增长9.8%，制造业增长13.7%；电力、热力、燃气及水生产和供应业增长8.3%。规模以上工业有生产活动的39个行业大类中，27个行业实现增长。其中，有色金属冶炼和压延加工业、化学原料和化学制品制造业、煤炭开采与洗选业、电力热力生产和供应业、石油和天然气开采业等行业贡献明显，增加值分别增长32.1%、19.3%、15.9%、8.5%、6.8%。从重点产品产量看，镍、原煤、精炼铜、原油产量分别增长14.2%、10.5%、9.7%、8.5%。

服务业增加值同比增长4.3%，比上半年加快0.4个百分点。其中，租赁和商务服务业，住宿和餐饮业，交通运输、仓储和邮政业，信息传输、软件和信息技术服务业，批发和零售业增加值分别增长14.0%、9.2%、8.8%、6.8%、6.3%。甘肃省铁路客运量5488.3万人次，同比增长13.4%；铁路货运量8831.3万吨，增长25.0%。

固定资产投资同比增长2.6%。扣除房地产开发投资，固定资产投资增长5.9%。分领域看，制造业投资增长14.2%，基础设施投资下降8.0%，房地产开发投资下降9.1%。分产业看，第一产业投资增长63.1%；第二产业投资增长18.3%，其中工业投资增长18.5%；第三产业投资下降7.9%。高技术产业投资增长29.8%，其中高技术制造业和高技术服务业投资分别增长21.1%和37.9%。

进出口总值423.2亿元，同比增长11.4%。其中，出口总值89.6亿元，下降3.8%；进口总值333.6亿元，增长16.4%。对共建"一带一路"国家进出口315.7亿元,增长12.4%,占甘肃省进出口总值的74.6%①。

3. 全社会用电情况

2024年1~9月,甘肃省全社会用电量1291亿千瓦时,同比增长7.09%,增速排在全国第19位。

分产业看,第一产业用电量14亿千瓦时,同比增长5.36%,占比1.06%;第二产业用电量950亿千瓦时,同比增长7.58%,占比73.58%;第三产业用电量221亿千瓦时,同比增长5.97%,占比17.12%;居民生活用电量106亿千瓦时,同比增长5.35%,占比8.24%(见表2)。

表2　2024年1~9月甘肃省全社会及分产业用电情况

单位:亿千瓦时、%

产业	2024年1~9月		
	用电量	增速	占比
合计	1291	7.09	100
第一产业	14	5.36	1.06
第二产业	950	7.58	73.58
第三产业	221	5.97	17.12
城乡居民生活用电	106	5.35	8.24

分行业看,11大行业中,除建筑业(-7.53%),农、林、牧、渔业(-4.92%),金融业(-2.80%)用电量同比下降外,其他行业均保持同比正增长,其中,批发和零售业(20.94%)、住宿和餐饮业(12.05%)两个行业用电量同比增速高于10%(见图2)。

2024年1~9月,甘肃省服务业用电量同比增长9.68%。在创新服务业和现代生产性服务业带动下,生产性服务业②用电量87.02亿千瓦时,同比增长8.09%。生活性服务业③用电量增速达11.62%,其中,旅游业,零售

---

① 数据来源:甘肃省统计局。
② 生产性服务业包括:批发业,交通运输、仓储和邮政业,租赁和商务服务业和金融业等。
③ 生活性服务业包括:零售业,住宿和餐饮业,旅游业,修理和其他服务业,文化、体育和娱乐业等。

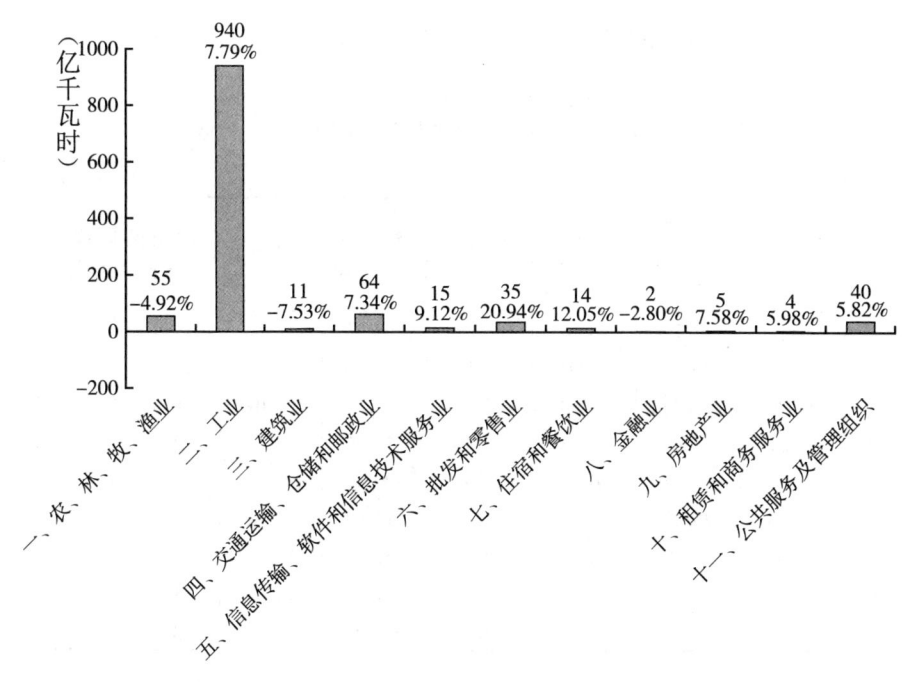

图2 2024年1~9月甘肃省分行业用电量及增长情况

业，住宿和餐饮业，文化、体育和娱乐业增幅均在10%以上，生活性服务业焕发生机与活力（见图3）。

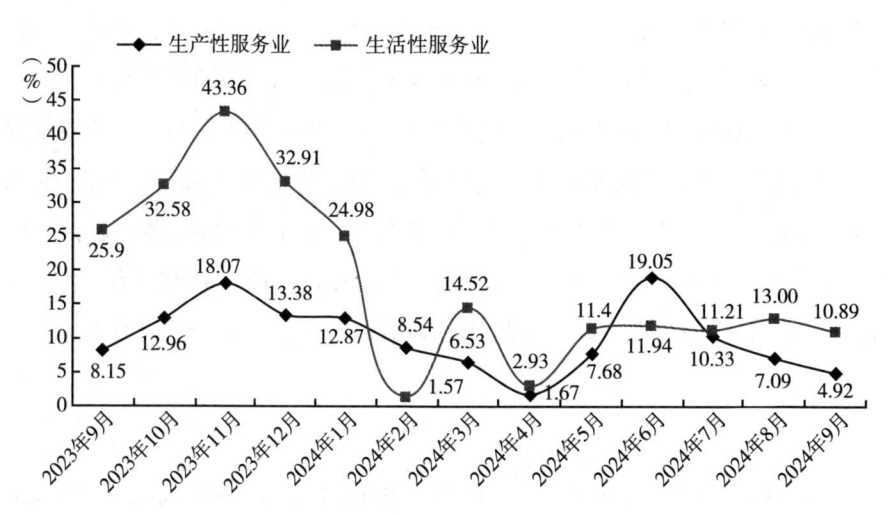

图3 2023年9月~2024年9月甘肃省生产性和生活性服务业用电同比变化情况

1~9月，甘肃省战略性新兴产业①用电增速总体保持增长态势（见表3）。

表3　2024年1~9月甘肃省战略性新兴产业用电同比变化

单位：%

月份	战略性新兴产业	新一代信息技术产业	新材料产业	新能源产业	新能源汽车产业	生物产业	节能环保产业	高端装备制造产业
1月	17.11	17.79	26.20	-1.13	102.86	10.46	19.47	26.66
2月	12.72	3.34	20.03	6.99	-22.85	-3.16	-1.14	-15.72
3月	12.79	11.79	16.84	9.44	38.60	-1.09	-4.30	0.10
4月	15.31	15.41	21.48	-5.18	31.17	3.43	-2.76	-4.31
5月	3.00	16.05	0.39	3.77	20.86	10.19	11.60	31.14
6月	15.88	25.08	19.81	1.63	18.07	17.08	2.42	-4.60
7月	15.69	26.72	18.10	6.07	-51.10	17.94	5.25	5.84
8月	11.13	2.58	12.62	7.03	7.79	20.98	3.03	17.38
9月	-3.22	2.42	-6.13	3.69	18.41	23.68	-2.99	8.98

从工业及四大高载能行业看，2024年1~9月，甘肃省工业用电量940亿千瓦时，同比增长7.79%，其中，制造业用电量736亿千瓦时，同比增长8.63%。四大高载能行业用电量648亿千瓦时，同比增长7.66%，占全社会用电量的50.20%。其中，有色金属冶炼和压延加工业394亿千瓦时，同比增长3.69%；黑色金属冶炼和压延加工业106亿千瓦时，同比增长13.56%；非金属矿物制品业84亿千瓦时，同比增长25.21%；化学原料和化学制品制造业64亿千瓦时，同比增长4.19%（见表4）。用电量排名前三的用户为：中国铝业股份有限公司连城分公司、甘肃东兴铝业有限公司嘉峪关分公司、甘肃东兴铝业有限公司陇西分公司；用电量增速排名前三的用户为：甘肃河西硅业新材料有限公司、陇南市雄伟万利新材料有限公司、甘肃鸿丰电石有限公司。

---

① 战略性新兴产业：新材料产业、新能源产业、新能源汽车产业、新一代信息技术产业、高端装备制造业、节能环保产业和生物产业七大产业。

表4 2024年1~9月甘肃省工业及四大高载能行业用电情况

单位：亿千瓦时、%

行业	用电情况	
	用电量	增速
工业	940	7.79
制造业	736	8.63
有色金属冶炼和压延加工业	394	3.69
黑色金属冶炼和压延加工业	106	13.56
非金属矿物制品业	84	25.21
化学原料和化学制品制造业	64	4.19

2024年1~9月，分供电区域看，全社会用电量增速高于全省平均水平的地区有6个，排名前三的地区依次为兰州新区（71.40%）、酒泉（29.83%）、陇南（23.22%）（见图4）；从增长贡献度看，排名前三的地区依次为酒泉（24.63%）、兰州新区（22.23%）和陇南（11.17%）。

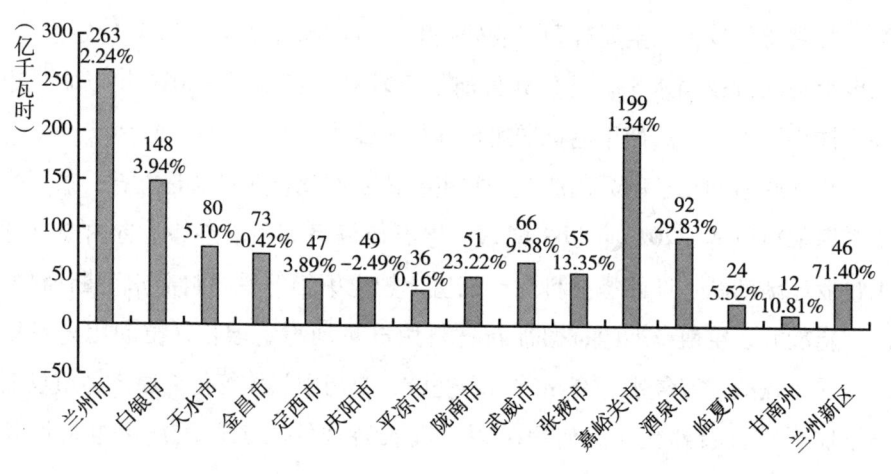

图4 2024年1~9月甘肃省各市州用电量及增速

4.甘肃省传统高载能产业稳健发展

由于历史原因和资源禀赋，甘肃省形成了以高载能工业为主的产业结构，原材料工业占比较大。

有色金属冶炼和压延加工业：甘肃省有色矿产资源保证度高，储量高度集中，矿石品位高，综合利用价值好。近年来，甘肃围绕"强龙头、补链条、聚集群"，依托丰富的原材料优势，进一步推进有色金属产业链向高端延伸，推进基础冶炼向精加工跃迁。随着交通运输、光伏发电、储能、新能源车等新领域快速发展，综合环境利好铜、铝、锂及镍等有色金属持续发展。目前省内共有电解铝企业六家，综合产能超过300万吨。2024年，有色金属行业有望延续稳中向好的态势，预计省内电解铝行业稳定生产，将有效支撑电力需求。

黑色金属冶炼和压延加工业：考虑到房地产行业的收缩，2024年钢铁需求及行业利润出现较大下滑，但随着国内宏观政策继续落地生效，预计国内市场黑色产业总体需求有所回升，同时2024年下半年甘肃省内256个重大项目集中开工，对省内钢铁需求将形成一定的托底。

非金属矿物制品业：一方面，目前国内房地产行业依然处于调整期，省内水泥行业生产萎缩，部分水泥企业破产或减产；另一方面，新能源、新材料等领域需求保持较快增长，促进了省内建材产品多元化发展。2024年上半年甘肃省新投1家金属硅和工业硅企业，省内晶硅企业2024年稳定生产，用电量将维持较高水平。碳化硅目前处于较高库存水平，2024年以来，市场行情持续走低，后期用电量增速预计处于低位。

化学原料和化学制品制造业：甘肃省传统石化行业主要是电石、氯碱化工等原材料行业，2023年以来氯碱、电石市场呈现回落态势。省内新兴化工行业逐渐活跃，新能源材料生产旺盛，锂电铜箔等原材料需求不断增加，海亮新能源、宝航新能源、德福新材料用电量均稳定增长，拉动用电量增加。受次氯酸、双氧水、高品质氯和烧碱、农药中间体等化工原产品市场需求增加影响，泰邦化工、何尉环保、滨农科技等大工业用户用电量增长较快。

5. "四强行动"助推甘肃省新兴产业更快发展

"十四五"以来，甘肃省实施"延链""补链"行动，产业结构持续优化，合理化和高级化程度逐步提高，经济发展质量显著提升，区域产业结构不断优化升级。通过打造产业集群，甘肃省不断夯实优势传统制造业，发展高端制造业,推动供给侧结构性改革,调整生产性服务业与消费性服务业结构,促进产业结构合理化、高级化、绿色化、科技化,全面实现经济提质增效。

"强科技"行动起步平稳,高新园区用电量不断增长。2024年1~9月,甘肃省六家高新技术产业开发区①用电量达71亿千瓦时,同比增长14.64%(见图5)。

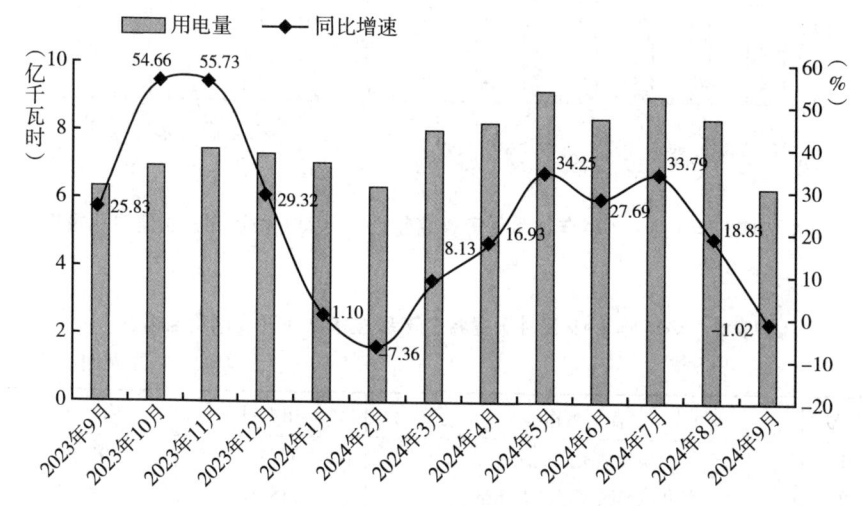

图5 2023年9月~2024年9月甘肃省六家高新技术产业开发区用电量变化情况

截至2024年9月,甘肃省重点高新技术产业开发区入驻用户8994户,同比增长6.73%,高新技术生产企业培育展现出澎湃动能(见图6)。

1~9月,甘肃省六家高新技术产业开发区中,甘肃嘉峪关工业园区用电量59亿千瓦时,同比增长17.08%,用电规模最大,用电增速最高;兰州高新技术产业开发区、白银高新技术产业开发区、民乐生态工业园区、甘肃定西经济开发区、陇西经济开发区用电量同比增速分别为4.72%、5.51%、5.54%、-23.57%、-3.59%(见表5)。

---

① 从甘肃省工信厅提供的全省100家园区名单中筛选出6家高新技术产业开发区,分别是白银高新技术产业开发区、甘肃定西经济开发区、甘肃嘉峪关工业园区、兰州高新技术产业开发区、陇西经济开发区、民乐生态工业园区。

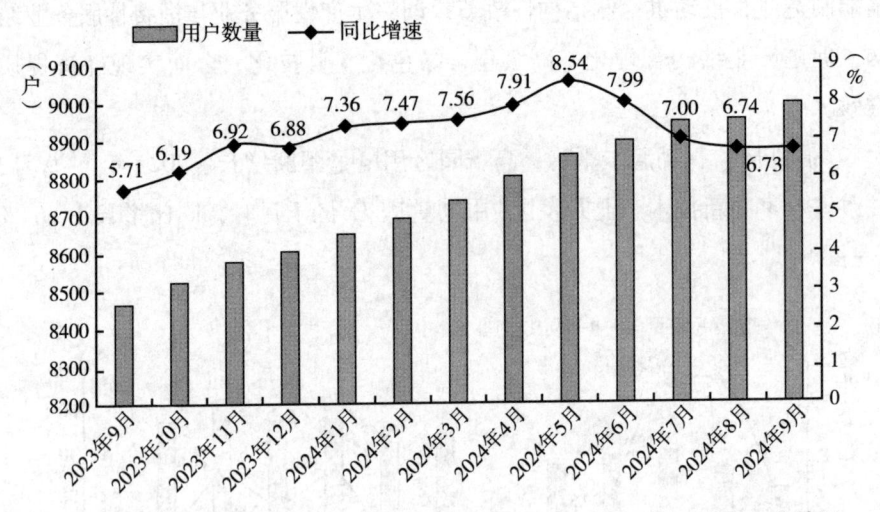

图6 2023年9月~2024年9月甘肃省高新技术产业开发区用户数量变化情况

表5 2024年1~9月甘肃省特色高新技术产业开发区用电情况

单位：万千瓦时，%

序号	园区名称	用电量	同比增速
1	甘肃嘉峪关工业园区	587441	17.08
2	兰州高新技术产业开发区	88511	4.72
3	白银高新技术产业开发区	27114	5.51
4	民乐生态工业园区	2579	5.54
5	甘肃定西经济开发区	2176	-23.57
6	陇西经济开发区	1084	-3.59

"强工业"行动提质升级，工业用电量快速增长。2024年1~9月，甘肃省工业用电量为940亿千瓦时，占全社会用电量的72.82%，同比增长7.79%，其中，兰州市（含兰州新区）、嘉峪关市工业用电量合计占全省工业用电量的47.63%，甘肃省工业经济发展呈现稳中向好的态势（见图7）。

2024年1~9月，甘肃省14个市州中，酒泉、陇南、张掖工业用电量同比增速均超20%，其中酒泉超40%（见图8）。

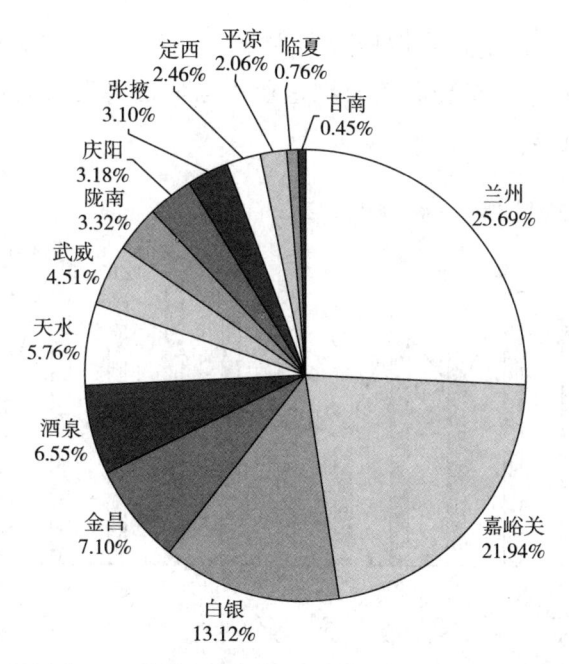

2024~2025年甘肃省电力供需分析与展望

图7　2024年1~9月甘肃省各市州工业用电占全省工业用电量比重

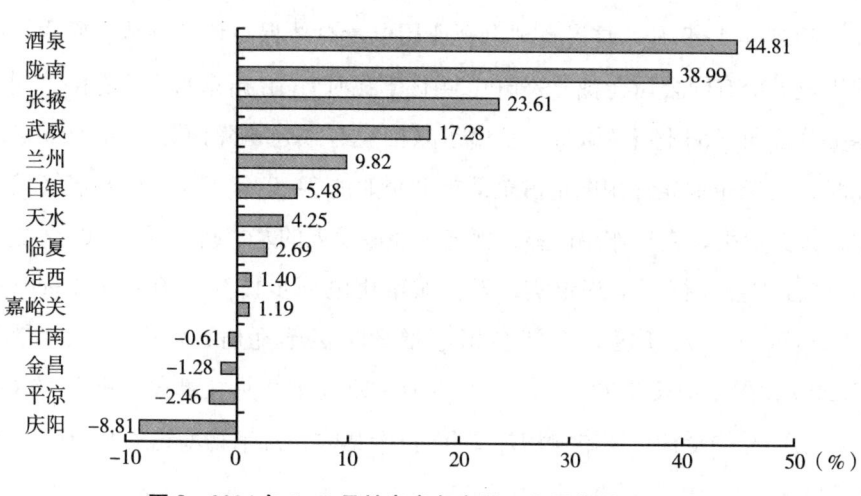

图8　2024年1~9月甘肃省各市州工业用电量同比增速

2024年1~9月,甘肃省制造业用电量736亿千瓦时,占全省工业用电量的78.31%,同比增长8.63%。增速最快的是计算机、通信和其他电子设备制造业，用电量同比增长62.84%。其中，计算机制造业用电量增速达30.95%；电气机械和器材制造业用电量也实现快速增长，增速达58.60%（见图9）。

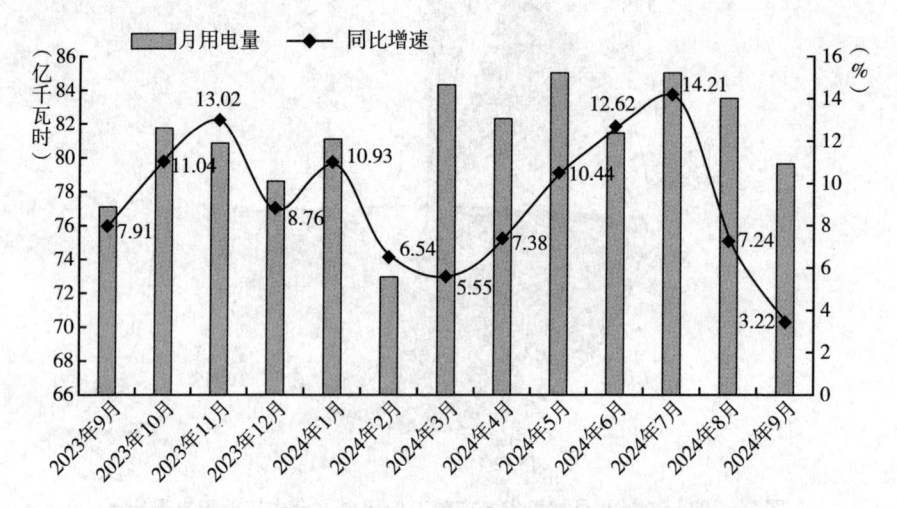

图9　2023年9月~2024年9月甘肃省制造业用电量及增速情况

2024年1~9月，甘肃省规上企业用电量总体保持增长态势。其中，中国铝业股份有限公司连城分公司（54亿千瓦时）、甘肃东兴铝业有限公司嘉峪关分公司（53亿千瓦时）、甘肃东兴铝业有限公司陇西分公司（36亿千瓦时）三家企业累计用电量占全部规上企业的34.07%。在甘肃省经济发展中，大企业引领支撑作用凸显，保障了经济发展的基本盘（见图10）。

"强省会"行动走深走实，省会城市用电稳步提升。2024年1~9月，兰州市（含兰州新区）全社会用电量309亿千瓦时，占全省用电量的23.90%，同比增长8.73%。2023年9月~2024年9月甘肃省兰州市（含兰州新区）月均全社会用电量增加2.06亿千瓦时，月平均增速为0.70%（见图11）。

2024年1~9月，甘肃省重点打造的"兰州一小时经济圈"全社会用电量528亿千瓦时，同比增长6.75%。省会城市占"兰州一小时经济圈"用电总量的58.49%，拉动区域整体用电增速提升5.01个百分点，省会城市辐

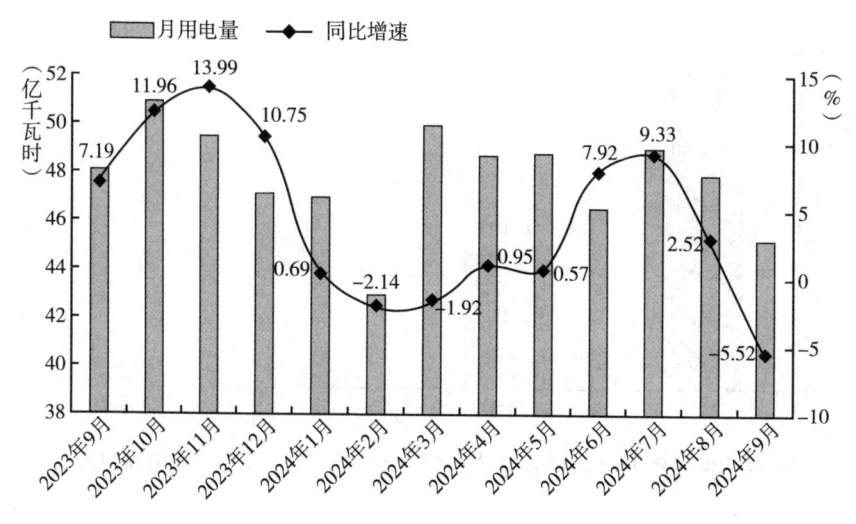

图 10　2023 年 9 月~2024 年 9 月甘肃省规上企业用电情况

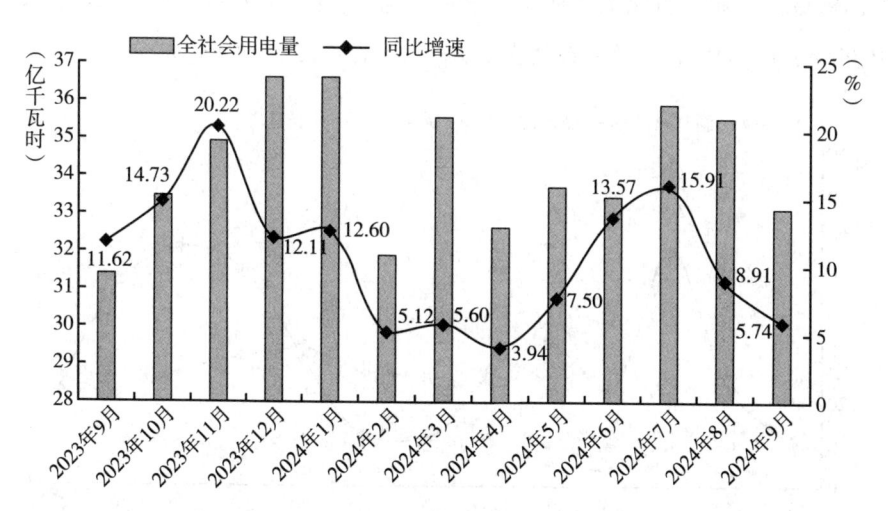

图 11　2023 年 9 月~2024 年 9 月甘肃省兰州市全社会用电量情况

射效应不断放大（见图12）。

2024 年 1~9 月，兰州市（含兰州新区）聚力发展"四新"产业①，推

---

① "四新"产业出自兰州市贯彻落实"强工业"行动推进大会，包括新材料、新能源、新食品和新算力。

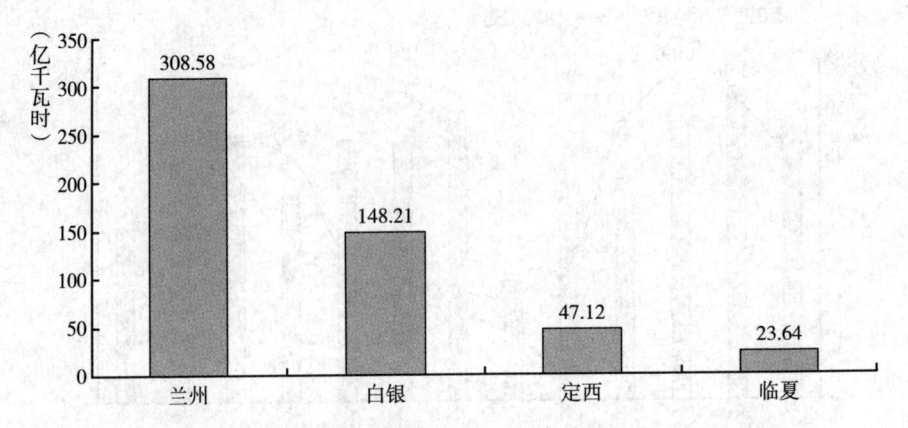

图12　2024年1~9月甘肃省"兰州一小时经济圈"全社会用电量情况

动重大产业创新工程落地，用电总量达49亿千瓦时，同比增长27.31%。其中，新材料产业、新能源产业、新食品产业用电量分别同比增长30.38%、20.60%、11.31%，为省会经济发展注入了创新活力（见图13）。

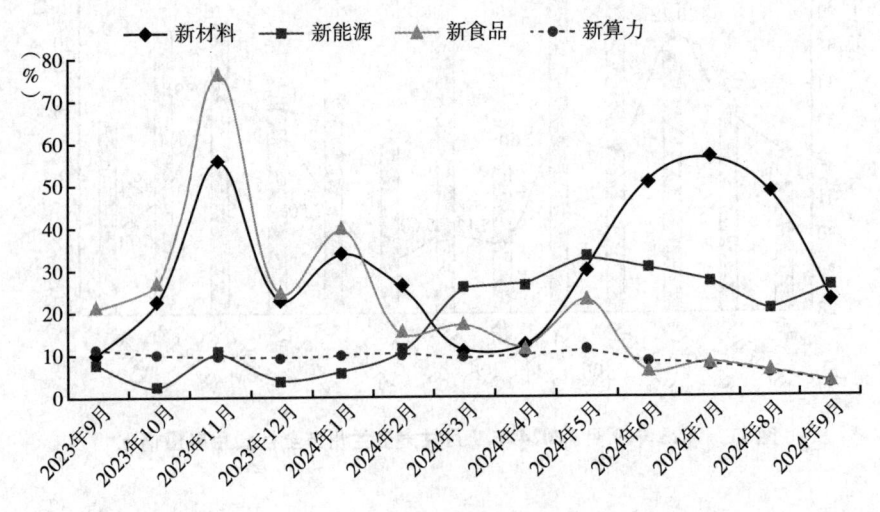

图13　2023年9月~2024年9月甘肃省兰州市"四新"产业用电量增速变化情况

随着兰州市充电站（桩）建设规模的不断扩大和新能源汽车车辆购置减税降费政策不断发力，2024年1~9月，兰州市新能源汽车行业用电量为

2028万千瓦时,占全省新能源汽车行业用电量的37.98%,同比增长6.41%(见图14)。

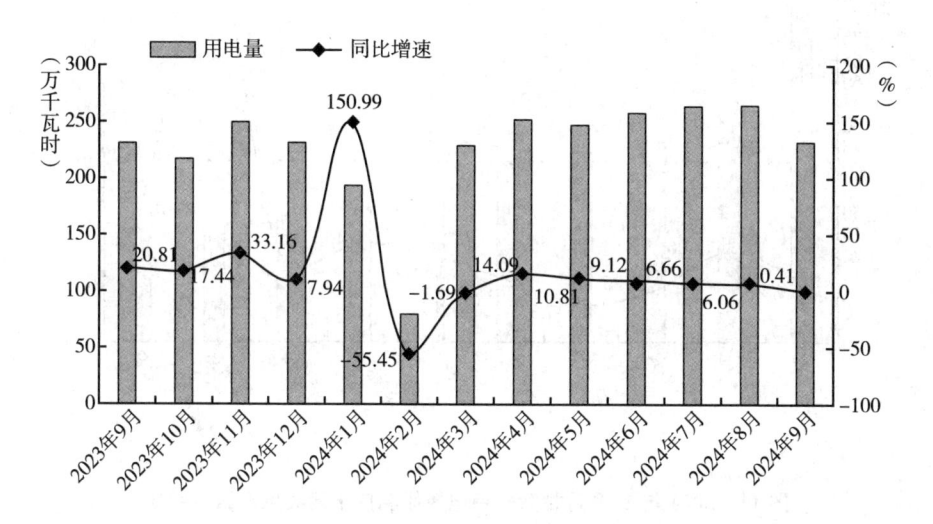

图14 2023年9月~2024年9月甘肃省兰州市新能源汽车行业用电量变化情况

"强县域"行动特色鲜明,县域用电整体提速扩量。2024年1~9月,甘肃省86个区县平均用电量10.5亿千瓦时,同比增长7.07%,超80%的区县用电量实现正增长。用电量超20亿千瓦时的县区有13个;用电量超5亿千瓦时的区县有42个,占比为48.84%;用电量小于1亿千瓦时的区县有5个。

2024年1~9月,甘肃省用电量排名前十的区县中,永登县(87亿千瓦时)排名第一,金川区(48亿千瓦时)、靖远县(47亿千瓦时)和红古区(44亿千瓦时)紧随其后。其中,4个区县隶属兰州市,"强县域"有效支撑了"强省会"发展(见图15)。

1~9月,甘肃省用电量同比增速排名前十的区县中,文县(123.43%)、瓜州县(108.19%)两个县用电增幅超过100%,除永靖县(19.84%)外,其他7个区县用电增速均超20%,用电增长潜力较大,持续领跑全省(见图16)。

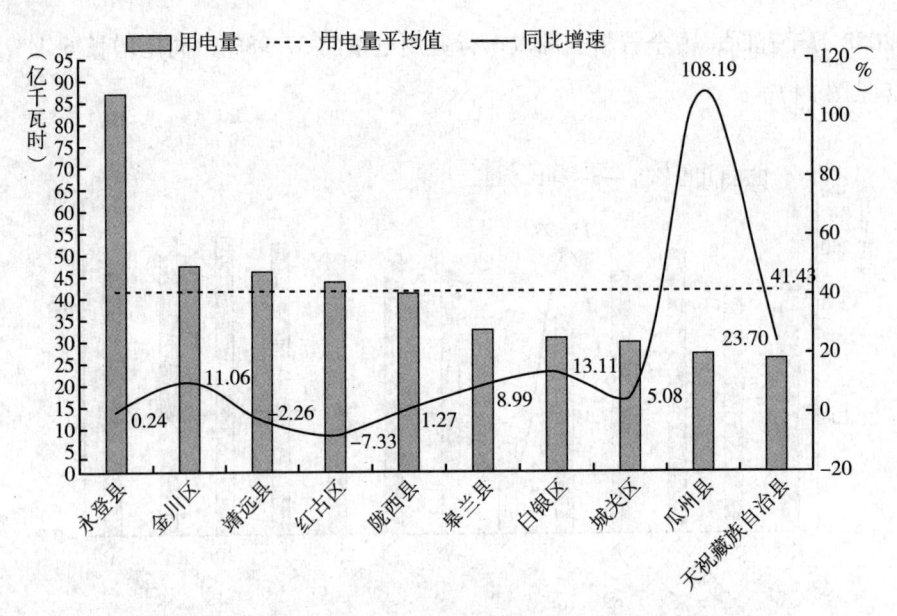

图15 2024年1～9月甘肃省用电量排名前十区县用电量及同比

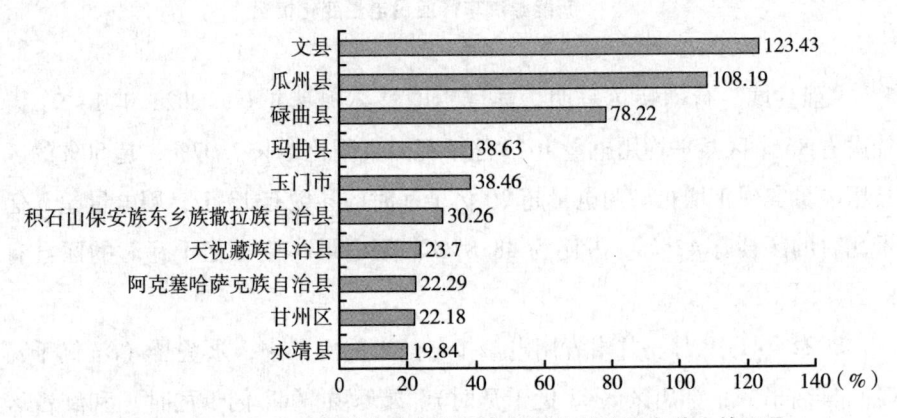

图16 2024年1～9月甘肃省累计用电量同比增速排名前十的区县

2024年1～9月，甘肃省经济发展"十强县"① 中，金昌市金川区、白银市白银区及兰州市城关区用电量排名前三。从增速来看，酒泉市玉门市

---

① 参见2024年3月甘肃省政府《关于2023年度县域经济发展评价情况的通报》，包括城关区、安宁区、肃州区、金川区、白银区、玉门市、甘州区、西固区、凉州区、安定区10个区县。

（38.46%）和张掖市甘州区（22.18%）均超20%，所有县域均保持稳定增长态势（见图17）。

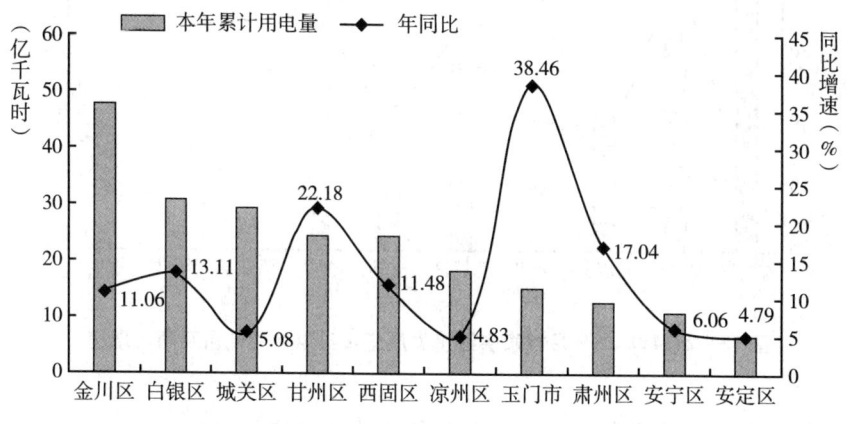

图17 2024年1~9月甘肃省"十强县"累计用电量及同比增速

2024年1~9月，甘肃省经济发展进步县①中，兰州市红古区、兰州市皋兰县、白银市景泰县累计用电量排名全省前三。从增速来看，平凉市崇信县（12.55%）、甘南藏族自治州迭部县（10.19%）超10%，除兰州市红古区（-7.33%）、白银市景泰县（-0.54%）同比负增长，其他县域保持稳定增长态势（见图18）。

2024年1~9月，甘肃省城市服务型、工业主导型、文旅赋能型、生态功能型经济发展先进县②优势持续凸显，整体用电均保持高速增长，尤其是生态功能型的阿克塞哈萨克族自治县（22.29%）、文旅赋能型的敦煌市（11.82%）增长明显，用电增幅达均10%以上。除临泽县（-13.94%）、两当县（-2.51%）、民勤县（-2.50%）、崆峒区（-1.52%）负增长外，其

---

① 参见2024年3月甘肃省政府《关于2023年度县域经济发展评价情况的通报》，分别为成县、崇信县、西峰区、西和县、徽县、皋兰县、景泰县、红古区、迭部县、七里河区10个区县。
② 参见2024年3月甘肃省政府《关于2023年度县域经济发展评价情况的通报》公布名单，其中城市服务型为崆峒区、武都区；工业主导型为肃北蒙古族自治县、平川区；农业优先型为临泽县、民勤县；文旅赋能型为敦煌市、两当县；生态功能型为肃南裕固族自治县、阿克塞哈萨克族自治县。

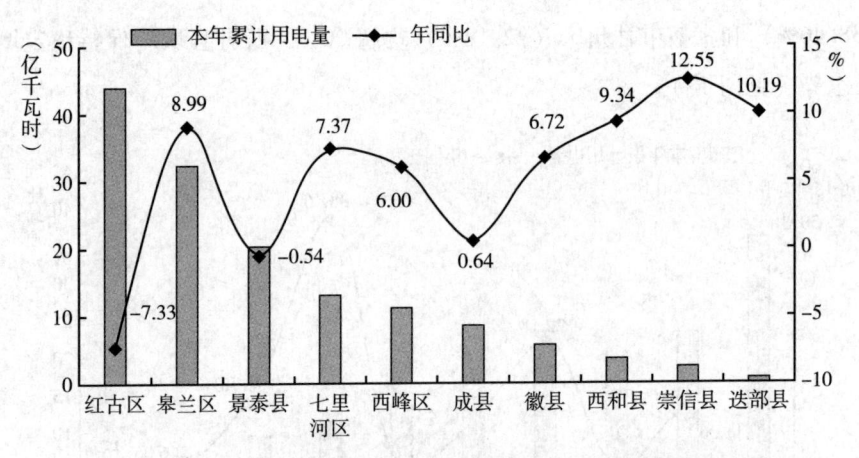

图18　2024年1~9月甘肃省经济发展进步县累计用电量及同比增速

他区县用电量保持稳定态势，甘肃省各地特色经济优势得到充分发挥（见图19）。

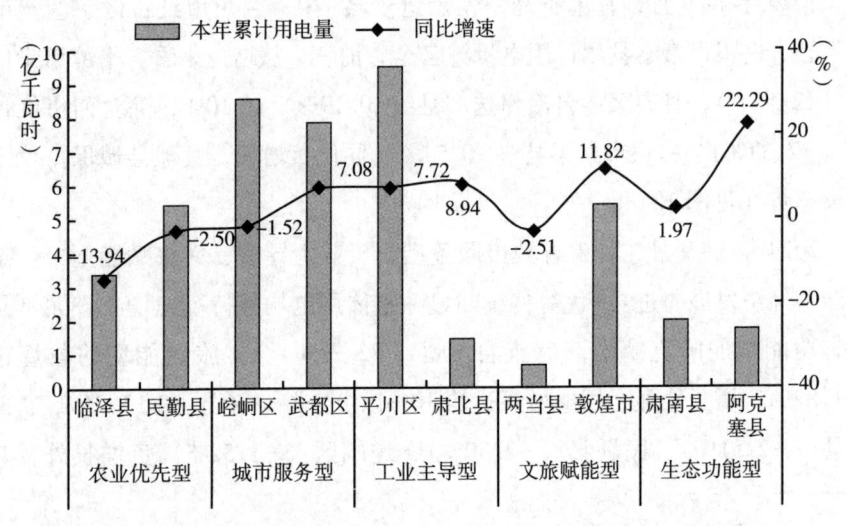

图19　2024年1~9月甘肃省经济发展先进县累计用电量及同比增速

6. 中小企业运行情况

截至2024年9月末，甘肃省中小企业为126.6万户，同比增长7.38%；用电量为53亿千瓦时，同比增长2.32%，市场活力得到进一步释放。全省"专精特新"企业用电总量55亿千瓦时，同比增长7.98%[①]（见图20）。

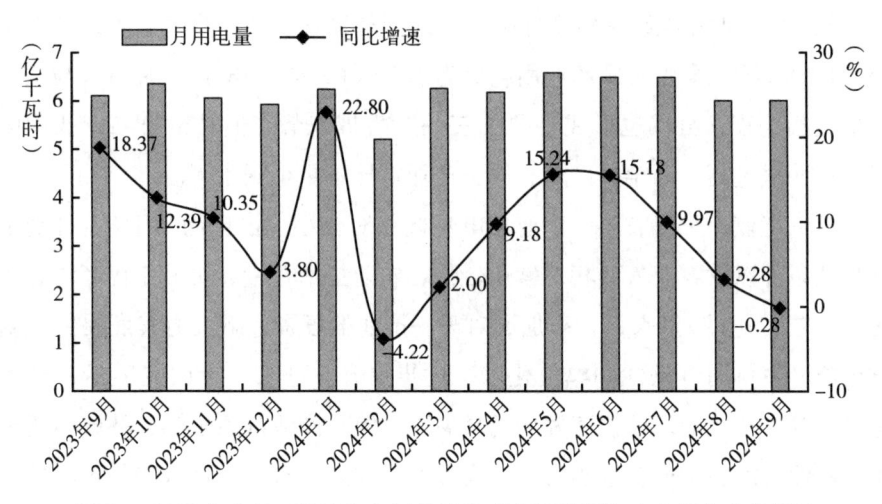

图20 2023年9月~2024年9月甘肃省"专精特新"企业用电变化情况

7. 甘肃省跨省跨区输电

2024年1~9月，甘肃跨省跨区外送电量共计437亿千瓦时，同比增长17.62%。其中，输送新能源电量232亿千瓦时，同比增长22.74%，占外送电量的53.06%。排名前三的受端省份为湖南、重庆、陕西。

甘肃省唯一的大规模直流外送通道——祁韶直流通道，自投运至2024年9月末，累计输送电量超过1800亿千瓦时，输送新能源电量占比超过38%。

二 2025年甘肃省电力供需形势分析及预测

（一）2025年甘肃省电力供需形势分析

1. 产业用电结构调整需进一步深化

甘肃省自身经济发展水平与全国相比还存在不小差距，资源优势未完全

[①] 专精特新企业指依据甘肃省工业和信息化厅公布的名单，依据电力档案信息匹配确定的企业。

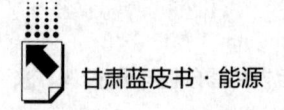

发挥，产业结构转型升级尚有较大提升空间，工业化进程带来的增长效能需进一步向第三产业延伸。

从三大产业用电结构角度分析，2023年甘肃省三次产业用电比为1.08∶73.41∶17.07，全国三次产业用电比为1.39∶65.89∶18.11，甘肃省与全国用电比相比较，虽然也形成了"二三一"发展态势，但甘肃第二产业用电量占比明显过高，而第一产业、第三产业占比不足全国水平。

第一产业：甘肃省第一产业用电规模相对较小，占比约为1%，且受制于自然条件以及农业人口相对素质较低，农业技术含量、机械化程度均有待提高。"十三五"以来，甘肃加大对第一产业的投资，下大力气发展农业基础设施，乡村用电条件和电气化水平逐步提升。进入"十四五"后，在生态养殖等农林牧渔产业快速发展的环境下，第一产业链条延链、补链不断深化，农业精深加工产业逐步发展，农业产业化发展有了长足进步，用电量保持较高增速。

第二产业：甘肃省第二产业用电规模相对较大，占比基本为70%~75%。甘肃工业结构以重工业为主，其中大型国有企业占比较高，有色、冶金、石化等重化工行业在工业总产值中起到重要作用，其产业规模与市场份额在全国也具有一定的竞争优势。2023年甘肃规模以上工业增加值累计同比增长7.6%，增速高于全国工业增加值3.0个百分点。从轻重工业类型来看，轻工业增长4.0%，重工业增长8.1%，依然存在轻工业过轻、重工业过重的不合理性。从企业类型看，省属企业增长10.2%，非公有制企业增长10.7%，地方企业增长8.8%，中央企业增长5.9%。

第三产业：甘肃省第三产业用电占比约为17%，甘肃省服务业增加值在甘肃地区生产总值中的份额超过50%。甘肃省发展现代服务业，还需要在各市州均衡发展、居民收入水平提升、思想意识转变以及体制改革等方面进一步突破。

2. 新能源大规模发展，电力保供形势日趋复杂

"十四五"以来，甘肃省全力支持大型风光电基地建设，新能源产业地位已逐步向甘肃省支柱型产业靠近，以新能源为核心的电力生产和供应行业在甘肃省工业经济中的比重持续攀升。国内受近年来煤炭供需不足、极端天气频发以及电网中新能源占比持续提高等因素影响，电力保供的边界条件、主要矛盾都发生了重大变化。当前甘肃新能源进入大规模、高比例、市场化、高质量发展的新阶段，新能源装机主体地位已形成、电量主体地位逐步形成。一方面，新能源发电出力具有波动性、间歇性和不确定性，"新能源大发时段消纳困难、小发时段保供紧张"，电力供需时段性紧平衡与全年电量总体富余问题并存，电力电量平衡难度增大，使得保供形势日趋复杂。另一方面，新能源装机规模远超省内最大用电负荷，新能源发电量增速远超省内全社会用电量增速，新能源装机规模大幅增长与消纳的矛盾日益突出。

3. 电网承载能力需进一步补强

特高压建设方面，目前全省仅自有一条直流外送通道——祁韶直流，电力外送受直流通道检修、湖南省购电需求等因素影响较大，若通过邻省直流搭送也会导致竞争力下降，现有直流通道远难以满足日益增长的新能源电力外送需求。配电网建设方面，随着甘肃省"四强行动"不断推进以及国家中西部产业转移政策发力，省内部分地区尤其是偏远地区配电网网架结构稍显薄弱，部分设备老旧，配电网防灾抗灾能力和承载力不足。省内电能替代不断深入、旅游产业不断发展和电动汽车充电桩增加均带来配电网负荷快速增长，对配电网的承载力提出了更高要求。近年来极端天气频发，特别是新能源大规模接入后，导致电力供需的不确定性加剧，也给配电网安全带来了挑战。

（二）2025年甘肃省电力供需情况预测

1. 电力需求情况

2025年甘肃省全社会用电情况预测。随着国家各项经济政策不断发力，甘肃省经济将继续稳定发展。一是农业营商环境持续优化，资源优势持续转化为地方特色农产品优势，农业用电量稳定增长。二是制造业保持稳定，省内传统优势高载能行业依然发挥"压舱石"作用，新兴产业用电量稳定增长。三是交通运输、旅游等行业活跃度保持上升态势，拉动三产服务业用电

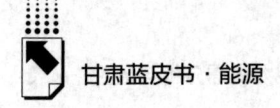

量稳定增加。2025年，甘肃省全社会用电量预计完成1850亿千瓦时，同比增长6.32%。其中第一产业20亿千瓦时，同比增长6.95%；第二产业1354亿千瓦时，同比增长6.03%；第三产业321.5亿千瓦时，同比增长7.89%；城乡居民生活154.5亿千瓦时，同比增长5.60%。

2025年甘肃省负荷预测。夏季统调高峰负荷2300万千瓦时，增速3.79%；冬季统调高峰负荷2550万千瓦时，增速6.25%。

2025年甘肃省电力电量平衡预测。2025年甘肃省电力电量均有富余，可满足内用需求以及支援全国电力保供，新能源小发时段有电力缺口，可通过省际互济等技术措施满足省内平衡要求。

2. 电力供应情况

2025年电源装机情况。"十四五"以来，甘肃省共下达新能源装机指标12193万千瓦，截至2024年9月末，共3576万千瓦新能源项目建成并网。2025年，预计全省火电装机进一步增加，新能源持续快速发展。

2025年甘肃省电网建设情况。目前，陇电入鲁工程加快建设，陇电入浙工程2024年7月已开工建设，计划2026年底投运；陇电入川工程已启动可研。预计到2025年6月，陇东—山东特高压直流工程投运，年预计输送电量能力360亿千瓦时，当年预计输送电量180亿千瓦时左右，将促进甘肃资源优势转化和大范围优化配置，促进山东整体供电保障能力提升。

三 相关建议

（一）保障电力供应，筑牢电网安全底线

一是加快建设新能源基地。要借助国家新能源政策红利，依托自身地理条件优势，因地制宜加快布局新能源产业，通过在新能源电站应用构网型技术，推动源网荷储灵活互动、协调互济，促进经济发展方式转变和经济结构优化调整。二是着力打造坚强送端大电网。立足西北电网"总枢纽"、西电东送"主通道"、支撑新型电力系统构建"重基地"发展定位，加强服务大

型清洁能源基地开发，加快推进特高压直流外送工程建设，大幅扩大陇电外送规模。依托腾格里、巴丹吉林、库木塔格沙漠、戈壁、荒漠大型风光电基地，推进库木塔格沙漠基地外送通道等后续特高压直流外送通道规划研究。加强省内骨干网架建设，满足各类电源接入和新增负荷发展需要，提高甘肃省大电网资源配置能力。完善省际互济和旋转备用共享机制，充分利用省际互济资源，提高西北电网整体安全稳定运行水平，满足西北大送端电网直流群稳定外送需求。三是统筹推进电力系统灵活性调节资源和应急备用电源建设。支持各类储能健康有序发展，加快规划建设新型能源体系，保障电力供应，促进能源转型，打造清洁低碳、安全充裕、经济高效、供需协同、灵活智能的新型电力系统。

（二）聚焦民生领域，服务甘肃发展战略

立足甘肃省"四强行动"和"一核三带"战略，围绕城市、工业区等负荷中心，形成分区合理的供电格局，提升电网安全运行水平。通过新增变电站布点，提高对新增负荷的供电能力。保障电气化铁路等重要大用户负荷高可靠性、高质量供电要求。满足省内大型风光电基地等新能源项目送出及汇集需求。高效推进现代智慧配电网规划、建设，提升电网一体化控制、清洁能源统一消纳、源网荷协同互动的支撑能力。加快解决农村区域低电压、重过载、高损台区、频繁跳闸、老旧破损集束导线、地埋线等问题，补齐农村电网发展短板。提高中低压配网抵御自然灾害的能力。合理增加配变布点，缩短低压供电半径，提高农村偏远地区供电能力和电能质量。

（三）构建新型电力供需服务体系，凸显资源优化配置作用

一是通过富余新能源跨区现货交易、跨省调峰交易、全国统一电力市场交易等手段，组织甘肃火电与新能源打捆、新能源跨省替代及现货交易，有效提升省内新能源消纳水平。二是积极探索多场景、多要素协同机制。在新能源富集区域，引导本地自用新能源通过建设友好型新能源电站、新能源配建储能、共享储能等多种形式，提升调峰能力、平滑输出功率、促进新能源

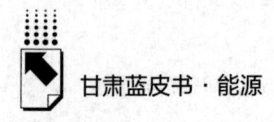

高效利用，提升新能源并网友好性和容量支撑能力。对于沙漠、戈壁、荒漠的大型新能源基地，引导通过合理配置新型储能、提升外送通道利用率和通道可再生能源电量占比，支撑大规模新能源外送。深化分布式光伏管理，落实新能源属地化管理责任，分片区、分性质、分项目、分断面等精细化统计新能源利用率，引导新能源向甘肃中东部地区布局，缓解河西地区新能源大规模集中接入消纳压力。

B.7 2024～2025年甘肃省可再生能源发展形势分析与展望

吕清泉　张健美*

摘　要： 甘肃省凭借其丰富的能源资源和优越的风光禀赋，在2024年实现了可再生能源产业的显著进步。在政策的推动下，新能源装机容量稳步增长，抽水蓄能项目规划逐步实施，生物质发电规划积极推进，创新发展路径不断探索。新能源企业协同合作，推动产业攀登新高峰。2025年，甘肃可再生能源面临发展机遇，同时也需应对难题，发展趋势呈现装机规模持续扩大、电力外送能力增强、开发利用模式创新、产业链完善及分布式能源发展加快等特点。甘肃积累了可再生能源开发利用水平提升、多措并举保障消纳、储能产业布局日渐完善、新能源装备制造产业协同发展等经验，梳理可再生能源发展面临的新能源消纳、电力市场机制完善等问题，给出相关建议，有序推进全省可再生能源高质量发展，坚决落实能源安全新战略。

关键词： 甘肃省　可再生能源　新能源消纳

一　2024年甘肃可再生能源发展现状

甘肃省作为我国重要的综合能源基地，在可再生能源领域取得了显著进展，特别是在风能、太阳能、水能以及光热和储能技术方面。在风能领域，

---

* 吕清泉，国网甘肃省电力公司电力科学研究院三级专家，高级工程师，主要研究方向为新能源功率预测与储能并网技术；张健美，国网甘肃省电力公司电力科学研究院高级工程师，主要研究方向为新能源发电与并网技术。

甘肃省技术开发量位居全国前列，低风速风机的普及利用进一步增加了风资源的开发潜力。太阳能领域，甘肃省光伏发电技术开发量同样位居全国前列，且光热发电也极具发展优势，光热利用技术正不断取得新突破，其开发利用空间巨大，光热资源能够在储能和稳定能源供应方面发挥独特作用。水能资源的开发，为甘肃省的能源结构转型提供了有力支撑。同时，储能技术的研发与应用在甘肃也备受重视，各类新型储能项目不断布局推进，如电化学储能、抽水蓄能等，有效提升了可再生能源的消纳和调节能力，提升了能源系统的稳定性和灵活性。甘肃省正全力推进以沙漠、戈壁、荒漠地区为重点的新能源项目和千万千瓦级"风光储输"多能互补综合能源基地建设，展现出大规模、高比例、市场化、高质量的新能源产业新特征。

2024年9月，习近平总书记在甘肃考察时强调："甘肃要积极推进新型工业化，加快传统产业改造升级，做强做优特色优势产业，积极发展战略性新兴产业，因地制宜发展新质生产力，打造全国重要的新能源及新能源装备制造基地。"这一指示为甘肃省在可再生能源领域的发展提供了明确的方向和目标，旨在推动甘肃从"风光大省"向"风光强省"转变，实现绿色低碳转型和经济社会高质量发展。

（一）新能源发展成效显著

1.新能源装机规模及发电量显著增长

在积极响应国家能源安全战略和新型能源体系建设的背景下，甘肃省委省政府出台《推进新时代甘肃能源高质量发展行动方案》，着力解决能源领域发展瓶颈问题，推动能源产供储销一体化发展。2024年，甘肃省新能源装机规模和发电量均实现了快速增长，为能源结构的绿色转型提供了有力支撑。截至2024年9月底，甘肃新能源累计装机容量达到5991.6万千瓦，占全省发电总装机的63.42%，其中风电累计装机3016万千瓦，太阳能累计装机2951万千瓦，生物质累计装机24.6万千瓦，风电和光伏分别成为省内第一和第二大电源。2024年1~9月，全省新能源发电量达634亿千瓦时，较上年同期增加117亿千瓦时，占全省总发电量的37.05%；其中风电、太阳能、生物质发电量分别为364亿千瓦时、262亿千瓦时、8亿千瓦时[1]。新能源装机占比、新能源发电量占比均排名全国第二。

2. 分布式能源创新试点

甘肃省积极落实国家"千家万户沐光行动"和"千乡万村驭风行动"战略，推动分布式能源的就近开发利用，创新开发利用场景、投资建设模式和收益共享机制。2024年5月，甘肃省启动了相关试点工作。7月，甘肃省发改委、省能源局等联合印发《甘肃省"千家万户沐光行动""千乡万村驭风行动"试点实施方案》，进一步明确了因地制宜推动分布式能源就近开发利用的具体措施。试点项目共计51项，总装机规模达619.9兆瓦，其中"千家万户沐光行动"试点项目26项，装机规模129.9兆瓦；"千乡万村驭风行动"试点项目25项，装机规模490兆瓦，均采用全额上网的消纳方式[2]。

甘肃省在分布式新能源项目实施中展现了创新与多元化的建设模式。对于工业企业屋顶项目，积极推广企业自建及"企业+企业"合作模式，以提高能源利用效率。在公共建筑屋顶和村集体空地的开发中，采纳"企业+集体"模式，探索屋顶和土地使用权入股或租赁，实现收益共享。居民建筑屋顶项目则推荐"企业+农户"模式，通过屋顶使用权入股或租赁，促进农户参与和增收。对于农户自投自建项目，遵循国家相关政策，确保政策的连贯性和农户权益的保护。此外，甘肃省还结合村集体经济发展，推动"村企合作"模式，共同参与项目开发建设运营，通过土地使用权入股、设置公益岗位等方式，探索形成共建共享的乡村能源合作新模式。

甘肃省在分布式新能源领域的创新试点取得了积极成效，为推动能源结构转型和绿色低碳发展提供了有力支撑。截至2024年9月底，甘肃分布式新能源累计装机达到163万千瓦，占全省发电总装机的1.72%，全部为分布式光伏。2024年1~9月，全省分布式光伏发电量达13亿千瓦时，较上年同

---

[1] 数据来源：甘肃省工业和信息化厅2024年9月全省电力生产运行情况。
[2] 数据来源：《甘肃省"千家万户沐光行动""千乡万村驭风行动"试点实施方案》。

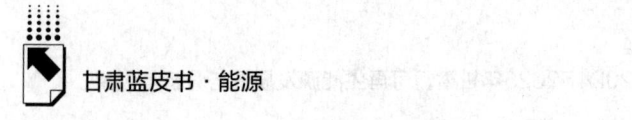

期增加3.5亿千瓦时,占全省总发电量的0.76%。

3. 新能源产业协同发展

甘肃省新能源产业的发展势头强劲,特别是风电和光伏发电领域,已成为推动地区经济增长的关键因素。酒泉市的新能源装备制造业集群在2024年被认定为省级先进制造业集群,正积极争取国家级认定。酒泉市在风电主机、叶片、塔筒等关键部件的本地化生产方面取得了显著成就,光伏装备产业链实现了从上游到下游的全面贯通。在储能装备和光热装备制造领域,酒泉市也实现了技术突破,氢能装备制造项目的实施有效填补了产业空白。

酒钢集团在风电塔筒、光伏支架及工业硅制造领域取得了重要进展,年产能分别达到21万吨、4万吨和2.8万吨,同时正在加速推进年产1万吨风电法兰项目的建设。兰石集团在光伏装备与工程领域巩固了其核心产品优势,获得了3.65亿元的光伏设备制造订单,并成功研发了碱性电解水制氢装备、高压氢气储罐、离子液压缩机等新产品,具备了$1000Nm^3/h$电解水制氢装备、储氢球罐和98MPa高压气态储氢容器等产品的生产能力。甘肃电气集团加大了技术研发力度,显著提升了TSW系列兆瓦级变流器和TSPV系列逆变器的产品性能,并完成了30千瓦和200千瓦三相永磁同步发电机、4.2兆瓦永磁同步电机样机的试制,现已具备批量生产条件。

4. 生物质发电有序发展与推进

甘肃省正积极布局生物质发电领域,充分利用其资源优势,探索可持续发展的能源路径。积极推进新的生物质发电项目建设。响应国家《煤电低碳化改造建设行动方案(2024~2027年)》,考虑在煤电机组中实施耦合生物质发电的改造,要求改造后的煤电机组具备掺烧10%以上生物质燃料的能力,以降低燃煤消耗和碳排放水平。项目布局上,优先支持在可再生能源资源富集、具备长期稳定可获得的农林废弃物等生物质资源的地区实施。

甘肃省还积极申报存量生物质发电项目补贴,按照国家发展改革委、财政部、国家能源局《关于做好存量生物质发电项目补贴申报工作的通知》要求,申报了第一批存量生物质发电补贴项目6个,实际并网装机容量7.4

万千瓦[①]。兰州新融环境能源工程技术有限公司形成了有机废弃物综合处理循环利用体系，其沼气发电项目于2024年1月纳入补贴范围。凉州区积极推广生物质燃料的使用，制定了相关实施方案，计划对未实施清洁能源替代的城市规划区内取暖居民推广使用生物质燃料，并给予财政补贴。

甘肃省持续推进生物质技术创新与推广，注重生物质发电关键技术的研发与攻关，包括生物质直燃技术、生物质与煤电耦合技术等，以提高生物质发电的效率和稳定性，降低成本。同时，加强对生物质资源收集、储存、运输等环节的技术研究，确保生物质燃料的稳定供应。对于技术经济性优异、降碳效果显著的生物质发电技术，省级相关部门积极推广应用，通过示范项目的建设和经验总结，推动全省生物质发电技术水平的提升。

（二）水电及抽水蓄能稳步推进

1. 绿色小水电示范电站创建

甘肃省政府对水电领域的发展给予了高度重视，特别是在绿色小水电示范电站的创建方面，通过政策规划积极推动能源结构的优化与可持续发展。根据《水利部办公厅关于做好绿色小水电示范电站创建工作的通知》要求，2024年7月，甘肃省水利厅对岷县清水电站、渭源县峡城水电站、玉门市西干渠电站、河西水电站、龙马水电站等符合绿色小水电申报要求的电站予以公示。同时，甘肃省积极推进小型水电站安全生产标准化建设，省水利厅组织制定了《甘肃省小型水电站安全生产标准化达标评级管理办法（试行）》，对全省境内已建成并投入运行、单站装机容量5万千瓦及以下、水利部门监管水电站的安全生产标准化达标评级管理工作进行规范，明确了标准化等级分为一级、二级和三级，以及各等级的评审得分要求、申报条件、评审流程等内容，为小型水电站安全生产提供了有力依据和指导。

2. 抽水蓄能项目建设积极推进

甘肃省政府高度重视抽水蓄能领域的发展，依据中长期发展规划，积极

---

① 参见甘肃省发改委《关于甘肃省申报存量生物质发电补贴项目（第一批）的公示》。

推进多个重点项目建设，以强化全省能源供应的稳定性和灵活性，为构建清洁低碳、安全高效的能源体系提供坚实支撑。根据国家能源局综合司下发的《关于报送抽水蓄能中长期发展规划2024-2028年项目布局优化调整建议的通知》，甘肃省抽水蓄能发展总需求为1530万千瓦，其中服务内用规模900万千瓦，服务特定电源规模630万千瓦。2024年，多个抽水蓄能项目稳步推进。甘肃黄龙抽水蓄能电站作为国家和省"十四五"重点项目，位于天水市境内，设计总装机容量210万千瓦，年发电量和抽水电量可观。甘肃永昌抽水蓄能电站是国家级和省级"十四五"规划中的重点工程，属于大型一等工程，设计装机容量达到1200兆瓦。甘肃东乡抽水蓄能电站可行性研究阶段三大专题报告通过审查，为2024年内开工奠定基础。张掖市的张掖盘道山、皇城抽蓄电站已率先开工建设，总装机280万千瓦，还有补选的5座抽水蓄能站址资源，拟装机容量近990万千瓦，纳规申请已上报省发改委并开展技术评估。同时，2024年3月，甘肃省人民政府发布通知，提出新开工2个抽水蓄能电站，进一步推动了甘肃省抽水蓄能项目的建设。

二 2025年甘肃可再生能源发展形势展望

2025年，甘肃省可再生能源发展将呈现蓬勃兴盛之态，并在能源格局中扮演更加重要的角色。在政策支持和资源优势的双重驱动下，甘肃将继续扩大风电、光伏发电基地规模，形成更加坚实的能源供应网络，为全国绿色电力供给提供强大支撑。河西走廊等地区将充分发挥资源和地理优势，推动风电、光伏、光热等非化石能源协同发展，构建多元化能源供给体系，提高非化石能源比重。技术创新方面，甘肃将深化数据要素与新能源的融合，利用先进数智化技术提升能源生产和调度效率，优化资源配置与利用。同时，甘肃将进一步扩大可再生能源在建筑等领域的应用，推动能源消费结构转型。投资方面，甘肃将继续优化营商环境，吸引更多投资。央企和省属企业将在新能源及装备制造产业中发挥主导作用，为甘肃经济高质量发展和绿色转型提供坚实基础。

（一）可再生能源发展势头强劲

甘肃已建成酒泉千万千瓦级风电基地，张掖、金昌、武威、酒泉4个百万千瓦级光伏发电基地，通渭百万千瓦级风电基地，全国重要的可再生能源及可再生能源装备制造基地加速崛起。甘肃可再生能源及装备制造产业主要分布在河西走廊，包括酒泉、张掖、金昌、武威、嘉峪关，这些地区大力发展风电、光伏发电、太阳能光热发电等非化石能源，形成可再生能源多轮驱动的能源供应体系。酒泉建设千亿级新能源产业链，建成全国新能源产业示范区。增强风电装备，培育光伏装备，壮大光热装备，突破储能产业，培育氢能产业，打造智慧电网。张掖围绕打造新能源产业"四基地一体系"目标，培育硅基光伏、氢基化工、新型储能及装备制造业，建设集群化全业态新型储能产业园和绿氢制造及综合利用先行区。金昌以打造新能源和新能源电池千亿产业链为目标，推动新能源电池及电池材料、装备制造与新能源开发协同联动发展，聚焦镍钴锰酸锂电池和磷酸铁锂电池两个方向，以及储能、动力和消费三大应用领域，做强产业、延长链条、集群发展，建设全国重要的新能源电池及电池材料生产供应基地。武威打造"光伏治沙""风光火核氢储"两个千万千瓦级基地，培育壮大"光伏+生态"、源网荷储载能、氢能、装备制造四大绿色协同产业，建成千万千瓦级清洁能源基地和百亿级新能源产业集群。嘉峪关加快培育壮大新能源产业，形成百亿级新能源及装备制造产业链，实现园区新增工业负荷新能源绿色电力直供消纳。甘肃发展风电和光伏设备制造、智能运维、咨询服务等传统领域产业链，补齐新型储能、氢能利用等新兴领域新业态产业链。

（二）可再生能源产业全面升级

甘肃省政府发布《甘肃省国土空间规划（2021~2035年）》，提出形成安全绿色的能源资源布局，推动清洁能源基地建设，推进抽水蓄能项目建设，支撑电力源网荷储高质量发展。甘肃省发展改革委联合省能源局印发《甘肃省国家新能源综合开发利用示范区建设方案》，提出要着力推动特大型风光电基地建设,加快推进河西走廊新能源基地和陇东综合能源基地新能源开发。谋划实施库木塔格沙漠外送新能源基地,持续扩大腾格里沙漠、巴丹吉林沙漠光伏治沙规模,加快推动"光热+风光电"一体化项目,促进"光伏+"综合利用和太阳能热发电规模化发展。甘肃省政府办公厅发布《甘肃省"数据要素×"三年行动实施方案(2024~2026年)》,提出"数据要素×绿色能源"。打造以数据模型为支撑的新能源生产数智化场景,推动通用大模型、数据孪生等先进技术与新能源企业生产调度全过程、全要素加速融合,建立生产、加工、运输、储存、消费数据共享机制,促进清洁能源消纳。支撑新能源企业降本增效,支持新能源基地以及相关企业开发适用于风电和光伏发电的预测模型,融合应用气象数据、生产运行数据等,优化提升风电和光电互补运行、后续项目科学布局、能源调度等水平。鼓励开发建设"电眼看甘肃"数据融合应用平台,构建全省经济发展的电力指数,从经济活力、城乡融合、特色产业发展等多方面客观反映经济运行态势,为政府科学决策等提供有力支撑。甘肃省住房和城乡建设厅印发《2024年全省建设科技与建筑节能工作要点》,指出扩大可再生能源建筑应用规模,大力发展建筑光伏一体化建设,新建公共机构建筑、新建厂房屋顶宜装尽装光伏系统,鼓励建设"光储直柔"建筑。因地制宜推进中深层地岩热、太阳能、地热能、空气热能等供暖技术建筑应用。

(三)可再生能源投资持续增长

2025年,甘肃省在可再生能源领域投资预计将显著增长,其中省属企业将发挥核心作用。根据甘肃省发布的《省属企业新能源及装备制造产业攻坚行动方案》,省属企业计划通过七大工程实现新能源新增装机1200万千瓦,预计在新能源电站与装备制造领域新增投资将超过600亿元,有望带动150亿元的新增产值。这些投资将为甘肃省可再生能源产业的发展注入新动力,覆盖电站建设、运营维护以及装备制造的技术升级和产能扩张,从而提升甘肃省在可再生能源领域的竞争力。央企在甘肃的可再生能源投资同样发挥着重要作用。央企在抽水蓄能项目和光伏、风电项目中已展现出积极的投资态势，预计未来将进一步加大投资力度，为甘肃省可再生能源产业的规模化和集约化发展提供坚实的基础。例如，中国石油在新能源业务方面的投资增长显著，而华润集团在甘肃的新能源装机规模也持续扩大，这些投资行为不仅促进了甘肃可再生能源产业的发展，也推动了产业链的协同联动和技术创新。2025年甘肃省可再生能源投资预计将实现全面增长，省属企业和央企的投资行为将为甘肃省可再生能源产业的高质量发展提供坚实的基础，推动甘肃省从"风光大省"向"风光强省"转变，为全国可再生能源发展提供示范样本。

三 甘肃可再生能源发展面临的主要问题

甘肃省在推进可再生能源发展的过程中，面临一系列挑战，涉及新能源消纳能力、电力市场机制、科技创新能力以及行业对地方经济的带动作用等多个方面。随着新能源装机规模的快速扩大，甘肃省的电力系统调节能力、市场定价机制、技术创新体系和产业链完整性等方面均需进一步加强和优化，以适应新能源发展的新形势和新要求。这些问题的解决对于甘肃省乃至全国的能源结构转型和绿色低碳发展具有重要意义。

（一）新能源面临保供应促消纳双重挑战

在消纳方面，甘肃省新能源呈现超常规发展态势，"十四五"期间新能源装机规模急剧扩张，远超省内最大用电负荷，且省内用电量增速滞后于新能源发电量增速。甘肃省内超过80%的新能源装机集中在河西地区，装机规模持续扩大，而本地负荷增长速度较慢，消纳能力有限，新能源发电量亟须外送。光伏与风电装机规模相近，其在午间大发而在晚高峰时不发电，与受电端省份的新能源发电特性一致，加之与周边区域送电端电网新能源发展同质化，互补性缺失，光伏比例上升加重了保供与消纳困境。同时，受省内保供压力、输送通道瓶颈、调峰能力局限以及受端省份光伏大规模发展致使外送市场竞争加剧等因素制约，新能源装机大幅增长与消纳空间匮乏的矛盾越发凸显。在保供方面,光伏发电特性导致电力供应时段性失衡,难以满足全天稳定供电需求,尤其是在晚峰等关键用电时段供电能力不足。省内新能源装机分布不均衡,影响整体供电可靠性与稳定性提升,当面临极端天气、设备故障等突发情况时,保供压力剧增。

(二)电力市场机制有待进一步完善

在当前市场定价与政府定价"双轨制"并行体系下,甘肃省新能源市场化交易价格普遍低于保障性收购价格及燃煤发电市场化交易价格,削弱了新能源投资的积极性。新能源消纳带来的系统调节成本、备用成本和容量成本上升未能有效疏导至全网,发电侧"零和"模式的两个细则亟待改进。新型储能的运行模式、调用机制、价格形成机制及用户侧储能电价机制等方面急需完善,以保障新能源行业的持续发展。中长期合约的价格锁定机制与现货市场中新能源发电的低边际成本优势可能导致现货价格显著低于中长期合同价,影响中长期合约的履约风险,并为经营主体带来套利机会,影响市场长期健康发展。新能源发电的随机性、间歇性和波动性对电力现货市场提出了更高要求,需要建立与多类价值相匹配的市场和交易品种,以及合理分摊机制。

(三)科技创新能力有待进一步提升

甘肃省可再生能源领域在科技创新方面存在一定的提升空间。在资金投入方面,研发投入规模相对较小,关键技术攻坚动力不足,可再生能源利用效率提升不够。在企业格局方面,甘肃省尚未培育出具有卓越自主创新实力的龙头企业,因而难以形成强有力的创新引领力量来带动整个产业链的技术升级。在人才培养方面,创新人才体系建设相对滞后,专业技术人才数量、质量方面不能满足能源产业高速发展的需求,尤其是兼具技术专长与市场洞察力的复合型创新人才极其缺乏。在创新合作方面,产学研协同合作机制仍不够健全,科研机构、高等院校与企业之间的互动合作的紧密性与高效性不够,致使科技成果转化效率不高,先进技术与理念难以迅速、有效地落地转化为实际生产力，在一定程度上制约了甘肃省可再生能源产业技术创新的前进步伐。

（四）可再生能源产业经济带动效应待提升

甘肃省作为我国新能源发展较早的省份之一，在可再生能源领域具有典型代表意义。尽管拥有丰富的矿产资源和能源禀赋，甘肃省的产业链发展主要集中在上游的原材料提供和下游的能源应用，而在中间环节，如先进装备制造、系统控制、装备集成等领域尚未形成完善的产业链条。同时，可再生能源对地方经济的带动作用尚未明显发挥，导致可再生能源领域的内生动力不足，影响了可再生能源实际运行发展中问题的快速有效解决。这不仅限制了甘肃省在可再生能源产业链中端的发展，也影响了其在新能源产业中的竞争力和经济贡献度。

四 甘肃可再生能源高质量发展的对策建议

甘肃省在可再生能源高质量发展的战略布局中，需着重强化规划引领，统筹常规电源、调节电源、新能源、负荷需求、电网接入能力等要素，科学合理确定新能源规划布局、年度开发建设规模以及新能源和常规电源的结构配比。在此基础上，优化网源荷储调度，提升新能源消纳能力，增强系统调节能力。同时，完善市场机制，包括辅助服务市场规则和需求侧响应市场机制，以激发市场活力。此外，驱动创新发展，拓展应用领域，构建创新链，加大技术研发投入，推动可再生能源与新兴技术融合，实现产业高端化、智能化、绿色化发展。

（一）强化规划引领，促进可再生能源高质量发展

按照"集中连片开发、打捆接入电网"原则，统筹常规电源、调节电源、新能源、负荷需求、电网接入能力等各要素，科学合理确定新能源规划布局、年度开发建设规模以及新能源和常规电源的结构配比。充分考虑不同

地区新能源发展、系统承载力、系统经济性、本地负荷等因素，引导新能源装机向消纳条件较好的甘肃省中东部地区发展，储能等调节资源向消纳形势严峻的河西地区发展。出台相应政策机制，引导风电与光伏装机按照合理比例科学发展，避免光伏过快发展形成的高度同质化对午间消纳和晚峰保供的影响。

（二）优化网源荷储调度，提升新能源消纳能力

优化工期安排，推动在新能源相对小发月份安排影响送出通道能力的检修工作；调整检修施工方案，尽量缩短影响送出通道能力的检修时间；安排新能源场站在祁韶直流年检、影响断面限额设备检修期间同步开展检修工作；多项计划联合检修，安排影响直流送出能力设备在直流年检期间联合检修，减少对直流送出能力的影响。加强储能调用，不断提升利用效率，将储能、需求侧等可调节资源纳入平衡测算。充分考虑省际互济能力，持续优化送电曲线，不断提升自身的外送能力，确保中长期外送合同足额签约。加快交直流外送通道规划建设，超前谋划研究河西库木塔格沙漠、河西北交流通道等新增外送通道，促进新能源更大范围消纳。

（三）完善市场机制，激发可再生能源市场活力

完善辅助服务市场规则，增加顶峰、深调激励力度，引导常规机组进一步灵活性改造。优化需求侧响应市场机制，引导用户错峰生产，扩大需求侧响应资源库，挖掘用户侧调节能力。完善现货市场规则，通过市场化手段引导新型储能投资规划，提升已投储能利用率。在需求侧响应市场机制方面，积极拓宽需求响应主体范围，加快构建需求响应资源库，并鼓励具备充放电能力的需求响应主体参与电力市场。通过实施尖峰电价、拉大现货市场限价区间等手段引导电力用户调整用电行为，强化工业、建筑、交通等重点领域的电力需求侧管理，优化工艺和生产流程，以可中断负荷、可控负荷等方式参与电力系统调节。

（四）构建创新链条，服务甘肃经济社会发展

甘肃省在推动可再生能源高质量发展中，应致力于构建一个完整、高效的创新链，从基础研究到产业转化，加大太阳能、风能、水能等领域关键技术研发投入，突破技术瓶颈，提升能源转换效率和稳定性。加大对高校与科研机构在可再生能源领域的基础研究投入，针对关键技术难题展开攻关，以推动科技创新和产业升级，确保可再生能源的可持续发展。培育新模式新业态，推动可再生能源与人工智能、物联网、区块链等新兴技术的深度融合，发展智能化、联网化、共享化的新能源生产和消费新模式，并通过加强制造设备升级和新产品规模化应用，实施智能制造和绿色制造工程，推动产业高端化、智能化、绿色化发展。提升供应链弹性韧性，建立健全清洁低碳能源产业链协同创新机制，构建以需求端技术进步为导向的政策机制，加快突破一批清洁低碳能源关键技术，以持续巩固提升甘肃省可再生能源产业的竞争力，带动经济社会发展，推动能源绿色低碳转型。

参考文献

《风光无限 更上层楼——甘肃新能源产业发展向新提质》，《甘肃日报》2024年9月30日。

《我省将实施八大行动推动能源高质量发展》，《甘肃日报》2024年7月9日。

《甘肃"沐光驭风"行动试点启动》，《甘肃科技报》2024年7月12日。

B.8
适应甘肃省能源清洁低碳转型的大电网安全分析与展望

妥建军 马 龙＊

摘 要： 电能的生产、输送和消费实际上是同步进行的，即发电设备任何时刻产生的电能必须等于该时刻用电设备消费与输送中损耗的电能之和，且这一数值还随时间不断变化。通过在数百万公里空间尺度和毫秒级时间尺度上精确调控发电量，借助各级电网作为传输载体，以匹配不断变化的用电需求，既是目前电力能源的主要供给手段，也是电力系统安全稳定运行的重要基础。本文回顾了甘肃电网建设的探索与实践，深入分析当前电网面临的挑战与风险。在加速推进能源清洁低碳转型的背景下，能源资源与消费需求逆向分布，依托大电网的大范围电力交换需求迅猛增长，甘肃大电网面临的"保供应、保安全、促消纳"挑战进一步增大。同时，伴随甘肃省国家新能源综合开发利用示范区获批建设，甘肃走向能源电力重大科技创新的最前沿，亟待充分发挥电网枢纽平台作用，打造西北电网"总枢纽"、西电东送"主通道"、支撑新型电力系统构建"重基地"，加速推动省内风光资源优势向产业优势、经济优势和发展优势转化，实现绿色发展。

关键词： 大电网 能源安全 特高压直流 高比例新能源

＊妥建军，国网甘肃省电力公司发展事业部高级工程师，研究方向为新型电力系统、电网规划；马龙，国网甘肃省电力公司发展事业部高级工程师，研究方向为新型电力系统。

一　甘肃大电网建设的探索与实践

能源安全是关系国家经济社会发展的全局性、战略性问题，电力行业深入贯彻国家"四个革命、一个合作"能源安全新战略，始终把安全稳定工作放在首要位置。作为电力资源大范围高效传输配置的核心载体，电网在实现碳达峰碳中和目标过程中对保障能源安全充裕供应发挥着至关重要的作用。近年来，党中央、国务院高度重视电网的规划建设和安全稳定，2024年3月，习近平总书记在新时代推动西部大开发座谈会上提出，加快建设新型能源体系，做大做强一批国家重要能源基地，加强管网互联互通，提升西电东送能力。2024年9月，习近平总书记在全面推动黄河流域生态保护和高质量发展座谈会上指出，大力发展绿色低碳经济，有序推进大型风电光伏基地和电力外送通道规划建设。国务院国资委要求发挥大电网资源统筹优势，加强电网余缺互济，坚决守住电网安全生命线和民生用电底线。

甘肃地处西北五省"四室一厅"中"厅"的位置，地域狭长，东西全长1600多公里，省内新能源资源蕴藏丰富，起点新疆、青海的多条特高压直流电力外送通道穿越而过，决定了其既是我国重要的新能源外送基地，又是我国西电东送的重要走廊。甘肃电网作为承载省内省际电力资源大范围传输配置的重要载体，其科学规划和建设运行关系着西北乃至全国的能源安全稳定供应。长期以来，独特的地理区位和能源产业发展特点决定了甘肃是我国大电网领域的创新试验基地和建设发展重镇，甘肃在大电网建设、特高压规划布局、新能源并网消纳等方面积累了丰富的经验与成果。

（一）大电网建设创新引领先试先行

甘肃电网发展历史悠久，创造了我国电力发展史上多个第一。1972年，我国自行设计、施工、建造的第一条330千伏输电线路——刘（刘家峡）—天（天水）—关（关中）输变电工程投运。2004年，我国首套自主创新研发的国产化可控串补装置——甘肃成碧220千伏可控串补装置顺利投运,获得国家科技进步奖一等奖。2005年,我国第一个750千伏输变电示范工程——750千伏官亭—兰州东输变电示范工程投运,成为当时世界上投入商业化运营的最高电压等级的电力系统,"750千伏交流输变电关键技术研究、设备研制及工程应用"荣获国家科技进步奖一等奖,填补了当时我国500千伏以上电压等级领域的空白,同时在引领和促进我国电气装备制造方面也发挥了重要作用。2017年6月,我国首条以输送新能源电力为主的特高压直流外送通道——±800千伏祁韶直流(酒泉—湖南)通道建成投运,标志着甘肃电网发展迈入特高压时代。2023年3月,国内首个"风光火储一体化"大型综合能源基地外送通道——陇东至山东±800千伏特高压直流输电工程开工建设。2024年7月,世界首条在送、受两端均采用柔性直流输电技术的跨区特高压直流输电工程——甘肃至浙江±800千伏特高压直流输电工程开工建设,新技术的应用将有效助力破解新能源大规模并网消纳难题,为后续沙戈荒大基地外送直流通道规划建设提供示范,对保障全国能源安全,推进能源转型和生态文明建设具有重要意义。

(二)西电东送的"主通道"作用日益显现

西电东送是党中央国务院的战略部署,塑造了我国电力发展的基本格局,架起了连接东西部能源经济的桥梁,是中国电力发展史中的重要篇章。西电东送将西部地区丰富的能源资源转化为电力,输送到电力紧缺的东部沿海地区,不仅满足了东部地区经济快速发展的能源需求,还通过将西部的资源优势转化为经济优势,带动了西部地区的经济发展,缩小了东西部地区之间的经济差距;通过全国范围内优化资源配置,使能源得到更加合理的配置和利用,提高了能源整体使用效率,对于缓解能源供需矛盾,保障国家能源安全具有重要作用。随着我国成为全球新能源装机规模最大、发展最快的国家,西电东送减少了东部地区对传统化石燃料的依赖,进而降低了二氧化碳和其他污染物的排放,有力推动碳达峰碳中和目标的尽早实现,促进了经济和社会的可持续发展。"十四五""十五五"时期是我国能源结构转型的关键期，与此同时，能源资源与需求整体呈逆向分布的供需特点仍将长期持续。甘肃作为我国重要的能源外送基地，在落实国家能源战略部署下，省内新能源大规模提速开发，省际电力外送能力不断提升。祁韶直流自2017年投运以来累计输送电量超过1800亿千瓦时；陇电入鲁工程计划2025年上半年投运；陇电入浙工程计划2026年底投运；陇电入川工程启动可研。此外，甘肃作为我国西电东送重要走廊，也是新疆、青海等省份电力外送通道的必经之路，目前4条在运特高压直流穿境而过（酒泉-湖南、哈密-郑州、准东-皖南、青海-河南）。随着甘肃西电东送"主通道"加速构建，甘肃电网成为输送清洁电力的重要高速通道。

（三）西北电网的"总枢纽"地位持续巩固

我国西北地区地域辽阔，人口密度相对较低，能源资源分布广泛，需要采用更高的电压等级来实现远距离、大规模、高经济性的电力传输，为西北新能源、煤电、水电等能源资源实现跨省区大范围优化配置提供网架支撑。"十四五"以来，随着西北地区新能源装机迅速增长和直流群规模进一步扩大，电网新能源高占比特性更加明显。2022年，西北电网新能源发电量占比达到27%，超过同等规模的欧盟电网。2024年迎峰度夏期间（6月15日至9月9日），西北电网清洁能源发电量1375亿千瓦时，相当于青海、宁夏、新疆三省（区）2024年夏季总用电量，清洁能源发电量占比达40%，创历史最高水平，相当于每10度电中有4度来自清洁能源。未来，西北电网也将率先成为国内第一个新能源发电量占比超过50%的区域电网。甘肃电网地处西北电网的中心位置，不仅承担着本省电力保供和新能源汇集消纳送出的任务，同时也承担着西北电网跨省区功率交换的重任，是西北电网的枢纽及电力交换中心。2005年我国首个750千伏输变电示范工程官亭—兰州线路投运，标志着甘肃与西北邻省间的第一条750千伏省际联络线建成投运。随后，甘肃省陆续建成750千伏新疆与西北联网第一通道和第二通道、太阳山—六盘山—平凉等输电通道，西北省际电力交换能力得到大幅提升，甘肃电网"座中四联"枢纽地位逐步形成。如今，在广袤的陇原大地上，

12座750千伏枢纽变电站横亘东西，勾勒出甘肃省内骨干大电网和电能流动的脉络，19回750千伏省际联络线路实现甘肃与陕西、青海、宁夏、新疆四省（区）之间的广域互联，甘肃跨省外送能力已达3490万千瓦（其中交流外送2890万千瓦），"强直强交"发展格局不断巩固，电力资源大范围优化配置能力显著提升，为支撑甘肃特高压直流稳定安全运行和满足超大规模新能源并网消纳广域互济需要，保障西北电力安全稳定供应和能源清洁低碳转型发展做出了重要贡献。

（四）支撑新型电力系统的"重基地"加快构建

甘肃风光新能源资源丰富，风能、太阳能技术可开发量分别为5.6亿千瓦、95亿千瓦，分别位居全国第四、第五，考虑避开自然保护区、基本农田、城乡设施、压覆矿、水源地、林地、草原、风景名胜区、文物保护区和军事区等因素后，风能、太阳能实际可开发量超过12亿千瓦。甘肃省委省政府高度重视新能源开发利用，早在2006年，省委省政府就提出"建设河西风电走廊，打造西部陆上三峡"的发展战略。2009年8月，我国规划建设的第一个千万千瓦级风电基地在酒泉正式开工，至2015年底，酒泉共建成风电装机915万千瓦，基本实现千万千瓦级目标。同年，甘肃省新能源发展遭遇消纳困境，供大于求的矛盾日益凸显，弃风弃光严重，2016年被国家能源局列为新能源投资红色预警区域，全省新能源发展进入停滞状态。"十三五"期间，甘肃通过充分发挥大电网资源优化配置和市场机制引导作用，多措并举拓展陇电外送和就地消纳空间，一举将全省新能源利用率由2016年的60.2%提升至95%以上，2020年国家解除甘肃省风电、光伏发电投资红色预警。甘肃省充分利用资源优势，做好"追风逐日风光无限"文章，新能源发展取得了亮眼成绩，建成酒泉千万千瓦级风电基地，9市州新能源装机突破100万千瓦，陇电已输送至全国25个省份，形成大送端绿色电网格局。截至2024年，全省新能源装机突破6000万千瓦，新能源发电装机主体地位进一步巩固。2024年1~9月，全省新能源发电量634亿千瓦时，发电量占比超过37%，新能源发电量及其占比实现双提升。

二 大电网安全面临的挑战与风险

与石油、天然气等能源不同，电能在当前技术条件下难以大规模、长时间储存，尽管电池等储能技术不断进步，但受成本和技术限制，大规模储存电能仍不具备足够的经济性和实用性。电力供需需要瞬时平衡，当发电和用电两端不平衡时，会导致电网频率和电压的波动，进而影响工业生产和人民群众生活。此外，电网还需具备高度的实时监控和控制能力、强大的抗灾和安全防护能力，在保证电力系统安全的前提下，实现资源优化配置和经济效益提升，因此，电网也被认为是人类构建的最复杂系统之一。新能源的大规模接入，对电网提出既要保障供应，又要促进新能源发展，还要避免资源浪费以及控制用能成本、保经济增长等多重目标需求。在加速推进能源清洁低碳转型的背景下，电网承担的"保供应、保安全、促消纳"压力进一步增大。

（一）新能源跃升发展对"促消纳"带来的挑战

1. 新能源进入跃升式发展阶段

2022年4月，国家发展改革委、国家能源局提出规划建设以沙漠、戈壁、荒漠地区为重点的大型风光基地，到2030年总装机容量达到4.55亿千瓦。甘肃省河西地区与腾格里、巴丹吉林沙漠联通，投资建设成本低，风电和光伏平准化度电成本①较全国平均值分别低约30%、20%，新能源开发潜力巨大。随着碳达峰碳中和目标加快推进，国家以更大力度推动新能源发展，甘肃省新能源再次迎来大发展机遇，2024年获批建设国家新能源综合开发利用示范区，作为全国新能源开发的主阵地，步入发展重大战略机遇期。"十四五"以来，甘肃省新增并网新能源装机3623万千瓦，是"十四

---

① 平准化度电成本指电源全生命周期内的各类成本（建设、折旧、运维、残值等）和发电量按照一定折现率进行折现后，计算得到的发电成本。

五"以前全省历史新能源总装机规模的1.53倍。

2. 新能源消纳形势日益严峻

从内用看，"十四五"期间新能源理论发电量年均增长约29%，远超省内全社会用电量增长速度。目前，甘肃省新能源装机已达到全省最大用电负荷的2.5倍，新能源装机规模大幅增长与消纳空间不足的矛盾日趋加剧。从外送看，随着新能源规模和占比快速提升，周边省份新能源发展更趋同质化，送端省份送电竞争激烈。中东部受端省份分布式电源规模持续扩大，送受两端光伏发电比重越来越高，同时甘肃省内风光配比由"十四五"初期的1.39∶1下降至当前的1∶1，光伏快速发展使得新能源午间消纳形势更加严峻。2024年迎峰度夏期间，甘肃在外送电量整体增长10%的情况下，午间外送电量同比大幅下降，午间光伏大发时段利用率下降。随着新能源规模进一步扩大，新能源利用率存在进一步下降的风险，午间电力盈余和晚高峰电力保供不足的矛盾将更加突出。

（二）能源清洁低碳转型对"保供应"带来的挑战

1. 高比例新能源装机增大保供难度

"十四五"前三年，甘肃省全社会用电量年均增长6.13%，其中2023年甘肃全社会用电量达到1645亿千瓦时，同比增长9.59%，增速排名全国第七[①]。"双碳"目标下，其他行业化石能源消费加速向电力消费转移，随着甘肃新型工业化全面深入推进，数据中心、新能源装备制造等战略性新兴产业和未来产业加速落地，省内电力需求保持刚性增长。风电春秋两季大发，夏季"极热无风"，光伏夏季日间发电能力充足，晚峰"日落无光"，新能源大发与用电负荷季节性错配、时段性错配日趋显著，在全省最大用电负荷逼近常规电源最大出力的情况下，保供能力不足。受新能源出力波动性、间歇性影响，新能源可发电量远小于同容量火电。据中国电力企业联合

---

① 参见中国电力企业联合会编《2024中国电力统计年鉴》。

会统计，2023年底甘肃新能源装机达到5178万千瓦[1]，新能源最小出力仅11万千瓦。2023年负荷晚高峰时段，新能源出力共有138天不足300万千瓦，其中48天不足150万千瓦。

2. **支撑保障性电源发展相对滞后**

实现"保供应"和"促消纳"需要用电负荷、常规电源装机和新能源装机同步增长。近年来极端天气多发频发，电化学储能等资源在极端天气下保供能力不能充分有效释放。高比例新能源接入的电网在新能源长时间低出力情况下，需要常规电源及其他一次能源顶峰保障电力供应。省内常规电源发展相对滞后，"十四五"期间前三年，全省无大型内用煤电厂建成，仅新增热电联产、余热机组及小水电约31万千瓦。虽然甘肃省已明确新增常乐电厂扩建、张掖电厂扩建等共计872万千瓦内用煤电，但"十五五"期间预计省内负荷保持较快增长，支撑保障性常规电源缺口仍将存在。

（三）大电网在"保安全"环节面临的风险

1. **高比例新能源和电力电子设备增加系统安全风险**

在以交流同步电网为主的形态下，电力系统需要转动惯量保障稳定运行，系统的转动惯量越大，发生扰动后电力系统的恢复能力就越强。高比例新能源和高比例电力电子设备接入交流电网后无法提供有效惯量支撑，随着新能源占比持续提升，维持同步稳定的物理基础被不断削弱，"双高"电力系统低惯量、低阻尼、弱电压支撑等特征明显，运行风险不断加大。

2. **高比例新能源接入增加电力系统安全稳定运行风险**

随着新能源大规模开发利用，特高压直流安全稳定运行问题逐步凸显，交直流耦合日趋紧密，故障连锁反应风险加大。各级电网短路电流水平迅速提升，750千伏、330千伏重要枢纽变电站短路电流超标、新能源机端多场站短路比不足的矛盾日益严重，给大电网安全稳定运行带来新的考验。

---

[1] 参见中国电力企业联合会编《2024中国电力统计年鉴》。

3.电力系统安全稳定运行协同控制难度持续增大

近年来高温、寒潮等极端天气事件不断增多增强，在一次能源供应异常、极端天气等因素影响下可能出现大范围电力紧缺，传统"源随荷动"平衡方式面临挑战。新型能源体系下，负荷特性由刚性、纯消费型，向柔性、产消型转变。随着海量用户及电动汽车、数据中心等新型多元负荷大量接入，电力系统安全稳定运行协同控制难度剧增。在新型电力系统构建过程中，随着信息技术的广泛应用和网络空间边界不断延伸，供应链、隐蔽信道攻击等新型网络攻击技术层出不穷，网络攻击导致设备停运甚至电网崩溃的风险迅速增长。

三 甘肃大电网发展展望与举措

（一）发展展望

在能源清洁低碳转型背景下，甘肃电源结构正从以化石能源发电为主向以大规模可再生能源发电为主转变，新能源成为装机主体，传统电源向支撑性调节性电源加速转变。相对传统电力系统，电网形态正由"输配用"单向逐级输电网络向多元双向混合层次结构网络转变，全国统一电力市场加快构建，新型储能、虚拟电厂、智能微网等新业态快速涌现，高低压、源网荷相互耦合程度不断加深。甘肃具有承东启西、连南通北区位优势，应围绕甘肃电网西北电网"总枢纽"、西电东送"主通道"、支撑新型电力系统构建"重基地"发展定位，加快特高压直流外送通道规划建设，扩大陇电外送规模，统筹推进灵活性调节资源和应急备用电源建设；加快规划建设新型能源体系，全面加强各级电网网架结构，超前谋划新增变电站布点，推动电网发展从以供应为主向保供应和促转型并重转变，推动电网形态向多能互补、多元互济的能源互联网转变，加快推动甘肃大电网转型升级。

1.技术层面

在未来相当长时间内，电力系统仍将以交流电技术为主导，必须遵循交流电力系统的基本原理和技术规律，保障足够的系统惯量、支撑能力、调节能力，筑牢电网安全稳定基础。第一，转动惯量是电力系统安全稳定运行的基本要求。需保有适度规模的同步电源，通过技术创新调整常规电源功能定位；扩大交流电网规模，提高同步电网整体惯量水平，增强抵御故障能力；开发新型惯量支撑资源，发展构网型新能源、储能等运行控制技术，提高电力电子类电源对系统惯量的支撑能力，着力攻关突破新能源友好型直流接入技术。第二，支撑能力是电力系统应对扰动冲击的关键要素。开展火电、水电机组调相功能改造，鼓励退役火电调相机运行，提高资产利用效率；在新能源富集地区汇集站配置分布式调相机，在高比例受电、直流送受端、新能源基地等地区配置大型调相机，提升系统无功支撑能力，确保新能源多场站短路比满足运行要求；要求新能源作为主体电源承担主体安全责任，不断提升涉网安全和主动支撑能力。第三，扩大陇电外送是促进甘肃经济社会绿色转型、高质量发展的重要举措，但当前高比例新能源装机和交直流混联背景下，电力系统的抗干扰能力持续下降，系统安全稳定性问题不断凸显。要加强新型输电关键技术研究，强化重大科研攻关、前瞻性科技创新，构建资源优化配置平台，有力支撑新型电力系统建设。进一步提升新能源汇集地区的电网稳定性，提升电网对新能源的承载能力。适应新能源发展需求，推动电网调控技术向可观、可知、可控方向发展。

2. 机制层面

随着低碳能源转型的进程加快，甘肃电网进入了以"大规模集中建设、高强度创新攻关、高质量转型升级"为典型特征的超常规发展阶段。电网是电源送出的载体，依托电网可以实现各类电力资源的广域灵活高效配置，支撑电力资源开发利用，同时，规划外电源的无序发展也会严重影响电网运行的安全性。网源协调发展是电网安全稳定运行的重要前提，要进一步加强源网发展的协调性，坚持电源项目和配套送出工程同步规划、同步核准、同步建设、同步投运的原则和思路，确保电源电网协调发展。

3. 结构层面

新型电力系统的基础仍是交流同步运行机制，逐步推动由同步发电机为主导的机械电磁系统，向由电力电子设备和同步机共同主导的混合系统转变，在此过程中，大电网将发挥重要支撑作用。传统电网将从单向逐级输电向包括交直流混联大电网、微电网、局部直流电网和可调节负荷的能源互联网转变，电网结构层次从输配用单向逐级多层次结构过渡到"输配用+微网"的多元双向混合层次结构，源端汇集接入组网形态从单一的工频交流汇集接入过渡到工频、低频交流汇集组网、直流汇集组网接入等多种形态。电网形态从交流骨干网架、直流远距离输送为主过渡到交流电网与直流组网互联，动态特征将从机电暂态和电磁暂态过程弱耦合向强耦合转变，稳定特性将从以工频稳定性为主导向工频和非工频稳定性并存转变。运行特性由源随荷动的实时平衡模式、大电网一体化控制模式，向源网荷储协同互动的非完全实时平衡模式、大电网与微电网协同控制模式转变。运行模式将由大电网一体化控制模式向大电网与微电网协同控制模式转变。

（二）发展举措

充分发挥好大电网资源优化配置作用，加快建设品质电网，支撑能源绿色低碳转型，提升电力安全保供能力，全力保障甘肃省经济社会发展和民生用电需求。加快推进新能源配套接网项目建设，高效服务国家大基地和省内各批次新能源项目并网发电，服务新能源高质量发展。坚持系统观念，促进源网荷储各环节协调，坚持适度超前原则，宁让电等发展，不让发展等电，为新时代推动西部大开发提供坚强电力保障，打造新型电力系统建设甘肃示范。

1. 科学谋划特高压外送通道，促进陇电跨省消纳

加快推动陇电入鲁、陇电入浙工程建设，推动陇电入川工程尽早核准开工。后续结合甘肃省"三地一区"大型风电光伏发电基地规划布局，积极谋划新增陇电外送通道，"十五五"期间规划建设库木塔格沙漠基地外送新能源1500万千瓦项目、腾格里沙漠基地第二回特高压直流输电通道外送新能源1200万~1300万千瓦项目、巴丹吉林沙漠基地第二回等特高压直流输电通道外送新能源1200万~1300万千瓦项目，着力打造坚强送端大电网。

力争"十五五"时期末,特高压直流外送能力达到4800万千瓦,陇电外送水平得到显著提升。推动优化送端电源配置方案,有序减少配套煤电规模,加强抽水蓄能、新型储能等技术应用,逐步提升外送电量中新能源占比,着力打造甘肃绿电品牌。推进新能源、配套煤电、储能、外送通道同步规划、同步建设、同步投运,加强送受两端协调,落实中长期送受电协议,优化送电曲线以更加适应新能源发电特性,保障特高压直流通道合理利用小时数。

2. 加强省际电网联络,提升跨省互济保供能力

进一步加强省际断面联络,强化西北区域省际电网互济能力,提高西北电网整体安全稳定运行水平,满足西北大送端电网直流群稳定外送需求,重点建设庆阳北—夏州750千伏双回线路工程、敦煌—哈密750千伏第三回线路工程和白银—宁夏天都山750千伏第三回线路工程。积极谋划构建贯穿甘肃东西的南部、北部两条大动脉,大幅提升中西部断面输送能力,满足超大规模新能源广域互济需求,推动电网发展从以保供应为主向保供应和促转型并重转变,推动电网形态从大电网向多能互补、多元互济的能源互联网转变。实现东西部能源资源优势互补、直流合理分群分组,降低故障连锁反应风险,形成"支撑有力、传输高效"的复用型、交叉立体、交直流并联的大电网发展格局。持续提升甘肃电网安全承载能力、新能源消纳能力、资源配置能力。

3. 建强省内骨干网架,提高电网安全运行水平

补强省内750千伏电网网架,增加750千伏秦川、玉门、金塔、庆阳北等变电站布点,扩建甘州、麦积、敦煌750千伏变电站,满足各类电源、储能接入和新增负荷发展需要,提高大电网资源配置能力。围绕河西新能源发展和东南部抽水蓄能接入,加快构建结构清晰、安全可控、灵活高效、适应新能源占比逐步提升的坚强主网架,满足特高压直流接入、大规模潮流疏散需要,送端实现直流合理分组,降低连锁反应风险,开展柔性直流输电技术研究应用。适度超前谋划750千伏、330千伏变电站布点,预留发展空间和安全裕度,优化地区网架结构。330千伏电网围绕城市、工业区等负荷中心,形成分区合理的供电格局,提升电网安全运行水平。通过新增变电站布

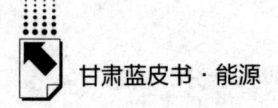

点，提高对新增负荷的供电能力，保障电气化铁路等重要大用户负荷高可靠性、高质量供电要求，满足省内大型风光电基地等新能源项目送出及汇集需求。

四 提升大电网安全水平相关建议

（一）提升大电网本质安全水平

统筹发展和安全，坚持把电网安全摆在首位，深入分析系统电力电量概率化特征、交直流耦合运行以及电力源网荷储一体化等新型用能模式发展对电力系统安全稳定运行的影响，针对新型电力系统多尺度耦合、多稳定交织问题，针对沙漠、戈壁、荒漠重点区域，分析研究电网特性机理，探索稳定形态演化路径，开展短路电流、有效短路比研究，多措并举控制短路电流和多场站短路比水平，聚力打造结构清晰、安全可控、灵活高效、适应新能源占比逐步提升的坚强主网架，满足特高压直流接入、大规模潮流疏散需要，送端实现直流合理分组，降低连锁反应风险。强化底线思维，补齐防灾短板，专题论证降低县域电网全停风险规划方案，有效管控极端气象对安全可靠供电的影响，加大配电网投入力度，加快网架结构升级，全面提升配电网防灾抗灾能力。

（二）提升系统灵活充裕水平

协调加快已核准煤电项目尽快开工、加快建设、按期投产。建议国家层面在新能源占比高的省份增加大型火电项目规划，调增甘肃1000万~1200万千瓦内用煤电建设指标，以提供稳定的基荷电源，提升电力保供充裕性和系统调节能力。统筹新能源发展规模、系统调峰需求、电力潮流走向和电价承受能力，优化调整项目布局和时序，推动已核准抽水蓄能电站加快建设。支持新型储能规模化发展，加强储能电站并网标准、性能标准、调度运行和统计分析管理，提升储能设施利用水平，提高储能参与电能量和辅助服务市场的收益和积极性。加快可调节负荷资源库建设，提升甘肃电力保供充裕性和系统调节能力。

（三）推动完善政策体系

尽快完善新能源功率预测、电力电量平衡等标准，明确新型电力系统下新能源调度运行的技术指标。推动国家出台促进一体化项目有效落地的相关办法规定，满足自我消纳和自主调峰需求。突出一体化项目的市场主体地位，完善电力交易机制，引导参与市场交易、公平承担社会责任。加快建立健全新型主体注册、准入、交易、信用评价等方面的规范细则，推进储能、分布式光伏、虚拟电厂等新型主体更好参与市场化交易。

（四）持续健全市场机制

推进中长期、现货、辅助服务等多时间尺度市场逐级细化平衡、联动融合发展，发挥好中长期交易"压舱石"和现货市场"指南针"作用。在新能源开发规模以及与之相适应的调节能力开发目标的基础上，通过市场化方式（如灵活性容量市场）和价格信号，鼓励框架下的最优资源分配。发挥新能源发电显性成本下降优势，有效补偿配套电网、调节电源等系统隐性成本。积极参与绿色要素市场建设，落实各行业、各主体可再生能源消纳责任权重；参与国家绿色核算体系研究和试点，推动碳交易、电力交易、用能权交易有效衔接，推动电力、绿电和碳交易市场融合发展。

B.9 新能源与调节电源协同发展路径分析

邵冲 杨昌海 蒋明华*

摘 要： 甘肃是风光资源大省，全省风能、光伏技术开发量分别位居全国第四、第五。随着新能源装机的快速增长，新能源出力不确定性对电网的影响和安全稳定问题日益突出，为应对新能源的波动性必须充分发挥可调火电、储能、抽水蓄能等调节电源的调节能力，最大限度保障新能源消纳。本文聚焦能源转型背景下的甘肃电网，从电力保供、电网调峰、新能源消纳等多方面梳理调节电源需求，结合甘肃省煤电、抽水蓄能、光热等资源禀赋，分析煤电改造、光热、抽水蓄能、新型储能等多种类型调节电源与新能源发展路径，展望多类型调节电源的发展趋势，推动新能源与调节电源协调可持续发展。

关键词： 煤电 光热 新型储能 抽水蓄能

一 甘肃省调节电源建设概况

新能源，又称非常规电源，指传统能源之外的各种能源形式，主要包括太阳能、地热能、风能、海洋能、生物质能和核聚变能等。甘肃省已投产在运新能源主要为风电、光伏、光热、生物质能。

调节性电源是指能够在电力系统中根据负荷侧电力需求进行电力输出调

---

* 邵冲，国网甘肃省电力公司新型电力系统研究院高级工程师，主要研究方向为电力系统优化调度；杨昌海，国网甘肃省电力公司新型电力系统研究院高级工程师，主要研究方向为电网规划技术研究；蒋明华，国网甘肃省电力公司新型电力系统研究院中级工程师，主要研究方向为电网规划技术研究。

节的电源类型，主要包括抽水蓄能、煤电、燃气发电、新型储能等。它的主要作用是确保电力系统的稳定运行，满足电力负荷的波动需求，以及优化电力资源的配置。调节性电源在确保电力系统的稳定运行与电力的安全可靠供应方面发挥着至关重要的作用，随着电力需求的不断增长和新能源的广泛应用，调节性电源的重要性也将越来越突出。

甘肃省在运的调节电源有煤电、电化学储能、光热[①]，其中煤电装机规模最大，截至2024年10月底达到2511万千瓦，占总装机的26.67%，光热装机31万千瓦，电化学储能装机容量为391万千瓦/976万千瓦时[②]。

（一）煤电

煤电是电力系统中的重要支撑调节电源，由于其具有稳定的大规模发电能力，能够为电力系统提供基础的电力支撑，是保障电力系统安全稳定运行的"压舱石"。虽然煤电出力的调节能力没有新型储能那样的快速响应能力，但通过煤电机组的灵活性改造，以及政策手段，可以有效增强煤电的调节能力和煤电企业的调节意愿。当电力需求波动时，煤电机组能够迅速响应调度指令，调节其出力，以满足电力的正常供应。当遭遇极端天气或突发事件导致新能源发电受限时，煤电机组也能够作为紧急备用电源，确保电力系统的安全可靠运行。甘肃省核准及在建煤电装机872万千瓦，其中酒泉、张掖两市共400万千瓦，占比45.9%；兰州、平凉两市共472万千瓦，占比54.1%（见表1）。

表1　甘肃省核准及在建煤电项目

单位：万千瓦

序号	项目	规模	所属地区
1	常乐电厂扩建	200	酒泉
2	张掖电厂扩建	200	张掖
3	能化新区热电	70	兰州

---

① 光热既是新能源又是一种调节电源，本文将光热作为调节电源进行研究。
② 数据来源：国网甘肃省电力公司公开披露信息。

续表

序号	项目	规模	所属地区
4	实正鑫新区热电	70	兰州
5	正宁电厂一期（甘能化）	132	平凉
6	甘能化兰州热电	200	兰州
合计		872	

（二）新型储能

新型储能作为调节性电源，其调节原理与抽水蓄能机组类似：在电网负荷低谷时储存电能，在电网负荷高峰时释放电能，以缓解电网的供电压力并优化电力资源配置。由于其具有毫秒级的出力响应能力，电化学储能在电力系统中尤其是在促进可再生能源消纳方面发挥着越来越重要的作用。目前，甘肃省新能源机组的投产，均需要配置一定比例的储能装置，大部分都是电化学储能。除锂离子电池储能外，正在建设的新型储能还有张掖17兆瓦/68兆瓦时重力储能、定西50兆瓦/2小时压缩空气+锂电池储能、酒泉10兆瓦/50兆瓦时全钒液流电池储能、金昌600兆瓦/3600兆瓦时高温熔盐储能等多种类型的新型储能。

（三）光热

光热发电调节能力的关键是其热能储存系统，能够在不同时间段和季节调节电力输出。当电力供应充足的时候，光热电站可以将电能转化为热能并储存起来。而当电力供应不足时，这些热能则可以用来驱动蒸汽轮机发电，从而减小保障电力供应的压力。目前甘肃省在建的光热电站均为国家第一批大基地"光热+"项目，共4个单体项目，装机规模41万千瓦，预计2025年底前陆续投运[①]（见表2）。

[①] 《第一批以沙漠、戈壁、荒漠地位为重点的大型风电光伏基地建设项目清单》（发改办能源〔2021〕926号）。

表2 甘肃省在建光热电站

单位：万千瓦

序号	项目	光热规模	所属地区
1	汇东新能源公司阿克塞"11万千瓦光热+64万千瓦光伏"试点项目	11	酒泉
2	国家能源集团敦煌"10万千瓦光热+60万千瓦光伏"试点项目	10	酒泉
3	中核集团玉门"10万千瓦光热+20万千瓦风电+40万千瓦光伏"试点项目	10	酒泉
4	恒基伟业（三峡集团）瓜州"10万千瓦光热+20万千瓦光伏+40万千瓦风电"试点项目	10	酒泉
合计		41	

（四）抽水蓄能

抽水蓄能机组作为调节性电源，在电力供应中起到了至关重要的作用。抽水蓄能机组在电力需求低谷时，利用电力系统富余的电力将水从下水库抽到上水库储存起来，将富余的电能转化为水的势能；在电力需求高峰时，机组则通过放水发电的方式，将储存的水的势能重新转化为电能，释放到电网中，实现电力供应的削峰填谷，平衡了电力的供需关系，实现了电力系统的安全稳定运行。与煤电机组相比，抽水蓄能机组具有启停速度快、工况转换迅速的特点，可与煤电机组一同作为系统的应急备用电源，同时也具有投资大，建设周期较长的缺点。目前甘肃省已核准开工抽水蓄能电站项目8项，总装机规模1128万千瓦[①]（见表3）。已开工抽蓄电站预计于"十五五"末期陆续投产，河西酒泉、张掖、金昌、武威四市抽蓄电站占总规模的58.5%，中部定西、白银、天水占41.5%。

---

① 数据来源：甘肃省发展和改革委员会。

表3　甘肃省已开工抽水蓄能电站

单位：万千瓦

序号	项目	规模	开工时间	所属地区
1	昌马电站	120	2023年3月	酒泉
2	盘道山电站	140	2022年1月	张掖
3	皇城电站	140	2022年1月	张掖
4	永昌电站	120	2023年7月	金昌
5	黄羊电站	140	2023年3月	武威
6	漳县电站	140	2023年12月	定西
7	平川电站	118	2023年12月	白银
8	黄龙电站	210	2023年2月	天水
合计		1128		

二　新能源与调节电源协同发展路径分析

新能源由于出力波动性、随机性大，无法提供稳定的电力输出，需要调节电源来确保电力系统的稳定运行。在提升新能源消纳水平方面，风电、光伏出力具有不确定性，需要调节性电源来平滑新能源发电，支撑电网调峰调频，促进新能源消纳。在保障电力安全稳定供应方面，以2024年迎峰度冬情况为例，甘肃新能源预计装机6087万千瓦，晚高峰仅考虑150万千瓦风电出力，在新能源极小情况下，电力供应紧平衡，部分时段出现缺口，需要可调节电源来稳定系统电源侧输出。

（一）新能源与煤电协同发展路径

1. 煤电灵活性改造

2025年底甘肃省新能源装机将达到8122万千瓦，届时新能源装机占比将达到64%[①]。而由于新能源出力具有波动性、随机性大的特点，在新能源

---

① 数据来源：国网甘肃省电力公司。

高速增长的同时也一定会增大保障电力安全稳定供应的压力。因此，在用电高峰时，系统电力电量平衡将高度依赖具有调节能力的常规电源，在用电低谷时，为了保证新能源的消纳比例，也需要降低常规机组的出力。因此，为了更好地实现煤电与新能源的协同发展，非常有必要对煤电机组进行灵活性改造，使其能够更好地适应新能源发电的波动性，提升系统调峰能力。

2. 煤电与新能源联营

2022年5月，国家发展改革委、国家能源局印发《关于促进新时代新能源高质量发展实施方案》，提出"按照推动煤炭和新能源优化组合的要求，鼓励煤电企业与新能源企业开展实质性联营"。2022年6月，中共中央政治局常委、国务院副总理韩正到山西太原调研时强调，"要促进煤电和可再生能源协同发展，充分调动地方和企业积极性，推动煤电联营和煤电与可再生能源联营"。通过煤电与新能源联营，促进新型电力系统建设。目前实现新能源与煤电联营主要有以下两种路径，分别为合约性联营与一体化联营。合约性联营是指通过协议的方式，提供联营双方所需要的价值，分享价值收益。对新能源而言，煤电的价值是低成本的调节能力，而对于煤电来说，新能源的价值在于拓宽其盈利渠道与长效低成本环境价值的兑现。一体化联营是指煤电与新能源企业共同投资、建设和运营"多能互补"一体化基地项目，形成统一的整体。通过智能化手段实现煤电新能源整体运行优化，提高能源利用效率。

3. 促进新能源消纳的甘肃省煤电掺氨路径分析

中国在煤电掺氨燃烧方面起步较晚，但是研发进展迅速。2022年1月24日，由国家能源集团开发的"燃煤锅炉混氨燃烧技术"应用项目在山东烟台成功投运，该技术是我国首次实现40兆瓦燃煤锅炉氨混燃比例为35%的中试验证，实现氨燃尽率99.99%，氮氧化物排放浓度不增加。安徽省能源集团和合肥综合性国家科学中心能源研究院联合开展了火电厂掺氨技术的研发，2022年4月至2023年6月在铜陵电厂32万千瓦亚临界发电机组上开展多次工程验证，在国内首次验证了大型火电机组掺氨燃烧技术的可行性，不同工况下氨燃尽率均达99.99%。基于甘肃丰富的新能源资源，可利用风电、太阳能发电等可再生能源富余电力,通过电解水制绿氢并合成绿氨,实施燃煤机组掺烧绿氨发电,替代部分燃煤。

甘肃省火电装机约2508万千瓦,2023年甘肃省火电利用小时数为4267小时。按风电年利用小时数2600小时、光伏年利用小时数1800小时计算(考虑风光配比接近1:2),并考虑未来风光及制氢氨装置投资下降,假设风电投资强度为2520元/千瓦、光伏投资强度为2000元/千瓦、"制氢+合成氨"装置投资强度为2500元/千瓦(考虑资本金内部收益率6.5%),来测算不同掺氨比例下的用电成本。在实现掺氨比例30%的情况下,年需氨量约为250万吨,制氨用电量约225亿千瓦时。对应制氨所需风电装机约400万千瓦、光伏装机约700万千瓦、"制氢+合成氨"装置约560万千瓦,总投资约为380亿元。经测算火电掺烧氨带来的全社会用电成本上升约0.013元/千瓦时。在实现掺氨比例约50%的情况下,年需氨量约为400万吨,制氨用电量约360亿千瓦时,对应制氨所需风电装机约600万千瓦、光伏装机约1150万千瓦、"制氢+合成氨"装置约900万千瓦,总投资约为610亿元。经测算火电掺烧氨带来的全社会用电成本上升约0.021元/千瓦时。在实现掺氨比例约70%的情况下,年需氨量约570万吨,制氨用电量约520亿千瓦时,对应制氨所需风电装机约850万千瓦、光伏装机约1700万千瓦、"制氢+合成氨"装置约1300万千瓦,预计总投资约为880亿元。经测算火电掺烧氨带来的全社会用电成本上升约0.031元/千瓦时[①]。

(二)新能源与新型储能协同发展路径

1. 新能源配储能整体参与电力市场

根据甘肃省能源局、甘肃省工业和信息化厅、国家能源局监管办公室、国网甘肃省电力公司联合下发的《关于明确新型储能有关事项的通知》,甘肃省依托现货市场建设和连续运行,已建成"电能量+调频+调峰容量/容量租赁"的较为完善的储能市场化体系,通过现货价格低充高放、辅助服务

---

① 数据来源:中国能源建设集团甘肃省电力设计院有限公司。

市场调节收益和容量补偿保障了储能合理收益，推动储能健康发展。电网侧、电源侧储能依据市场价格，主动参与系统调节，平抑新能源波动，有效提升了系统灵活调节能力，实现了新能源与新型储能的协同发展。目前，新能源配储电站均已参与电力市场。在电力现货市场中，新能源配储电站通过在自身电量富裕、所在节点现货价格较低时充电，在电网备用紧张、现货价格较高时放电，获取电能量价差收益。在辅助服务市场中，新能源配储电站与新能源一体参与调频市场，发挥储能灵活调节作用，获得调频收益。

2. 多措并举提升新能源配置储能利用率

甘肃省储能利用小时数居全国前列。一是通过配置储能主站遥控功能，实现自主调用和调度集中控制两种调用模式的灵活按需切换。目前，新能源配储电站已建立较为成熟的调用模式，正常情况下新能源配储电站依据现货市场运行情况及站内需求自行调用储能，利用储能提升新能源利用率、平抑新能源波动；在电网存在需求时，通过储能协调控制系统接受调度集中控制，配合全网电力保供及新能源消纳。二是持续开展储能可用容量验证，新能源配储可用率显著提高。受运维水平制约，新能源配储可用率较低，运行最大充放电出力普遍不足额定容量的80%。电力调度机构持续开展储能可用容量验证，促使新能源配储电站运维水平显著提高，新能源配储电站运行最大充放电出力均可达到额定容量的90%以上，储能可用水平明显提高。

3. 新能源与新型储能联合运行缓解保供压力

新型储能通过在午间新能源大发阶段充电、早晚高峰供需紧张时段放电，可以在促进新能源消纳的同时有效缓解晚高峰尖峰负荷引起的保供压力；还能通过参与调频有效发挥新型储能调节性能优势，缓解高比例新能源波动性带来的频率控制难题；此外新型储能在断面控制等安全方面也发挥了积极的支撑作用，有力保障了电网安全稳定运行。而实现新型储能与新能源发电的协同发展，有助于提升电力系统的稳定性、经济性和效率，推动新能源与新型储能的健康可持续发展。

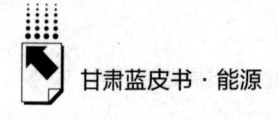

4. 新能源与独立储能协同提高消纳水平

一是积极推动电网侧独立储能投运，提升电网灵活调节能力，更好地为新能源消纳服务。积极推动在河西新能源大规模布局区域、电网关键节点，投运一批满足新能源大规模送出、服务调峰调频需要的独立储能，提高电网灵活调节能力。二是逐步扩大电网侧独立共享储能比例，提升储能利用水平。统筹考虑区域内新能源项目和电网安全运行要求，逐步引导各类新能源企业以合建、购买、租赁电网侧独立共享储能等方式配置储能，引进投资主体加强电网侧独立共享储能投资，更有力推动电网侧独立共享储能发展。三是推动新能源场站与共享储能运行解耦，提高运行灵活性。推动新能源场站与共享储能间仅建立容量共享关系，用于满足项目对于储能配置容量的相关要求。新能源场站与共享储能分别独立参与调度运行及电力市场，提高运行的灵活性，释放共享储能调节能力。

5. 优化新能源与储能协同运行策略提高效率

通过精细化建模和先进的算法，综合考虑新能源发电的出力特性、储能系统的充放电特性以及电力市场的运行规则等因素，制定最优的储能充放电计划和新能源发电计划，优化协同运行策略，提升新能源发电与新型储能的联合运行效率，提升系统的整体经济性和效率。加强低成本、大容量、高安全、长时间、长寿命新型储能技术的应用推广，推动解决大规模和超大规模储能的发展问题，以应对风光项目的不稳定性冲击，实现新型储能与新能源的协同发展。

（三）新能源与抽水蓄能协同发展路径

1. 抽水蓄能改善新能源发电并网性能

抽水蓄能与新能源联合运行模式如下：当风电、光伏发电出力足够时，抽蓄电站通过抽水存储多余新能源电量；一旦风光出力不足，抽蓄电站可通过放水释放电量。抽蓄电站是整个风光储系统的"大脑"，可改善风电、光伏出力的波动性和间歇性，使之安全稳定并入电网运行[3]。

根据抽蓄电站对风电、光伏发电系统控制作用的不同，可分为以下四种配合运行方式。

（1）平滑出力。风电、光伏的波动性和间歇性会导致其出力波动较大，给系统带来消极的影响。抽蓄电站可利用快速耗电、发电特性，平滑联合系统的总有功出力曲线，从而使风电、光电并入电网时满足安全、可靠、稳定的运行要求。

（2）跟踪出力。监控系统依照提前预测的出力曲线，严格调节和控制水轮机的抽水、发电过程，使系统的总有功出力曲线与预测出力曲线相似。预测出力曲线不仅可以通过系统所处区域的气候以及自然环境等得到，还可以通过负荷预测情况获得。

（3）负荷曲线削峰填谷。依照负荷峰谷特性的变化情况，水轮机也随之变换抽水、发电方式。中午光伏大发时，水轮机处于抽水状态，从电网中吸收并储存多余的太阳能；傍晚系统负荷较高，光伏发电减少，抽蓄电站处于发电状态，向电网释放一定的能量，缓解负荷压力，使整个电源系统出力更加平稳。

（4）系统调频。风力和光伏发电的有功功率随风速和太阳光照影响较大，其出力难以有效预测和控制，所以一般选用火电或水电机组来进行系统的调频。但随着风光等新能源规模的不断扩大，用于电力系统调频的机组容量也不断降低，导致需要开发和研究新的调频方式。通常水轮机具有快速调节作用，可以快速地调节系统频率。

2. 抽水蓄能支撑电网调峰提升新能源消纳水平

抽水蓄能电站是世界公认的理想调峰电源之一，其主要特点是启停迅速，升荷、卸荷速度快，运行灵活可靠，既能削峰又可填谷，能够很好地适应电力系统负荷变化，改善火电机组运行条件，提高电网经济效益，亦可作为调频、调相、紧急事故备用电源，提高供电可靠性。抽水蓄能电站在电力系统中的运行具有几大显著特性：一是它既是发电厂，又是电力用户，其调峰填谷作用是其他任何类型发电厂所不具备的；二是启停迅速，运行灵活、可靠，对负荷的急剧变化能做出快速反应，并具有自启动能力，除调峰填谷外，还适合承担调频、调相、事故备用和黑启动等任务，可有效提高电力系

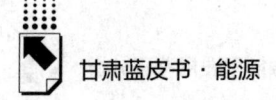

统安全稳定运行水平，保证供电质量；三是它能高效利用水能，利用低谷多余电力（系统多余或新能源出力较大）做水泵工况运行抽水蓄能，用电高峰时放水发电承担高峰负荷，或新能源出力较小时放水发电提高输电稳定性。

甘肃河西地区新能源资源丰富，已建和规划了较大规模的风电和光电等新能源电站，为配合河西地区新能源外送消纳，甘肃省抽水蓄能电站应重点布局在河西地区。截至2024年9月，河西地区已开工抽蓄6项，总装机660万千瓦。兰州及周边地区与河西、陇东联系紧密，电力电量交换频繁，负荷需求占甘肃电网总负荷的40%以上，随着甘肃网内新能源占比的不断提升，需要消纳较大比例的风电及光电等随机性大而不稳定的电力，还要承担与陕西、青海、宁夏等外省区电网的电力交换，应在兰州及周边地区布局建设抽水蓄能电站。目前甘肃中东部已开工抽蓄电站项目3项，总装机468万千瓦。随着抽蓄电站项目在2029~2030年的密集投产，河西地区新能源弃电情况将有所缓解，中东部地区负荷供电能力将显著增加。

（四）风电、光伏与光热协同发展路径

1. 光热平滑风电、光伏波动性

光热与风电、光伏发电具有互补优势，由于分别受光照和风速的影响，光伏、风电出力随机性强、波动性大。而光热机组出力平稳，可以作为调节性电源，相比于传统煤电机组，具有容量小、最小出力小、爬坡速度快的显著优势，还带有储热装置，可以有效抑制新能源出力的波动，实现新能源发电系统连续平稳发电。光热电站根据集热大中小、储热充放、动力是否发电排列组合可分为7种运行方式，如作为调峰电源，白天新能源大发时段"集热部分太阳能大发，储热部分吸热，动力部分不发电"，晚上负荷高峰时段"集热部分太阳能小发，储热部分放热，动力部分发电"。

2. 风电、光伏、光热多能互补发展路径

光热发电是一种独特的可再生能源技术，具备稳定出力和长时储能能力，对于甘肃这样一个风电、光伏等新能源装机比例较高的地区尤为重要，

可以提高整个电力系统的可靠性和灵活性。为了更好地促进光热与光伏、风电等新能源的深度融合，推动光热与新能源协同发展，需要大力开发先进的多能互补系统，利用先进的信息技术和人工智能技术，通过部署智能传感器、大数据分析平台，附加人工智能算法，实现对多能互补系统的全面在线监测。并依托大数据分析平台、人工智能算法，实现光热、光伏与风电系统的智能调度与控制，实现多种能源统一调度、协同运行，并以系统的可靠性与经济性为依据，优化各能源配置，发挥各能源的独特优势，实现优势互补，提高多能源系统的整体效率和稳定性。

（五）新能源与天然气协同发展路径

1. 天然气与新能源联合运行

天然气发电具有占地面积小、启停时间短、爬坡速率快、调节性能出色的特点，是未来为风电、光伏发电等新能源电力提供调峰服务的主要来源之一。在新能源发电占比不断提升的能源系统中，天然气发电能够灵活调整输出功率，以平衡新能源发电的不稳定性和不连续性，确保电力供应的稳定性和可靠性。对于天然气与新能源联合运行系统，当电力负荷需求大或者新能源出力因为天气等因素出力减小时，天然气可以增加输出功率，保障系统的安全可靠供应。天然气发电和新能源发电的协同运行，可以充分利用各种能源资源的优势，提高能源利用效率，减少能源的浪费与污染，有助于降低新能源发电的成本和风险，提高其经济性和市场竞争力。

2. 天然气发电与新能源协同发展面临挑战

国家发展改革委修订印发的《天然气利用管理办法》提出要以"规范天然气利用，优化消费结构，提高利用效率，促进节约使用，保障能源安全"为目标，优化调整天然气利用方向，更加强调天然气的融合发展。而天然气发电主要依赖地方实际情况，需要地方统筹电价疏导能力、气源的保障量以及电力系统需求等情况。天然气属于国家统调资源，甘肃天然气储量远低于西北五省平均储量，地方新增用气量，需要国家统筹。天然气发电成本是煤电的1.5~2倍，较高的发电成本需要较高的电价来满足投资收益，

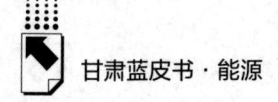

而甘肃省2023年工商业平均用电价不到0.5元/千瓦时,这意味着终端销售电价无法完全覆盖天然气发电成本。甘肃省未来发展天然气积极性不高,因此实现天然气发电与新能源协同发展难度较大。

三 相关建议

(一)保障煤电辅助服务的主体地位

煤电在提供调峰、调频、调压等辅助服务方面具有无可比拟的技术和经济优势,未来一段时期内仍要依赖煤电作为辅助服务提供主体,未来发展方向在于低碳化改造、煤电掺氨等清洁发电技术及二氧化碳捕集、利用与封存技术等温室气体减排技术。一是深入开展煤电机组灵活性改造,到2027年存量煤电机组实现应改尽改。在新能源占比较高、调峰能力不足的地区,在确保安全的前提下探索煤电机组深度调峰,最小发电出力达到30%额定负荷以下。二是加强新能源与煤电联营的产出,需要充分分析区域特点,确定煤电机组的实际调节能力,考虑新能源的实际出力特性,建立相应测算模型,以先进调控系统为支撑,实现联营项目的合理规划、精准配置与协同调控。

(二)推动储能多元化发展和合理布局

新能源发电受天气影响较大,需要长时储能与短时储能的组合应用来满足电力电量平衡,未来可适量发展长时储能,加强新型储能控制技术研究。一是引导在新能源集中连片开发地区、直流近区、调峰调频困难和电压支撑能力不足及输配电设备重过载等区域和电网关键节点优先布局电化学储能。重点扩大河西走廊新能源富集地区新型储能规模,中东部地区根据新能源建设情况有序推进新型储能项目。二是引导在发挥电源供电能力后保供仍有很大缺口,主变不满足供电要求的区域优先布局电化学储能。在甘肃中东部负荷中心地区、时段性用电紧张地区、阶段性供电可靠性需求较高地区,以及新能源配套储能分布零散、规模较小地区，鼓励企业采取共享储能模式配置储能电站，缓解电网高峰供电压力。三是引导在发挥电源及负荷调节能力后电源出力仍有大量盈余，主变不满足上网需求的区域优先布局电化学储能。

（三）分阶段推进不同光热发电发展模式

在沙漠、戈壁、荒漠大基地中引导光热发电与风光互补发展，在光热发电技术逐步成熟、度电成本大幅下降后，推进百万千瓦级光热发电基地建设，在部分时段替代低效煤电，具体措施如下。一是明确光热的发展定位，光热是可以承担基荷的新能源，是具有长时储热功能的储能，也是具有传统火电特性的电网友好型电源。二是完善光热调度运行机制和参与市场机制，深化电网运行控制策略优化研究，进一步完善"光热+光伏+风电"一体化项目并网要求。在电能量市场中鼓励将"光热储能+光伏/风电"项目作为整体参与交易，在辅助服务市场中光热单独参与调频并独立结算。三是提高现有光热电站运行水平，督促光热电站提高核心材料性能和关键设备可靠性，解决吸热器、储热、换热、汽轮机热应力及设备疲劳问题，满足频繁启停及大幅度变负荷运行要求。优化短时云/太阳辐照度精确预报和来云应对策略，尽可能降低对吸热器寿命和电站安全运行的影响。

（四）坚持需求导向，有序推进抽水蓄能发展

加强新能源基地抽水蓄能电站布局建设，围绕沙漠、戈壁、荒漠大型风电光伏基地，结合外送需求以及资源等条件，加强"新能源+抽水蓄能与煤电"的替代关键技术研究。对于省内自用抽蓄项目，因地制宜开展中小型抽水蓄能电站布局研究，以适应不同地区的能源需求。具体措施，一是推进已开工8座抽水蓄能电站建设，尽快投入运行，考虑甘肃省建设国家新能源综合开发利用示范区的迫切需要，建议将甘肃省13个规划站点纳入国家抽水蓄能电站规划，优先将已核准项目全部纳入规划顺利实施。二是在投资规模、建设周期、对环境的要求等方面开展中小型抽蓄电站的适应性研究，考虑电力保供、调节需求和网架条件，提出中小型抽蓄电站发展重点布局。

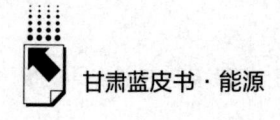

（五）调节电源协同发展体现综合效益

甘肃省已进入新能源快速发展、调节电源需求旺盛、新型电力系统加快建设的新阶段。电力系统调节电源发展方向为灵活调节煤电、抽水蓄能、新型储能等各种长时调节资源和短时调节资源齐头并进、协调发展。一是考虑各种调节电源爬坡速率和调节能力不同，适用不同场景，只有煤电、光热、抽蓄、新型储能协调配合才能最大化发挥调节效益，现阶段甘肃省调峰电源仍以煤电为主，应加快新型储能发展，适当发展光热，合理布局抽水蓄能电站。二是加强技术创新，持续完善市场激励引导机制，分类别制定不同调峰电源参与市场机制，加快推进系统调节能力建设，推动新能源实现"保量稳率"高质量发展。

B.10 甘肃省储能运行情况与形势分析

韩自奋 张珍珍*

摘　要： 甘肃省新能源的快速大规模发展及新能源装机占比的不断提高，对甘肃电网安全运行、电力电量平衡、电力保供及新能源消纳提出了重大挑战，而储能技术由于具备双向功率特性和灵活调节能力，可以有效应对新能源发电的间歇性和不稳定性问题，成为支撑新型电力系统建设和保障能源供给安全的重要调节资源。甘肃储能目前已进入规模化应用阶段，呈现出多元化发展特点，在储能领域的研究与实践、应用与推广等方面积累了丰富的经验，但仍然存在市场机制不够完善、安全性有待提升、调控运行规定仍需细化和多类型储能技术之间协调发展不足等诸多问题。本文全面梳理甘肃储能技术的发展现状和典型项目案例，深入分析甘肃储能的利用情况和运行特性，探讨其面临的发展形势与机遇，并从加强顶层设计、完善政策机制、加大科技创新等方面提出促进甘肃储能高质量发展的对策建议，有助于进一步推动甘肃新能源和储能整个产业的持续健康发展。

关键词： 新能源　储能　甘肃省

一　甘肃储能运行情况

（一）甘肃储能运行情况

截至2024年6月底，甘肃已并网新型储能电站141座，装机总规模366

---

* 韩自奋，国网甘肃省电力公司调度中心正高级工程师，主要研究方向为新能源与储能技术；张珍珍，国网甘肃省电力公司电力科学研究院高级工程师，主要研究方向为新型储能技术。

万千瓦/876万千瓦时,总体呈现"接入数量多,配置容量小,协调控制难"的特点。从类别来看,电源侧储能电站132座,装机容量302万千瓦/697万千瓦时,占比82.5%;电网侧储能电站9座,装机容量64万千瓦/179万千瓦时,占比17.5%。从配置容量来看,电网侧储能最大容量15万千瓦/30万千瓦时,电源侧配储额定功率小于2万千瓦的储能电站71座,约占全省储能电站总数的一半,但合计容量仅占全网的19%,最小容量仅为0.25万千瓦/0.5万千瓦时。全网平均储能电站装机规模为2.60万千瓦/6.21万千瓦时,电站规模普遍偏小。从分布区域来看,114座储能电站位于河西地区,容量328万千瓦/790万千瓦时,河西地区储能装机占全省储能总装机的90%;27座储能电站位于河东地区,容量38万千瓦/86万千瓦时,河东地区储能装机占全省储能总装机的10%。从地理分布来看,新能源装机大的地区储能装机也相应更多。从技术类型来看,电化学储能电站140座,除此以外仅有1座疆能榜罗组合储能电站为"电化学储能+压缩空气"混合储能项目①。

1. 累计充放电量

2023年甘肃新型储能累计充电5.76亿千瓦时,储能最大充电电力176万千瓦(12:00~14:00);累计放电4.97亿千瓦时,最大放电电力207万千瓦(18:00~20:00)。迎峰度冬期间累计有34天晚高峰放电电力超过100万千瓦,有效地缓解了晚高峰尖峰负荷引起的电力保供压力。2023年上半年、下半年储能平均充放电曲线存在一定差异(见图1、图2),受新能源规模快速增长、新能源消纳压力增大等因素影响,下半年储能平均充电时间呈现提前的特征;在甘肃省调度控制中心储能集中控制作用下,下半年晚高峰储能放电曲线呈现放电时段集中、放电电力增大的特征。

2. 平均利用小时数

2023年,甘肃新型储能平均利用小时数1022小时,电网侧储能利用小时数1580小时,全国排名第二。2024年1~8月甘肃新型储能平均利用小时

---

① 数据来源:国网甘肃省电力公司。

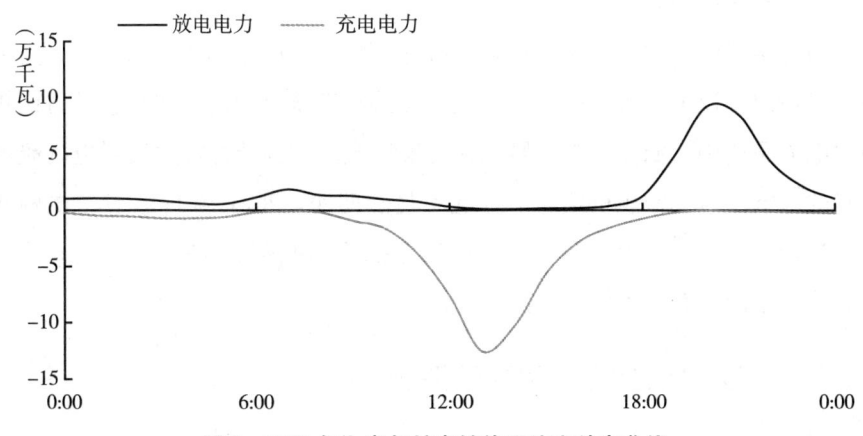

图1　2023年上半年甘肃储能平均充放电曲线

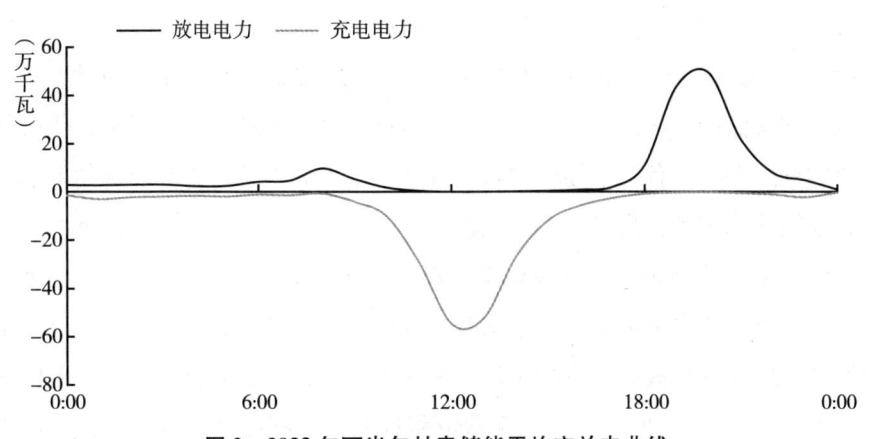

图2　2023年下半年甘肃储能平均充放电曲线

数776小时，排名全国第五，较全国平均的616小时高26%，其中电网侧1410小时，电源侧储能640小时，分别较上年平均水平进一步提高34%和10%[①]。电网侧储能实现日均至少一充一放，部分日期实现两充两放。河西光伏配储基本实现日均一充一放。

---

① 数据来源：国网甘肃省电力公司。

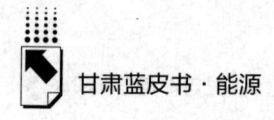

3. 参与辅助服务市场

通过精确的充放电控制，储能系统能够快速响应电网频率的波动，为电网提供稳定的调节功率，确保电网频率保持在安全范围内。在新能源占比较高的电力系统中，储能参与电网调频能够有效缓解新能源波动性对电网频率带来的影响，缓解常规机组调节性能不足的问题。2024年1~8月，电网侧储能累计调频里程达557万千瓦，占全网总调频里程的44%，储能与新能源协同一体控制，有效平抑新能源的波动。

（二）甘肃典型储能项目及管理经验

1. 甘肃典型储能项目

随着新能源产业的快速发展和电力系统对灵活性需求的增加，甘肃储能发展经历了从起步探索阶段到快速发展阶段的历程，目前已进入规模化应用阶段。甘肃储能项目的技术路线也呈现多元化发展的特点，主要包括电化学储能、熔盐储能、压缩空气储能、抽水蓄能等多种类型，形成了多元化协同发展的良好态势。各类型储能项目相继开工建设和投运，为新能源的消纳和电力系统的稳定运行提供了有力支撑。

（1）瓜州中能布隆吉60MW/240MWh储能电站

该储能电站在电网枢纽集中安装，作为电网侧独立储能电站，可以给电网提供大规模调频调峰、事故条件下无功电压支撑平抑等服务，提高电网送电能力（包括直流外送能力），争取电网补贴，并利用储发电高差价，实现盈利。该储能电站位于甘肃省酒泉市瓜州县布隆吉乡柳沟工业园区内，总投资4亿元，占地面积36550平方米，由瓜州中能峰频电力有限公司建设运营。电站建成60MW/240MWh储能场区和一座110千伏升压站，储能场区电池和PCS全部采用户外集装箱式布置，采用磷酸铁锂电池，共有电池模组6.3万块、电芯103万颗，是截至项目建设时国内乃至世界单体规模最大的电网侧电化学储能电站。同时也是电池储能技术路线国家试验示范项目，该站从规划、建设、运营方面自主探索建立了多项实用性标准和规范，也为甘肃电网提供了更加灵活高效的调峰、调频资源。

(2) 敦煌100兆瓦熔盐塔式光热电站

敦煌100兆瓦熔盐塔式光热电站是首批国家太阳能光热发电示范项目之一（见图3），位于甘肃省敦煌市七里镇西光电产业园。该项目由我国企业自主设计、投资和建设，2018年12月底并网发电，是国家首批光热发电示范电站之一，也是继中广核德令哈50MW槽式电站之后第二座并网的光热发电示范项目。项目占地面积780公顷，设计年发电量达3.9亿千瓦时，每年可减排二氧化碳35万吨[①]。

图3 敦煌100兆瓦熔盐塔式光热电站全景

(3) 甘肃白银压缩空气储能项目

该项目位于甘肃省白银市，旨在构建一条以储能系统集成为牵引的储能全产业链。项目计划于2026年底全部建成投产，预计将实现年产值50亿元，解决就业500余人，为白银市的清洁能源产业发展和经济社会发展注入新动能。项目采用中国能建压缩空气储能电站系统解决方案，是全球首台（套）300兆瓦人工硐室压缩空气储能项目，破解了压缩空气储能受地理条件制约的世界性难题。压缩空气储能的系统综合转换效率达70%以上，与主流的抽水蓄能一致，且功率造价、容量造价与抽水蓄能相当。

---

① 《甘肃：百兆瓦级熔盐塔式光热电站实现满负荷发电》，https://www.gov.cn/xinwen/2019-06/18/content_5401403.htm。

（4）甘肃定西电化学储能+空气压缩储能

定西市通渭县 50 兆瓦/200 兆瓦时电网侧共享储能电站创新示范项目采用压缩空气+锂电池组合式储能方式，压缩空气储能系统配套压缩空气储能装机 10 兆瓦/110 兆瓦时，储能 8 小时，释能 11 小时，充电额定功率 24.7 兆瓦。压缩空气储能具有长时储能优势，适合提供调峰辅助服务，可改善风电电源结构、平滑出力，对于区域性高比例可再生能源电网可提供转动惯量，提升电网安全性，搭配锂电池可同时满足风电场调频响应时间和升幅负荷率要求，适合提供调频辅助服务，可改善配电网末端区域调节能力和能源消纳能力。本项目有助于解决新能源利用率低的问题，提升新能源消纳能力，加速甘肃光伏、风电等新能源的开发步伐；有效提高电力系统安全稳定运行水平，进一步推动区域能源结构优化和生态环境改善；具有明显的投资拉动效益和产业拉动效益，促进地方产业结构调整和经济转型。

（5）甘肃张掖重力储能项目

张掖 17 兆瓦/68 兆瓦时重力储能项目是张掖市计划投资建设的 200 兆瓦时重力储能项目一期工程，本项目是当前全球设计高度最高的自建高程式重力储能设施，于 2023 年 7 月正式开工建设，目前完成主体建筑地下三层和地上二层建设。项目总投资约 6 亿元，主塔高度 177 米，设计 2 台 8.5 兆瓦发电机，配置 6990 块单块重 25.5 吨的储能块，利用人工智能算法控制储能块的移动，实现势能与电能的相互转化，可连续储存 4 小时电量，储能规模为 68 兆瓦时[①]。项目可接纳电网和风电、光伏等新能源项目发电量，并以 1 回 110 千伏线路接入 110 千伏龙首变电站。该项目建成后将服务于西北电网和各新能源项目，助力当地新能源产业强基补链。

（6）沙戈荒大基地光热储能+新能源项目

甘肃沙戈荒项目中，第一批新能源项目批复指标 855 万千瓦，其中河西酒泉 4 个项目 285 万千瓦为光热+风光新能源示范项目，共计配置光热项目

---

① 《张掖 17MW/68MWh 重力储能项目　当前全球设计高度最高的自建高程式重力储能设施》，https://news.bjx.com.cn/html/20231120/1344501.shtml。

41万千瓦。该示范项目采用光热储能、光伏、风电一体化开发运营模式，多能互补、统一调度，且由一个投资主体统一规划、设计、建设、运营，实现光热储能、光伏、风电多能互补，实现清洁能源的最大化利用，是对"两个一体化"开发建设的创新性实践。该示范项目建设综合能源管控系统和多能互补协调控制系统，实时采集、统一调度光热电站、光伏电站和风电场的信息。示范项目通过光热储能电站进行调节，减少弃光、弃风，平滑功率输出，提升电力品质，实现电网友好接入；应用先进技术，实现系统集成创新；推动实施储能电价、辅助服务等价格改革。示范项目实施后，可提升组合电源电力品质，提高新能源利用率，降低整体出力峰谷差，降低出力波动率，减小跟踪发电计划误差，改善大规模新能源涉网性能。

2. 储能项目调度运行管理经验

持续完善储能参与市场机制。明确储能的市场主体地位，依托现货市场建设和连续运行，2023年2月1日，甘肃省能监办出台《甘肃省电力辅助服务市场运营规则》，甘肃率先在全国建成调峰容量市场，形成"容量+现货+辅助服务"的较完备市场体系，成为市场化提升储能利用效率的典范。可通过现货价格低充高放、辅助服务市场调节收益和容量补偿保障储能合理收益，推动储能健康发展。电网侧、电源侧储能依据市场价格，主动参与系统调节，平抑新能源波动。在现货市场正式运行规则中新增调度机构应急集中调用新型储能补偿条款，保证储能场站的合理收益。

强化储能调度运行管理。2024年6月修订的《甘肃电网新型储能电站调度运行管理规定（第二版）（试行）》，进一步加强了储能调度运行管理。其中容量考核机制要求储能充、放电电量需达到额定能量的85%，最大充放电功率须达到额定功率的95%，对于容量缺额部分，在新能源受限时段等比例控制所属新能源出力或相应减少容量补偿，确保了省内新型储能设备健康可用。完善电力电量平衡机制，在日前电力电量平衡时，将储能常态化200万千瓦×2小时充/放电能力纳入日前电力电量平衡。

提升储能智能化调用水平。建成全国首套储能调度协调控制系统，实现了全省141座储能电站集中优化控制，提升了新型储能智能化调用能力,最大化发挥配建储能促消纳、保供应的作用。打通储能控制系统与新能源有功控制系统壁垒,实现联合协同调度,有效提升"新能源+储能"协同调用水平,提高储能规模化、集中化、高效化控制水平。通过配置储能主站遥控功能,实现自主调用和调度集中控制两种调用模式的灵活按需切换,正常情况下新能源配储电站依据现货市场运行情况及站内需求自行调用储能,利用储能减少自身弃风弃光、平抑新能源波动;在电网存在需求时,通过储能协调控制系统接受调度集中控制,配合全网电力保供及新能源消纳。

二 甘肃储能大规模发展面临的主要问题

(一)投资运营存在的问题

目前甘肃建成投运的主要有电源侧配建储能和电网侧独立(共享)储能、新能源配建储能,而储能在各侧的商业模式仍在探索中,其发展受到众多不确定因素影响。在电源侧储能方面,电价政策尚未明确,弃电存储模式盈利能力具有较大不确定性。同时随着光伏发电成本的降低,并网指导价同步调整,趋近平价上网,储能置换新能源电量效益越来越低。因此,在新能源场站内配置储能,通过减少弃电难以盈利,仅适合早期上网电价较高、弃电长期存在的新能源电站。在电网侧储能方面,其成本难以疏导。由于电网侧储能电站容量电价机制及纳入输配电价回收政策尚未出台,而电网侧储能仅参与辅助服务市场的营利性使得其成本回收周期长,电网侧储能发展动力不足。在用户侧储能方面,峰谷电价差不足以支撑其盈利。储能峰谷套利目前仍集中在北京、江苏等地峰谷价差较大、企业经营较为稳定的工业园区或商业经营场所。

(二)安全并网存在的问题

一是储能电站自身安全性有待提升,存在电池(设备)故障、未配置探测器及报警装置等问题。二是储能消防验收机制尚未建立。由于目前住建部门和应急管理部门认为电池预制舱为电气设备，消防工程图纸审核和验收（备案）不在其职责范围，在运储能电站中，近90%的储能本体尚未开展消防验收（备案）。三是储能质监工作执行困难。电源及电网侧储能质监工作的具体内容和工作流程尚未明确，甘肃省储能电站质监工作存在实际执行困难等问题。

（三）调控运行存在的问题

一是各种场景下的储能运行机制不明确。储能应用场景和调控模式丰富多样，有集中式、分布式、新能源+储能、火电机组+储能、调频、调压、调峰、AGC控制、无功控制等模式。未来甘肃将面临储能项目复杂多样的应用场景，以及储能项目从单一控制目标向多目标协同控制的转换，因此亟须建立多场景下的面向储能项目的运行机制和各种应用场景下的储能电站上网电价机制。二是储能调度管理规定需要进一步细化。储能电站规模化接入后可能增大调度运行倒闸操作工作量及故障情况下的调用处置难度，围绕运行倒闸操作可靠性、故障处置及时性和风险分析及预控有效性的各项技术和改造提升方案等尚需进一步研究，省调、地调的调度权限分层与层级确认的制度需要尽快颁布。三是监测通信系统功能有待完善。储能电站规模化接入后，电池储能单元设备与控制单元增多，导致多机并联运行的储能子系统个体离散化问题突出，系统稳定与暂态转换过程中各储能子系统的性能差异及交叉耦合程度更高，通信结构更加复杂，对多个控制单元监测与协调控制难度加大，数据量增长，使得现有信息构架难以承受，从而引起数据传输延迟等问题。

（四）多类型储能协同发展存在的问题

一是在推动抽水蓄能、电化学储能、压缩空气储能等多种储能技术协同发展过程中，不同储能技术的物理特性、工作原理差异大，存在控制策略复杂等技术难题。需要建立跨类型储能技术的统一标准体系，包括接口标准、通讯协议等，促进不同储能技术间的无缝集成，简化系统设计与运维。二是多种储能技术的成本效益评估复杂，各自生命周期、成本、效率、响应速度不同，如何合理配比各类储能资源，实现系统总体成本最低、效益最大，是一个技术与经济综合优化的难题，缺乏涵盖经济性、环境影响、技术成熟度等多维度的综合效益评估模型。三是甘肃特殊的地理环境对储能技术的环境适应性要求高，不同储能技术在极端气候条件下的可靠性和维护成本各异，对比不同技术路线的储能，抽水蓄能、压缩空气、飞轮储能、液流电池、铅炭电池均存在明显且难以解决的短板问题。

三 促进甘肃储能高质量发展的对策建议

（一）加强顶层设计，推动储能高质量发展

制定新能源大基地规模化发展规划、项目布局，加大规划阶段电力系统安全稳定性分析深度。统筹风电光伏基地、配套支撑性煤电及储能、外送通道，协调推进相关前期工作，推动源网储协调发展。通过科学规划、合理选址，在新能源集中连片开发地区、直流近区、调峰调频困难和电压支撑能力不足及输配电设备重过载等区域和电网关键节点；发挥电源供电能力后保供仍有很大缺口，主变不满足供电要求的区域；发挥电源及负荷调节能力后电源出力仍有大量盈余，主变不满足上网需求的区域等优先布局储能，确保新型储能设施能够迅速响应电网需求，有效缓解新能源输出波动对电网的冲击。力争到2025年底，甘肃电网新型储能规模达到600万千瓦/1500万千瓦时，为新能源的更大规模、更高比例接入创造有利条件。

结合甘肃储能原材料和制造业优势，围绕"强科技"行动，开展钠离子电池、新型锂离子电池、铅炭电池、液流电池、压缩空气、氢储能、热（冷）储能等关键核心技术、装备的集成优化设计研究。以锂电池负极材料、铜箔等为抓手，积极拓展电化学储能制造产业链，打造全国重要的储能装备制造基地。在甘肃布局建设国家级储能技术创新平台或验证基地，推动

大型储能示范项目建设。围绕新型储能重大技术需求，强化科技创新人才引进培育，促进技术领域向源网荷储全链条延伸，推动产学研用一体化发展。

推动储能上下游产业协同发展，引进先进储能技术，依托甘肃省新能源资源及贵金属资源禀赋，布局储能全产业链发展。在储能回收产业起步阶段，探索储能下游回收产业的发展，开展不同行业进行退役动力电池梯级利用试点，总结相关经验制定及完善发展规划。鼓励市场积极探索储能电池多场景应用方案。健全完善储能电池全环节全周期管理体系，保障储能电池协同安全回收利用。

（二）加大协同优化，完善政策机制和管理体系

持续探索并修订电力辅助服务市场运营规则，进一步完善新型储能市场主体地位，为其参与调频、调峰、黑启动等多种辅助服务提供清晰的路径和合理的补偿机制。同时，开展爬坡、备用等新型辅助服务市场研究，充分挖掘新型储能的灵活调节性能优势，使其能够在保障电网安全稳定运行、提升系统灵活调节能力方面发挥更大作用。此外，通过市场机制的创新，引导社会资本积极参与新型储能建设，形成多元化投资、专业化运营的市场格局，激发市场活力，推动新型储能产业持续健康发展。

推动政府出台新型储能高质量发展意见，明确新型储能高质量发展的总体思路、目标任务和具体措施，特别是出台配建储能转独立储能的执行细则，为市场参与者提供明确的指导。同时，完善新型储能协调控制系统，优化储能与火电、水电、风电、光伏等各类电源的协调控制策略，加强储能充放电的统筹管理，提高储能系统的响应速度和调节精度，实现储能资源在电网中的优化配置和高效利用，提升电网消纳及保供能力。着力建设新型调度体系，健全完善调度运行机制，增强调度各类调峰储能资源能力，助力清洁能源高效利用。

储能设备及其涉网设备应符合电网安全运行相关技术要求，并严格遵守电力调度相关规程及规定。强化储能可用容量管理，对于可用容量达不到批复要求的配套储能项目，予以考核或同等比例限制新能源发电出力。落实

《国家能源局综合司关于加强电化学储能电站安全管理的通知》《电化学储能电站设备可靠性评价规程》《电化学储能电站安全规程》等文件要求，加强新型储能电站全生命周期可用容量管理，切实发挥"顶峰填谷"作用；与变电站、输电走廊保持安全距离，避免安全事故相互影响；建立健全储能消防设计审查验收机制，落实储能电站消防安全管理责任，提升储能电站应急消防处置能力，保障储能安全可靠运行；加强新能源配建储能电站在运维管理及交易规则等方面的培训，提高利用率水平。

（三）加强科技创新，满足多场景应用需求

加强不同时长储能差异化配置研究，满足多场景应用需求。推动新型电力系统建设，需要开发不同时长的储能技术，针对不同的应用场景进行储能时长差异化配置，以满足在分钟级、小时级、日级、季度级乃至年度级等多时间尺度上的电力系统灵活性要求。随着可再生能源渗透率的不断提高，其发电的间歇性对电网的负面影响将更加严重，而长时储能具有长周期、大容量等特性，能在更长时间尺度上调节新能源发电波动，因此抽水蓄能、压缩空气和液流电池等长时储能将成为未来储能发展的重要方向。同时也要更加注重低成本、大容量、高安全、长时间、长寿命储能电池的技术攻关和推广应用。

沙戈荒地区环境条件恶劣，光照强、风沙多、温差大，在该区域建设储能电站，运维成本高、风险挑战多、技术难度大，在大基地项目开发中上述问题不容忽视。要在前期设计中，结合实际经验，做好相关技术方案的论证优化、升级改造。同时为保证储能电站的平稳运行，需要根据沙漠气候的特点分析储能在复杂场景下的运行特性，优化不同类型储能的配置容量及调用方式，以适应区域自然环境和气候条件，保障储能电站的安全稳定运行。

针对规模化电化学储能面临的安全问题，要开展储能电池本质安全控制及储能电站整体安全性设计等关键技术研究，支撑大规模储能电站安全运行。研究储能电池智能传感技术和基于大数据分析的电化学储能系统故障诊断技术，研发高效、可靠的全生命周期分级预警方法。开发清洁高效灭火及

防复燃技术，研究分等级应急处置技术。突破储能电池循环寿命快速检测预测和老化状态评价技术，研发退役电池健康评估、分选、修复等梯次利用相关技术。研究多元新型储能接入电网系统的控制保护与安全防御技术。

参考文献

李明娟：《加快"风光大省"向"风光强省"迈进步伐——甘肃新能源产业发展现况调查》，《甘肃经济日报》2023年2月2日。

董梓童、苏南：《打造"总枢纽、主通道、重基地"新型电力系统甘肃示范——访国网甘肃省电力公司党委书记、董事长林一凡》，《中国能源报》2023年8月14日。

李海滨：《坚定不移贯彻习近平生态文明思想更大力度建设天蓝地绿水清的美丽甘肃》，《发展》2024年第2期。

李丽旻：《安全可靠储能为新型电力系统筑基》，《中国能源报》2024年9月2日。

康渭滨、寇明鑫、张文文：《光伏储能电站不同储能形式经济性对比分析》，《电力科技与环保》2024年第3期。

王占东：《风光无限更上层楼》，《甘肃日报》2024年9月18日。

严俊、沙宇恒、张月：《面向新能源消纳的关键储能技术研究综述》，《能源与环保》2024年第5期。

B.11 甘肃省光热发电调节潜力分析及发展前景展望

周强 高鹏飞 张嘉林 张金平*

摘 要: 太阳能热发电是绿色低碳的电网友好型电源,兼具调峰电源和储能的双重功能,可实现用新能源调节、支撑新能源。随着以沙漠、戈壁、荒漠地区为重点的大型风电、光伏基地加快建设,光热发电项目不断增加。本文梳理了不同类型的光热发电系统、光热发电发展概况以及相关政策,从光热电站调节特性、调节能力和调节策略进行综合分析。目前,光热电站高成本阻碍了大规模发展,运营和收益模式仍需优化,此外整体装机占比限制了其调节作用。鉴于此,为推动甘肃光热电站更好发展,需要加强光热发电技术研发,促进实施"光热储能+"项目,加强政策支持和市场引导,同时需要加快培育省内光热发电优势产业。

关键词: 光热发电 电网友好型电源 绿色低碳转型 能源安全

一 光热发电概况

(一)光热发电分类及关键系统

光热发电是一种利用太阳能将光能转化为热能,再将热能转化为电能的

---

* 周强,国网甘肃省电力公司电力科学研究院三级专家,正高级工程师,主要研究方向为新能源并网运行控制;高鹏飞,国网甘肃省电力公司电力科学研究院工程师,主要研究方向为光热并网与储能技术;张嘉林,国网甘肃省电力公司电力科学研究院工程师,主要研究方向为电化学储能并网技术;张金平,国网甘肃省电力公司电力科学研究院高级工程师,主要研究方向为新能源发电和并网技术。

发电方式。它主要依靠太阳能热集中器将太阳光聚焦在一个特定的区域上，使得该区域的温度升高，从而产生蒸汽，通过蒸汽驱动涡轮机发电。光热发电技术具有环境友好、可再生、高效等特点，是一种具有很大潜力的新型清洁能源。光热发电按照聚能方式及其结构进行分类，主要有塔式、槽式、碟式、菲涅尔式四大类，其中塔式和槽式光热发电技术商用更广泛。

1. 塔式光热发电系统

塔式光热发电系统主要包括聚光集热系统（定日镜场、吸热器）、储热系统（热罐、冷罐）、蒸汽发生系统（预热器、蒸汽发生器、过热器）、汽轮发电系统（汽轮机、同步发电机）等。塔式太阳能光热发电系统中聚光集热系统实现太阳能到热能的转换，其中，定日镜场实现对太阳的最佳跟踪，将太阳反射光准确聚焦到吸热塔顶的吸热器中，使传热介质受热升温，将太阳的辐射能转换为传热介质的热能。储热系统和蒸汽发生系统实现的是热能的传递，储热系统通过传热介质将吸热器中的热能储存起来，蒸汽发生系统完成传热介质与水工质的热量传递，高温传热介质给水加热成过热蒸汽，换热后的传热介质回到储热系统储存。过热蒸汽进入汽轮发电系统，驱动汽轮发电机组发电，实现了热能到电能的转换。

2. 槽式光热发电系统

槽式光热发电系统主要包括聚光集热系统（抛物槽式聚光镜、真空集热管）、储热系统（热罐、冷罐）、蒸汽发生系统（预热器、蒸汽发生器、过热器）、汽轮发电系统（汽轮机、同步发电机）等。部分光热发电站，还配置了辅助加热器，用于辅助加热过热蒸汽。槽式光热发电系统的能量转换中，聚光集热系统的抛物面聚光镜将太阳光聚焦于位于镜面焦线处的集热管上，加热集热管内的传热介质，实现了太阳能到热能的转换。被加热的传热介质流经蒸汽发生系统的多级换热器给水加热产生过热蒸汽，实现能量传递；过热蒸汽进入汽轮发电机组，通过蒸汽动力循环发电，实现热能到电能的转换。

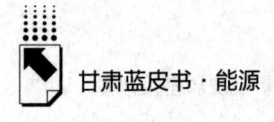

3. 碟式光热发电系统

碟式光热发电系统也称抛物面反射镜斯特林系统，是点式聚焦集热系统。由许多抛物面反射镜组构成集热系统，接收器位于抛物面焦点上，收集太阳辐射能量，将接收器内的传热介质加热到750℃左右，驱动斯特林发动机进行发电。碟式发电优点是光学效率高，启动损失小，适用于边远地区独立电站。

4. 菲涅尔式光热发电系统

菲涅尔式光热发电系统工作原理类似槽式光热发电，只是采用多个平面或微弯曲的光学镜组成的菲涅尔结构聚光镜来替代抛面镜，众多平放的单轴转动的反射镜组成的矩形镜场自动跟踪太阳，将太阳光反射聚集到具有二次曲面的二级反射镜和线性集热器上，集热器将太阳能转化为热能，进而转化为电能。特点是系统简单、直接使用导热介质产生蒸汽，其建设和维护成本相对较低。

目前已投入使用的光热发电站中，槽式仍然凭借其更低的前期投资、较低的门槛与建设难度，以及更低的维护成本占据主流，但在建项目中，塔式则凭借更高的聚光率产生更高温度、实现更高的热电转化效率以及更低的发电成本，是未来的主要方向。

（二）国内外光热发展规模

1. 国外光热发展规模

截至2023年底，全球光热发电累计装机容量达到7550兆瓦（含美国20世纪80年代建设目前已退役的8座槽式电站，总装机容量274兆瓦，最长运行时间超过30年）。2023年，国外新增3座并网光热电站，总装机容量500兆瓦，均为上海电气联合体总承包建设的迪拜950兆瓦太阳能光热光伏混合项目的组成部分，近几年全球光热发电累计装机容量如图1所示。

2. 国内光热电站发展规模

近十年来，我国太阳能光热发电装机容量逐年增加，特别是2018年以

甘肃省光热发电调节潜力分析及发展前景展望

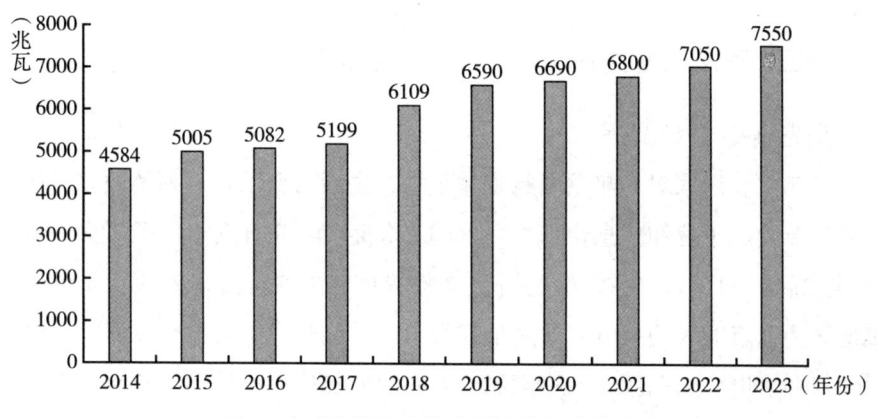

图 1　全球太阳能热发电累计装机容量对比

数据来源：国家太阳能光热产业技术创新战略联盟。

来，呈现大幅增长态势（见图 2），截至 2023 年底，我国兆瓦级规模以上光热发电机组累计装机容量 588 兆瓦，在全球太阳能光热发电累计装机容量中占比为 7.8%。目前我国共有 11 座光热电站并网发电，装机容量 570 兆瓦；其中，最大装机规模 100 兆瓦，最小装机规模 10 兆瓦。据 CSPPLAZA 统计，国内在建/推进中的光热发电项目共计 43 个，分别为青海 9 个、甘肃 7 个、吉林 2 个、新疆 17 个、西藏 7 个、内蒙古 1 个。

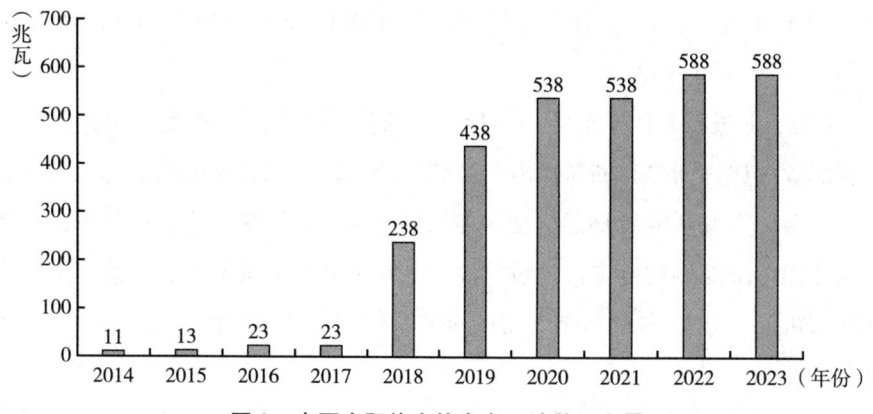

图 2　中国太阳能光热发电累计装机容量

数据来源：国家太阳能光热产业技术创新战略联盟。

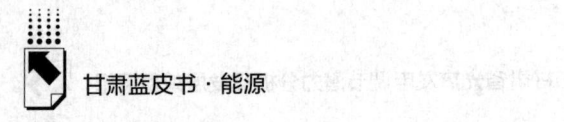

（三）我国光热发电相关政策、发展历程

1. 光热发电相关政策

近年来，国家对光热发电越来越重视，先后出台了一系列的政策。国家发展改革委、工业和信息化部等六部门在2024年10月发布《关于大力实施可再生能源替代行动的指导意见》。文件提出，加快推进以沙漠、戈壁、荒漠地区为重点的大型风电光伏基地建设，推动光热发电规模化发展。推进长时储热型发电、热电耦合、中高温热利用等光热应用，推动光热与风电光伏深度联合运行。

2024年7月，国家发展改革委、国家能源局、国家数据局发布《加快构建新型电力系统行动方案（2024~2027年）》，其中提到探索光热发电与风电、光伏发电联营的绿电稳定供应模式，各地开展研究并出台相应的政策。

2023年4月，国家能源局发布《国家能源局综合司关于推动光热发电规模化发展有关事项的通知》指出，要充分认识光热发电规模化发展的重要意义；积极开展光热规模化发展研究工作；结合沙漠、戈壁、荒漠地区新能源基地建设，尽快落地一批光热发电项目；提高光热发电项目技术水平。力争"十四五"期间，全国光热发电每年新增开工规模达到300万千瓦左右。

《关于促进新时代新能源高质量发展的实施方案》中提到，加快构建适应新能源占比逐渐提高的新型电力系统。全面提升电力系统调节能力和灵活性。完善调峰调频电源补偿机制，加大煤电机组灵活性改造、水电扩机、抽水蓄能和太阳能热发电项目建设力度，推动新型储能快速发展。研究储能成本回收机制。鼓励西部等光照条件好的地区使用太阳能热发电作为调峰电源。

《"十四五"可再生能源发展规划》提出：有序推进长时储热型太阳能热发电发展。在青海、甘肃、新疆、内蒙古、吉林等资源优质区域发挥太阳能热发电储能调节作用和系统支撑作用，建设长时储热型太阳能热发电项目，推动太阳能热发电与风电、光伏发电基地一体化建设运行，提升新能源发电的稳定性可靠性。发展光热发电能够保障可再生能源消纳、促进可再生能源更大规模接入电网。

2. 光热发电示范项目建设

我国对光热发电技术的研究始于2006年，国家863计划启动了"太阳能热发电技术及系统示范"重点项目，开启了我国光热发电技术示范研究工作。2016年，为建设太阳能热发电示范项目，国家能源局确定第一批太阳能热发电示范项目共20个，总计装机容量1349兆瓦，分别分布在青海省、甘肃省、河北省、内蒙古自治区、新疆维吾尔自治区。

2011年，我国第一个太阳能热发电工程项目——鄂尔多斯50兆瓦槽式太阳能热发电项目完成特许权示范招标，建设期30个月，特许经营期为25年。

2012年5月，兰州大成自主研发的200千瓦槽式+线性菲涅尔聚光太阳能光热发电试验系统实现发电；8月，我国首座1兆瓦塔式太阳能热发电实验电站在北京延庆成功发电；10月，华能清洁能源技术研究院和华能海南公司共同研发建设的1.5兆瓦线性菲涅尔式光热联合循环混合电站在海南三亚投产。

2013年7月，青海中控德令哈10兆瓦光热示范工程并网发电；10月，1兆瓦太阳能线性菲涅尔式热电联供项目在西藏开工建设。

2014年7月，1兆瓦太阳能槽式热发电系统在北京延庆开工建设；8月，首航投资开发的敦煌10兆瓦熔盐塔式光热发电项目在敦煌开工。

2015年3月，华强兆阳张家口15兆瓦类菲涅尔式光热电站开工建设；10月，兰州大成1兆瓦屋顶线性菲涅尔式太阳能热电联供电站建成投产。

2016年8月，青海中控德令哈10兆瓦光热电站将水/蒸汽传热介质改为熔盐后成功并网发电；12月，首航敦煌10兆瓦熔盐塔式太阳能热发电项目并网发电。

2018年先后有三座光热电站并网发电，包括中广核太阳能德令哈有限公司导热油槽式50兆瓦光热发电项目、北京首航艾启威节能技术股份有限

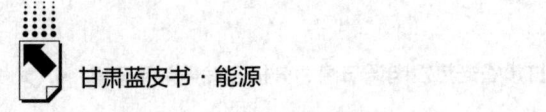

公司敦煌熔盐塔式100兆瓦光热发电示范项目以及青海中控太阳能发电有限公司德令哈熔盐塔式50兆瓦光热发电项目。

2019年，中国电建西北勘测设计研究院有限公司共和熔盐塔式50兆瓦光热发电项目、兰州大成科技股份有限公司敦煌熔盐线性菲涅尔式50兆瓦光热发电示范项目先后并网发电。

2020年，内蒙古中核龙腾新能源有限公司乌拉特中旗导热油槽式100兆瓦光热发电项目并网发电。

2021年，玉门鑫能50兆瓦光热项目聚光集热储热系统全面投运，中国能建哈密光热50兆瓦熔盐塔式光热发电项目成功实现全容量并网。

2023年，我国列入政府名单新增拟建光热发电项目12个，总装机容量1350兆瓦。

2024年9月，全球装机规模最大的熔盐线性菲涅尔光热储能项目——玉门"光热+"示范项目100兆瓦光热储能项目正式并网发电。

二 甘肃光热发电发展现状

（一）甘肃光热发电相关政策

甘肃省作为国内光热发电项目的重要发展区域，其独特的地理和气候条件为光热发电技术的发展提供了天然优势。甘肃省坚决贯彻落实国家相关重要指示精神，推动以沙漠、戈壁、荒漠地区为重点的大型风电光伏基地规划布局，统筹新能源、调节电源、输电通道在规模配置和建设时序等方面协同，编制出台一系列政策，积极服务大型风电光伏基地建设。为了进一步推动甘肃光热发电技术的进步和成本降低，甘肃省已出台多项政策支持能源企业在太阳能光热发电关键技术上的攻关。《甘肃省"十四五"能源发展规划》明确提出，到2025年光热发电装机计划由2020年的16万千瓦增长至100万千瓦。

2024年7月，甘肃省人民政府印发《推进新时代甘肃能源高质量发展行动方案》，提出打造能源安全保障新高地，以沙漠、戈壁、荒漠地区大型风电光伏基地为重点，加快推进河西走廊新能源基地和陇东综合能源基地开发。

2024年6月，甘肃省发展改革委联合省能源局印发《甘肃省国家新能源综合开发利用示范区建设方案》，提出要着力推动特大型风光电基地建设，加快推进河西走廊新能源基地和陇东综合能源基地新能源开发。谋划建设库木塔格沙漠外送新能源基地，持续扩大腾格里、巴丹吉林沙漠光伏治沙规模，加快推动"光热+风光电"一体化项目，促进"光伏+"综合利用和太阳能光热发电规模化发展。

2023年6月，《甘肃省碳达峰实施方案》提到，大力发展新能源。坚持集中式和分布式并重、电力外送与就地消纳结合，采用多能互补开发模式，加快在沙漠、戈壁、荒漠等地区规划建设大型风电光伏基地，全面推进风电、太阳能发电大规模开发和高质量发展。探索光热发电新模式，加强光热发电技术攻关，谋划实施"光热+风光电"一体化项目。

《甘肃省"十四五"制造业发展规划》和《甘肃省"十四五"工业互联网发展规划》提到，发展以调峰调能为主的太阳能光热发电产业、太阳能光伏/光热装备和分布式新能源技术综合应用体，实现新一代光伏、光热、大功率高效风电、生物质能、新型储能装置等产业化。

（二）甘肃光热发电主要项目

截至2023年底，甘肃并网运行的光热电站仍主要为国家能源局首批太阳能热发电示范项目。随着运行经验的积累和运行水平的逐步提高，目前以"光热+新能源"的发展模式快速推进。甘肃省已投运的塔式、槽式光热项目为省内发展光热发电奠定了良好基础。

（1）首航敦煌100兆瓦塔式光热电站，是我国首座百兆瓦级塔式光热电站，是中国现阶段建成规模最大、吸热塔最高、可24小时连续发电的100兆瓦级熔盐塔式光热电站，2018年12月28日机组首次并网。项目配置7小时熔盐储能系统，设计年发电量1.46亿千瓦时，等效满负荷发电利用

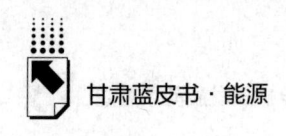

小时数2920小时。

（2）兰州大成敦煌50兆瓦线菲式光热电站，位于敦煌市七里镇光电产业园区，采用兰州大成具有自主知识产权的高倍熔盐线性菲涅尔式太阳能聚光集热系统。电站于2018年6月全面开工，2019年12月31日完成首次并网。项目储热时长15小时，设计年发电量2.14亿千瓦时。

（3）玉门鑫能熔盐塔式50兆瓦光热发电项目，采用了企业自主研发的二次反射塔式太阳能光热发电系统，项目储热时长9小时，设计年有效利用小时数4328小时，共建设15个发电模块，设计年可发电2.16亿千瓦时。

（4）金塔中光"100兆瓦光热+600兆瓦光伏"项目。金塔中光太阳能"100兆瓦光热+600兆瓦光伏"项目属于国家第二批以沙漠、戈壁、荒漠地区为重点的大型新能源基地项目之一，采用塔式光热发电技术，配置8小时熔盐储能系统。

（5）阿克塞汇东新能源有限公司750兆瓦光热+示范项目，位于甘肃、青海、新疆三省交会处的高原戈壁，包括110兆瓦光热发电和640兆瓦光伏发电，是国内首批"光热+光伏"试点项目。

（6）玉门新奥"700兆瓦光热储能+光伏+风电"示范项目。由中核集团玉门新奥新能源有限公司投资建设，总容量700兆瓦，包括100兆瓦光热发电、400兆瓦光伏发电和200兆瓦风电发电，采用熔盐线性菲涅尔式光热发电技术。

（三）甘肃光热发电产业链发展分析

甘肃省部分光热发电关键材料部件生产能力如表1所示。甘肃凯盛大明光能科技有限公司在光热超白玻璃和反射镜的生产上具有显著优势，年生产能力达到超白光热玻璃600吨，以及槽式抛物面反射镜360万平方米和平面镜1000万平方米。兰州大成科技股份有限公司在反射镜和真空集热管的生产上也表现突出，具有菲涅尔一次反射镜300万平方米、二次反射镜50万片以及熔盐集热管6万支的年生产能力。首航高科能源技术股份有限公司在反射镜生产上也具有一定的实力，年生产能力包括槽式抛物面反射镜200万平方米和平面镜 560 万平方米。

总体来看,甘肃省在光热发电关键材料部件生产能力方面具有较强的实力,省内企业通过技术创新和产能扩张,不断提升产品质量和生产效率,为光热发电产业的发展提供了坚实的基础。

表1 甘肃省部分光热发电关键材料部件生产能力

产品	单位名称	年生产能力
光热超白玻璃	甘肃凯盛大明光能科技有限公司	超白光热玻璃 600 吨
反射镜	甘肃凯盛大明光能科技有限公司	槽式抛物面反射镜 360 万平方米、平面镜 1000 万平方米
	兰州大成科技股份有限公司	菲涅尔一次反射镜 300 万平方米、二次反射镜 50 万片
	首航高科能源技术股份有限公司	槽式抛物面反射镜 200 万平方米、平面镜 560 万平方米
真空集热管	兰州大成科技股份有限公司	熔盐集热管 6 万支

数据来源:国家太阳能光热产业技术创新战略联盟。

三 甘肃光热发电调节潜力分析

(一)光热电站调节特性

光热电站采用同步发电机组并网,与常规火电机组类似,发电机组具备励磁控制系统和调速系统,因此光热电站发电机组能够为电网提供稳定支撑,并能够响应电网需求进行功率和电压调节。由于光热电站采用同步发电机作为并网接口,可以方便地通过同步发电机的调速系统配置一次调频和二次调频功能。在辐照度、负荷功率或是电网调度功率指令发生变化时,配有储热系统的光热电站可以及时响应电网调度指令,在长时间尺度内为电网稳定提供有力支撑,具备与常规火电机组类似的频率支撑能力和功率跟随能力。

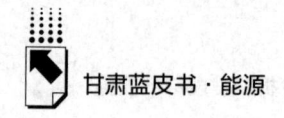

（二）不同储热材料的光热电站调节能力

光热发电是通过储热材料将吸收的太阳能热量储存起来并稳定、长时间释放，从而最终实现发电不依赖太阳辐射变化，连续、稳定地使太阳能发电，是一种电网友好的清洁能源利用方式。目前，在光热发电系统中应用的储热材料有水/水蒸气、导热油、熔融盐等。在相同体积下，采用水/水蒸气作为储热介质，需要极高压力条件，因此，采用超临界压力储存的水作为储热介质的方法，成本是非常高的，储存容器昂贵，储存耗能大，经济上是不合理的，在太阳能光热发电方面，只用于10兆瓦级机组和短时的储热。用导热油作为储热介质也需要一定压力，但压力参数比水/水蒸气小得多，特别是槽式镜场集热管系统均采用导热油，吸热和储热采用同一介质，使系统大大简化，因此，导热油储热用于50兆瓦级机组短时储热。采用熔融盐储热，在储热工作温度范围内不需要承压，因此，储热罐的结构成本大大降低，一般用于大容量机组和大容量储热情况。

（三）不同储热容量的光热电站调节能力

储热系统是光热电站相比于其他新能源发电形式特有的系统，一方面使得光热电站能够抑制原动力不可控带来的功率波动；另一方面使得光热电站能够灵活调节出力，响应电网需求。因此，相比于光伏发电，光热发电能够实现昼夜连续运行。光热电站在短时间内连续运行表现为能够应对各种天气，尤其是在多云、阴天等情况下，通过储热系统调节，抑制因辐照度波动造成的功率波动，同时能够保证电站稳定运行不停机。带储热的光热电站能持续发电的时间除与太阳能辐照资源、电网负荷有关外，与储热容量的配置大小密切相关，其中太阳直射辐射波动较大的时候储热用于平滑出力方面的效果明显；在太阳直射辐射比较充足、稳定的时候，储热的作用主要是延长发电时间，有利于电站持续运行。然而，储热容量配置得越大，作用越明显，不过系统投资也越大，所以储热容量的配置需综合考虑各方面影响。

（四）光热电站调节控制策略

由于光热大规模投产后，与现有光伏电站共用新能源外送断面，当日照强烈时，可能超过新能源外送断面能力，产生"抢通道"现象，因此在保证电网安全的前提下，必须合理安排光热机组和光伏厂站出力，提高新能源消纳能力。为充分发挥光热电站储能优势，可在日间运行方式下，优先安排光伏机组出力，光热电厂优先进入储能模式，在新能源外送断面能力有裕度时安排光热机组开机出力；进入夜间运行方式后，可根据新能源外送断面能力及光热电站上报的可发电量，使光热机组出力，从而使光热发挥最大的调节作用。

四 甘肃光热发电发展面临的问题

2016年9月，国家能源局组织实施了一批光热发电示范项目，推动我国太阳能光热发电技术产业化发展，形成国内光热设备制造产业链，培育系统集成商。通过示范项目的建设，我国完全掌握了光热发电系统的聚光、吸热、储换热等核心技术，为后续光热发电进一步发展奠定了坚实基础。然而，财政部2020年1月发布《关于促进非水可再生能源发电健康发展的若干意见》提出新增光热项目不再纳入中央财政补贴范围。2021年起，新核准（备案）光热发电项目上网电价由当地省级价格主管部门制定，具备条件的通过竞争性配置方式形成，上网电价高于当地燃煤发电基准价的，基准价以内的部分由电网企业结算，光热电站的商业模式及交易机制发生了深刻变化。目前，甘肃并网运行的光热电站装机仅为31万千瓦，其规模化发展面临以下三个问题。

（一）光热发电规模化发展仍需时间

光热发电仍处于发展初期，与已进入平价上网时代的风电、光伏发电相比，光热发电起步晚，尚未形成规模化，发电成本相对较高。截至2023年底，我国并网运行的光热发电机组容量相对较小，仅有57万千瓦①。以100兆瓦/1200兆瓦时的塔式光热电站为例，其初始投资成本为25000~30000元/千瓦，若使用寿命为25年，不考虑充电成本，其全生命周期度电成本为0.79~0.94元/千瓦时。初始投资大，再加上补贴电价退坡机制的出台，在一定程度上影响了企业的建设积极性和金融机构的投资热情，导致示范项目建设进度滞后。同时，由于光热发电项目初始投资高，在没有国家电价政策和补贴的情况下，光热电站投资积极性不足，市场技术迭代机会欠缺，相关设计、施工、设备等未能实现标准化、集约化，产业规模效应尚未释放，导致度电成本仍较高，阻碍了快速大规模发展。

（二）光热电站运营和收益模式仍需优化

光热发电行业面临着如何快速降低成本和提高效率的巨大挑战。甘肃风光资源丰富，风力发电和光伏发电成本逐年降低，已步入平价上网的阶段。而光热发电不具备价格优势，一方面只能作为单独的发电项目进行运营，生产的电力直接接入电网，按照上网电价获得收益；另一方面与光伏发电、风力发电等相结合，形成多能互补项目，利用其储能和调节能力，与不稳定的光伏、风电互补，共同为电网提供稳定电力。同时，由于光热发电几乎都分布在欠发达地区，地方财政补贴能力较弱，光热发电市场需求不足，影响了光热电站的电价形成机制。甘肃作为西北欠发达省份，很难有专项资金对光热项目进行补助，只能依据国家发展改革委印发的《关于2021年新能源上网电价政策有关事项的通知》，按照当地燃煤基准电价支付补助，高出燃煤基准电价的部分无法向后传导。光热电站的运营模式主要包括独立储能电站、光热+风电/光伏的模式以及新型独立储能电站等，但甘肃的光热电站按照设备运行小时数运行，调节作用发挥有限。

---

① 国家太阳能光热产业技术创新战略联盟和中国可再生能源学会太阳能热发电专业委员会：《中国太阳能热发电行业蓝皮书2023》，2024年1月18日。

(三)光热电站调节作用还未充分发挥

一是目前光热发电仍处于发展初期阶段,首批示范项目是为了验证光热发电技术路线的可行性。在大型风光基地项目中,光热发电的装机容量及系统配置受制于平价上网的投资经济性,功能定位为"调节性电源",与风电、光伏一体化发展,运行策略是中午太阳能资源较好时优先保证光伏出力,只在早晚高峰顶峰发电,年运行小时数无法得到保障,企业投资积极性不高。二是受制于平价上网条件下的投资经济性,新能源大基地项目中光热发电与光伏的容量配置比例极低,这些项目建成后对提升电网稳定性和可靠性的作用尚不明确。目前,甘肃新能源装机已超过6000万千瓦,而并网运行的光热电站装机仅为31万千瓦,整体装机容量较小;甘肃正在建设或投运的"光热+新能源"项目,光热和新能源配比基本为1:6,光热占比较低可能无法保证新能源大基地的电力品质和满足外送要求。同时光热的储能能力和发电能力受制于吸热系统,并未利用其长时储能优势参与电网调峰,不足以发挥对电网系统的支撑作用。

五 相关建议

(一)加强光热发电技术研发

开展低成本聚光方式研发,从太阳光线追踪、太阳辐射能量转换、光学曲面的自适应调控、太阳能到化学能转化存储及反应器等各环节提升技术水平;优化提升光热发电系统,包括提高聚光比和聚光效率,开发耐高温熔盐以及耐腐蚀的新型吸热器材料,发展高导热能力、高储热密度的固液相变储热和固态颗粒储热技术,推动降低光热电站建设成本。从光热电站参与电力系统调峰调频、优化电网运行控制策略出发,结合不同储能技术特点与响应特性,研究提升大基地外送消纳能力的合理配置与优化控制技术水平,以目前甘肃已投运的光热项目运行数据验证光热发电的实际调节作用和系统支撑能力,充分挖掘光热的价值。

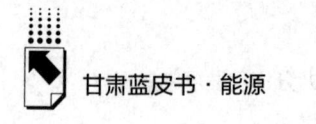

（二）促进"光热储能+"有序发展

发挥"光热储能+"中增加的电加热装置作用，充分利用基地中风电、光伏富余电力，缩小镜场面积，降低自身发电利用小时数，优化循环加热系统，增强整体调节能力。研究"光热储能+"基地配置电化学储能装置，使基地整体调节更具灵活性。考虑风电、光伏发电、储热型光热电站和电化学储能的不同配置，结合风光热储在不同时间尺度的发电互补特性，推动光热电站由以发电为主向发电和调节并重转变，提出小时级、日级、周级的多时间区间联合发电优化运行策略，实现"光热储能+"新能源基地一体化运行，提升"光热储能+"电力持续可靠供应能力和新能源利用率水平，推动"光热储能+"模式有序发展。

（三）加强政策支持和市场引导

推动大容量、低成本光热发电项目的应用，通过加强新装备、新技术研发和试验示范工作进一步提升其灵活性和调节能力；加快技术改进和设备升级，提高光热机组的发电效率，降低单位发电成本，增强机组在市场上的竞争力。制定或出台有利于促进光热发电规模化发展的相关政策机制或电价引导机制，如在给予光热发电机组容量电价的基础上，增加电能量价值（电力中长期或现货市场）或调节价值（辅助服务）以及环境价值（CCER、绿电、绿证），提高光热发电项目投资的积极性。结合甘肃电网对于新能源承载能力的现实需求，从全省层面统筹常规电源、调节电源、新能源、负荷需求、电网接入能力等各要素，科学合理确定新能源规划布局、年度开发建设规模以及新能源和常规电源的结构配比；鼓励和支持光热发电投资和建设，结合甘肃已有光热发电产业基础，培育光热发电优势产业，确保光热发电在甘肃持续健康发展。

B.12
新型能源体系建设背景下甘肃产业低碳化路径研究

杜晟磊 刘永成*

摘 要： 在当前全球能源转型与产业升级的大背景下，甘肃省作为我国西北地区的重要省份，拥有丰富的可再生能源资源，具备构建新型能源体系的条件。将新型工业化转型与之相结合，因地制宜地匹配地转型升级是产业发展的必经之路。党的二十大以来，甘肃积极构建以清洁、低碳、安全、高效为主要特征的新型能源体系，而目前甘肃省的产业结构中仍然存在一些传统高载能产业，能耗来源中煤炭等化石能源仍占有一定比例，给可持续发展道路和"双碳"目标的实现增加了难度。本文分析甘肃省能耗来源与产业现状，识别潜在能耗增长点与节能潜力，进而探索面向可再生能源消纳的产业转型路径，推动传统高载能产业向绿色低碳转型，建议培育发展战略性新兴产业和未来产业，为甘肃省保持竞争力和可持续发展能力提供参考。

关键词： 甘肃省 新型工业化 新型能源体系 能源消费 绿色低碳

党的二十大报告提出"加快规划建设新型能源体系、确保能源安全"，其内涵在于"安全高效、清洁低碳、多元协同、智能普惠"，加快规划和建设新型能源体系，构建能源体系发展新格局。以往甘肃能源需求量相对较小，能源结构较为单一，主要依赖煤炭、石油等传统能源。新型能源体系以

---

* 杜晟磊，国网甘肃省电力公司新型电力系统研究院工程师，主要研究方向为能源战略规划；刘永成，国网甘肃省电力公司新型电力系统研究院工程师，主要研究方向为能源战略规划。

清洁、低碳、安全、高效为主要特征，能源结构更"绿"，供应韧性更"强"，产业体系更"新"，治理基础更"实"。甘肃抢抓国家新能源布局与发展机遇，力争使能源转型成为经济增长新动能。甘肃坚持扩煤、稳油、增火电齐抓，夯实全省能源供给保障"基本盘"；紧抓国家在沙漠、戈壁、荒漠地区建设大型风光电基地机遇，发挥新能源在承接中东部产业转移方面的重要作用，促进新能源就地消纳；进一步优化甘肃能源生产消费结构，保障能源安全，减少对传统能源的依赖；促进多元化能源供应和智能化能源调配提高能源利用效率，降低能源消耗和环境污染；积极构建新型能源体系，锚定"双碳"目标，推动甘肃省工业焕新升级和清洁低碳转型，使得经济、社会和环境进一步朝高质量协调发展方向迈进。在此背景下亟须寻求将新能源发展从供给量的增长升级为引领推动全省工业转型动能的路径。

一 甘肃省能耗来源分析与能源电力消费产业结构

（一）甘肃省能耗来源现状与演变趋势

1. 主要能耗来源占比与产业结构分析

甘肃能源禀赋特征是"富煤、贫油、少气、风光优渥"。全省能源供应大体自给，轻微依靠外省调入如图1、图2所示。甘肃省能耗来源中，煤炭和一次电力居多且互补互济，油气占较少且基本稳定。随着"双碳"目标时间节点的临近，主要能源来源将由煤炭向一次电力迁移，逐渐实现低碳排量并获得环境价值。

产业结构方面，甘肃经济发展提速，占全国比重持续上升。2024年上半年，甘肃地区生产总值达到5902.7亿元，同比增长5.8%，增速高出全国0.8个百分点，位居全国第四、西北五省区第一。自2022年第一季度以来，甘肃已连续10个季度GDP增速高于全国平均水平。"十四五"以来，甘肃省地区生产总值和工业增加值占全国比重持续提升，截至2023年底，分别达到0.94%和0.85%，较2020年分别提升0.05个和0.13个百分点。甘肃

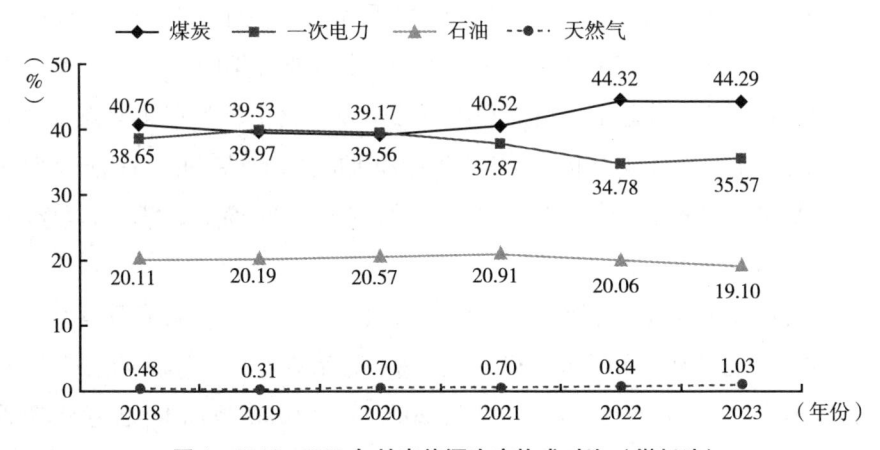

图 1　2018~2023 年甘肃能源生产构成对比（煤耗法）

数据来源：《甘肃发展年鉴》。图 2~图 4 资料来源均为此，不再赘述。

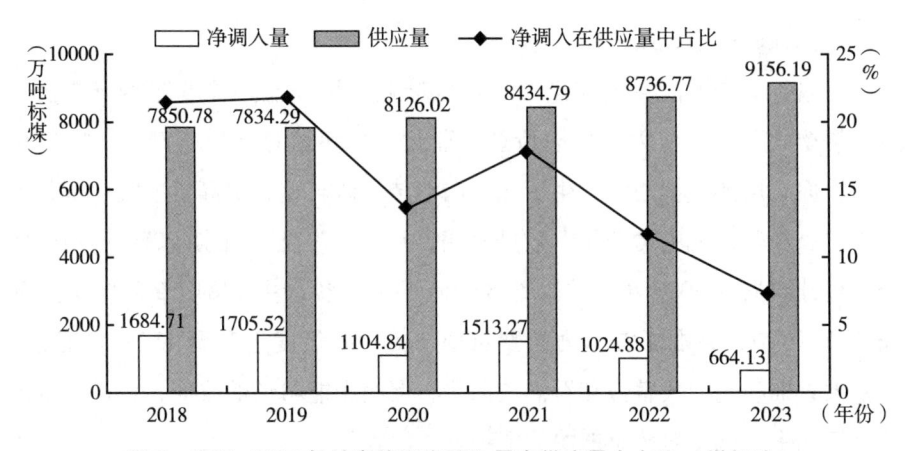

图 2　2018~2023 年甘肃能源净调入量在供应量中占比（煤耗法）

产业结构不断优化，但一产比重仍偏高，二产和三产比重偏低。近 20 年来，甘肃省三次产业结构呈现不断优化趋势，三产比重上升，一产和二产比重下降。截至 2023 年底，甘肃省第一产业、第二产业和第三产业占比分别为 13.8%、34.4%、51.8%，与国家总体产业结构相比。2024 年前三季度，全省规模以上工业增加值同比增长 12.0%。采矿业增加值增长 9.8%，制造业增加值增长13.7%，电力、热力、燃气及水生产和供应业增加值增长8.3%。全省规模以上工业有生产活动的39个行业大类中，27个行业增加值实现增长，其中有色金属冶炼和压延加工业，化学原料和化学制品制造业，煤炭开采与洗选业，电力、热力生产和供应业，石油和天然气开采业等行业贡献明显，增加值分别增长32.1%、19.3%、15.9%、8.5%、6.8%。

2. 人均能耗现状

甘肃年人均能源消费低，单位GDP能耗高。甘肃年人均能源消费总量为3478千克标准煤，距全国3831千克标准煤稍有差距。2023年甘肃省能耗强度为0.77吨标准煤/万元，相较2020年的0.90吨标准煤/万元降低14%，提前完成《甘肃省"十四五"节能减排综合方案》要求的12.5%目标，但距离目前全国0.45吨标准煤/万元仍有较大差距，产能和用能环节工艺有待优化。

3. 潜在能耗增长点分析

甘肃省潜在的能耗增长点在于重点产业、服务业。甘肃省实施"强工业、提质效"行动，大力推进新型工业化，加快培育新质生产力。电气化潜力方面，用能习惯逐渐发生变化，向清洁低碳转型，提高了电气化率，趋向于把煤炭转换成电力使用。数据表明，从"十三五"末期2020年到最新公开统计数据的2023年，甘肃终端能源煤炭消费量由1484.56万吨下降到1257.57万吨，终端能源电力消费量由1311.58亿度上升至1579.53亿度。甘肃大力推动电力代替煤和石油的消费，促使用能习惯的改变，将进一步提升电气化率，减少对传统能源的依赖。

（二）甘肃省能源电力消费结构现状

在"双碳"目标下，电力系统的发展使得电能成为社会主要用能，促进非化石能源的使用占比逐年增长，推动经济社会清洁低碳转型发展。以往甘肃呈现工业结构单一、高载能行业占比高的态势，约60%的终端能源消费量来自工业部门，主导产业是高载能工业，包括有色金属（电解铝产业）、黑色金属（钢铁产业）、水泥玻璃建材等，支柱产业是石油化工、能源产业。随着国家"东数西算"工程的推进和战略性新兴产业发展规划的实施，用电量迅速上升。以上关键产业是甘肃省工业用电的主要来源，比重达76%，也是消纳新能源、开展负荷侧灵活性改造的关键行业，将在全省用电量和清洁能源消纳量增长中起带动作用。

甘肃省致力于发展新质生产力，推动产业现代化体系建设，聚焦传统产业"三化"改造，推动石化、冶金、有色、煤炭等传统产业转型升级，谋划布局未来产业。省内培育壮大新能源、新材料、生物医药、电子信息、精细化工、高端装备制造等战略性新兴产业，积极谋划布局氢能、新一代人工智能、量子科技、航天等未来产业，规模化打造石油化工、有色冶金、数字智能、生物医药、新材料和相关融合产业六大千亿级产业集群，以及高端装备制造、精细化工、煤炭高效利用、医疗装备和新型建材五个百亿级产业集聚区。"十三五"及"十四五"期间，随着产业结构调整，省内用电结构逐步发生变化。受信息传输、软件和信息技术服务业等现代服务业良好增势的拉动，第三产业用电量持续增长，由2019年的15.22%提升至2023年的17.07%。

二 甘肃省能耗需求与低碳化潜力分析

甘肃终端电气化率从2010年的20.76%提升至2023年29.92%，并高于同年全国平均水平（27.31%）。"十四五"期间，甘肃省累计完成替代电量254.22亿千瓦时。据预测到"十四五"末，工业、交通、建筑等终端用能领域，排除无法脱碳的部分，深度电气化空间折合1500亿吨标煤。在"双碳"目标与新型工业化战略推进下，甘肃省工业部门电气化水平日益提升。同时，随着东部高载能产业向西转移、"东数西算"等产业结构调整，甘肃省工业和信息化领域（主要包括工业与数据中心）的电力需求将迎来持续增长。初步推算，甘肃省工业和信息化领域电力需求将从2020年的1095亿千瓦时持续增长至2025年的1445亿千瓦时，到2030年进一步提升至1919亿千瓦时。其中，有色金属行业是现阶段电耗的主要来源，丰富的绿电资源将吸引有色金属行业持续向甘肃省聚集,电耗量仍维持较高水平,占工业和信息化领域的比重始终保持在30%以上。黑色金属行业亦然,电耗量占工业和信息化领域的比重预计由2020年的12%逐渐下降至2060年的8%。数据中心是甘肃省未来电力消费的主要来源,比重将由2020年的6%持续增长值2035年的13%,此后基本稳定在16%左右。

(一)传统高载能行业能耗需求与低碳化潜力

1. 有色金属冶炼和压延加工业

有色金属行业是甘肃工业用电大户,占工业总用电量的41%左右。有色金属冶炼和压延加工业的可调负荷占比约为15%~20%,响应速度为小时级,响应时长为0.5~2小时。该行业中电解设备负荷占比为50%~65%,一般情况下不可停。可调设备主要为铸造炉、乳机等,可调负荷占比为20%左右。

有色金属冶炼和压延加工业的典型代表是电解铝行业,该行业甘肃省龙头企业有东兴铝业、西北铝业、临洮铝业、中国铝业兰州分公司等。电解铝行业一般为三班24小时连续工作制,电解直流系统和重要辅助生产系统均为一级负荷,约占全厂总用电负荷的95%,对供电可靠性要求较高。电解铝企业主要可以通过调节电解槽中整流器输出端的电压或输入功率来调整负荷。一般地,电解铝具备90%~110%的连续电力调节能力,这种调节仅影响产量,而不影响产品质量和设备安全。电解铝负荷可调节范围内可以承受一定的爬坡率,但不能频繁调节,在一次爬坡之后,应当稳定生产。

2. 黑色金属冶炼和压延加工业

黑色金属行业是甘肃工业用电第三大户,占工业总用电量的10%左右。其中,大部分用电量来自钢铁行业。该行业甘肃省龙头企业有酒钢集团、酒钢集团榆中钢铁、西北铝业、兰鑫钢铁等。钢铁行业的电气化路径主要是从高炉转向电炉。2019年我国钢铁行业90%以上的产能采用高炉技术,而电炉技术仅占生产总量的9%。特别是以废钢为原料的短流程炼钢技术,碳排放量仅为0.4吨二氧化碳/吨钢,若使用绿色电力为电炉供能,则碳排放量大大降低。流程上逐步从长流程向短流程调整，推广废钢-电弧炉短流程、直接还原铁（DRI）-电弧炉流程。技术上开发氢等离子体熔融还原和铁矿石电解等无碳冶金新技术。绿氢直接还原炼钢也是路径之一，但此技术目前尚未开展商业化应用。瑞典、德国、奥地利等国家已有氢能炼钢项目投产，国内宝武、河钢、酒钢等钢铁企业也开始了氢能炼钢探索试点。

3. 石化化工行业

石化化工是甘肃省的支柱产业，同时也是重点高载能行业之一，用能总量大且形式多样，碳排放强度大，整体电气化水平较低，发展潜力大。加快推进行业电气化发展、推进需求侧灵活性改造是行业清洁低碳转型的重要抓手。甘肃省石化化工行业增加值平稳增长，2023年行业发展整体持续向好，石化产业累计增速6.5%，占全省工业比重的32.6%，拉动工业增速2.3个百分点。全省17个化工园区产值超过1500亿元，石化化工产业链发展持续向好，集聚化发展成效显著。目前，西北地区已有多个绿氢耦合煤制烯烃、炼化等技术示范项目开工，可推进化工与可再生能源耦合、新能源制氢和氢电耦合系统应用推广。以绿氢承载化工产业发展，利用可再生能源产生绿电，利用绿电电解水制得绿氢与化工进行耦合，研究应用以短流程技术为代表的化工低碳零碳流程再造技术，挖掘石化化工行业的电气化空间。

4. 建材产业

建材产业用电量占甘肃省工业总用电量的8%左右。其中，大部分用电量来自水泥、玻璃行业。永登祁连山水泥、酒钢集团宏达建材、平凉海螺水泥、酒泉宏磊特种玻璃、兰州德鑫玻璃等企业具有参与需求侧响应的潜力。在玻璃、陶瓷等工艺中利用电窑炉替代燃煤炉，提高电气化水平。可调负荷占比约为25%，响应速度为分钟级，响应时长为0.5~4小时。电力窑炉、氢制水泥技术是建材行业未来电气化改造的主要路径。目前水泥行业在探索光伏热能、氢能和电力在燃料替代方面的价值，但仍处于研发和试点阶段。水泥窑的工作温度较高（1300℃~1450℃），使用电力加热也需要全面改造现有窑炉结构。水泥窑利用氢能需要大幅改造现有结构和充分的绿氢供给，且氢气火焰的热力学性质及产生水蒸气使其不利于直接加热。全氧燃烧、电助熔技术以及大功率电助熔技术是玻璃行业未来电气化改造的主要路径。此外，在厂区内可采用光伏一体化技术，通过分析厂区/园区的地理位置、气候环境、建筑布局，合理利用光伏发电，将清洁能源与建筑建材相结合实现能源结构优化。

（二）新兴行业能耗需求与低碳化潜力

1. 新能源装备与材料

新能源装备制造业也是消纳清洁能源的重要场景，甘肃丰富的可再生能源资源与基础雄厚的外送电工业为新能源装备制造业提供了良好的应用场景与发展基础。新能源制造产业，特别是上游原材料制造环节，能源消耗量大，二氧化碳排放强度大。加快材料制造环节电气化改造，提升清洁能源消费比重，是新能源制造业提升绿色电力消费比例的关键步骤。新能源装备及材料制造过程中，熔化炉、热处理炉、高频炉等装备具有灵活性调控的空间，根据实验测算，其中约有20%负荷具有改造空间，响应速度为小时级，响应时长为1~2小时。

2. 可再生能源电解制氢

可再生能源电解制氢的能耗需求主要取决于电解槽的类型和运行条件。电解槽可以分为碱性电解槽（AEL）和质子交换膜电解槽（PEM）。碱性电解槽适用于工业用氢，特别是在炼油和化工领域，将氢原料与化工流程相结合，生产绿色大宗化工产品，如绿氨、绿色甲烷、绿色甲醇、绿色合成燃料等。质子交换膜电解槽适用于加氢站用氢。绿电制氢行业仍处在成长的初级阶段，距离实现真正的规模化仍面临一系列挑战。绿电制氢的主要成本在于电价，随着可再生能源成本的下降，绿电制氢的经济性将逐步显现，有望替代传统化石能源制取的"灰氢"。据测算，当可再生能源发电价格为0.15元/千瓦时，氢气的生产成本为1.67元/立方米，相当于18.70元/公斤；而可再生能源发电价格降至0.1元/千瓦时，氢气生产成本则为1.42元/立方米，换算后约为15.90元/公斤，这时绿氢的生产成本将与传统制氢基本持平。

3. 数据中心

甘肃省具有空气干燥、土地及用电成本低的优势，适合大力发展大数据产业。庆阳"东数西算"国家工程是全国一体化算力网络国家枢纽节点之一。此外，甘肃省全面布局信息化产业，如中国移动兰州新区集团级数据中心、甘肃电信兰州新区数据中心、华为张掖云计算大数据中心、甘肃金昌紫金云大数据产业园、天水浪潮云计算大数据中心、酒泉云计算数据中心、庆阳数据信息产业园、平凉智能终端光电产业园、兰州新区西北丝绸之路大数据产业园等项目。

数据中心总能耗功率主要由服务器设备能耗、制冷系统能耗、其他能耗等组成。数据中心服务器能耗可分为两部分：处理延迟容忍型负载所产生的能耗（例如批处理工作负载）和处理延迟敏感型负载所产生的能耗（例如交互式工作负载）。数据中心可通过参与需求侧响应来节约用电成本。参与价格型需求响应[①]时，数据中心根据实时电价进行负荷调节来节约用电成本。在低电价时段数据中心通过时间调度机制、制冷系统调节机制、储能系统充电三种调节手段来增加用电负荷，为高电价时段释放更多的需求响应潜力。在高电价时段，数据中心通过时间调度机制、空间调度机制、制冷系统调节等调节手段来释放数据中心需求响应潜力。参与激励型需求响应[②]时，数据中心会根据激励信号的调节方向进行负荷调节，在节约用电成本的同时获得更多的需求响应收益。当调节信号为上调时，数据中心利用时间调度机制、制冷系统调节、储能系统增加用电量，虽然此时的用电成本增加，但获得的需求响应收益大于用电成本。当调节信号为下调时，数据中心通过调节机制在降低自身用电成本的同时增加用电量的下调幅度，不仅能够降低用电负荷，节省用电成本，还能获得需求响应收益。当没有调节信号时，数据中

[①] 用户收到的价格信号，如分时电价、实时电价和尖峰电价等，相应调整其用电需求，从而达到改变负荷曲线的目的。

[②] 一种需求侧响应实施者根据电网供需状况制定相应政策，用户在系统需要或电力紧张时减少用电需求，并获得直接补偿或在其他时段获得优惠电价的响应方式。其激励策略包括直接负荷控制、可中断负荷、需求侧竞价、紧急需求响应、容量市场项目和辅助服务项目等。

心仍然通过负荷调节机制来减少用电成本。从节能角度来看，理论上数据中心可降低约50%的原始负荷，考虑经济因素后，价格型需求响应潜力值和激励型需求响应潜力值相近，约占原始负荷的26%。

三 新型能源体系建设背景下的甘肃省产业低碳化转型路径

（一）政策指导

2022年1月，工信部、国家发展改革委等十部门联合发布《关于促进制造业有序转移的指导意见》，指出在满足产业、能源、碳排放等政策的条件下，支持符合生态环境分区管控要求和环保、能效、安全生产等标准要求的高载能行业向西部清洁能源优势地区集聚，强调西部地区有序承接东部地区产业转移，建设国家重要的能源化工、资源精深加工、新材料、轻工产品等基地，以及区域性高技术产业和先进制造业基地。

2024年10月，国家发展改革委等部门在《关于大力实施可再生能源替代行动的指导意见》中明确要求加快推进重点领域可再生能源替代应用，协同推进工业用能绿色低碳转型；科学引导工业向可再生能源富集、资源环境可承载地区有序转移，强化钢铁、有色、石化化工、建材、纺织、造纸等行业与可再生能源耦合发展；提高短流程炼钢占比，在冶金、铸造、建材、日用玻璃、有色、化工等重点行业推广电锅炉、电窑炉、电加热等技术；在合成氨、合成甲醇、石化、钢铁等领域鼓励低碳氢规模化替代高碳氢，鼓励发展大容量燃煤锅炉掺绿氨燃烧。

2022年6月《甘肃省"十四五"节能减排综合工作方案》指出，推进重点行业绿色发展。深入实施"强工业"行动和工业领域碳达峰行动，扎实开展传统产业高端化、智能化、绿色化改造；以钢铁、有色金属、建材、石化化工等行业为重点，扎实推进节能降碳行动和污染物深度治理；实施原材料开采、加工等流程节能改造，推广高效精馏系统、高温高压干熄焦、富氧强化熔炼等节能技术，着力提高工艺流程和重点用能设备能效水平；推进钢铁、水泥、焦化行业及燃煤锅炉超低排放改造，加强玻璃、陶瓷、铸造、有色、煤化工等行业清洁能源替代，到2025年底，全省65蒸吨/小时及以上燃煤锅炉（含电力）全面实现超低排放；推进新型基础设施能效提升，依托全国一体化算力网络国家枢纽节点（甘肃）建设，合理布局建设绿色数据中心。"十四五"时期，甘肃规模以上工业单位增加值能耗下降13.5%。到2025年，通过实施节能降碳行动，钢铁、电解铝、水泥、平板玻璃、炼油、乙烯、合成氨、电石等重点行业产能和数据中心达到能效标杆水平的比例超过30%。

（二）甘肃省传统工业的低碳化转型路径

甘肃省落实高端化智能化绿色化改造推进传统产业转型升级实施方案，突出项目牵引，前瞻性调整业务结构，促进结构升级、链条延伸、产品更新，破难题、补短板、强基础，加快推进传统产业转型升级和新旧动能转换，全面提升有色冶金、装备制造、煤炭化工等优势产业竞争力。稳步推进新型工业化，以甘肃特色新能源资源为依托、优势产业为支撑，加快技术储备和产业转型布局。

1. 继续以传统产业"三化"改造为抓手

一是坚持绿色化支撑，将传统工业转型与可再生能源消纳相结合。抢抓"双碳"机遇，着力构建以新能源为主体的新型电力系统，充分利用区域风光资源富集的区位优势以及经过多年发展形成的电力源网荷协同发展的基础条件优势，大力发展风电、光电、输配电、储能、氢能、核电、地热能装备制造业，积极推进以沙漠、戈壁、荒漠为重点的大型风电光伏项目建设，为低碳转型注入绿色电力动能。通过优化传统高载能产业用能结构，促进可再生能源消纳。

二是坚持智能化驱动，发挥新型工业化新常态数智循环产业链优势。以数字化转型赋能新型工业化，新型工业化与数字化相结合能够在兼顾存量的同时，提高发展质量，提高集约化水平，加速产业发展动力转换。围绕有色冶金、煤炭、装备制造等传统产业领域，持续打好传统产业高级化产业链攻坚战，促进核心技术、关键工艺、重点设备升级，重塑传统产业发展动能。

三是坚持高端化引领，淘汰落后产能，实现与"双碳"目标相匹配的产业结构转型。明确淘汰范围和标准，对于技术落后、产能过剩、环境污染严重的企业，要明确淘汰范围，制定具体的淘汰标准和指标，包括但不限于技术陈旧、环保设施不达标、能耗高、安全隐患大等方面。

2. 因地制宜，寻求传统典型高载能行业转型路径

有色金属加工向可再生能源消纳、原料循环方向发展。电解铝是有色金属加工的主要部分，通过将自备火电改为清洁能源电力来实现电气化基础上的进一步碳减排。在可再生能源发电资源丰富的地区承接此类产能，有助于进一步提高可再生能源消纳比例，优化用能结构，实现进一步清洁化。支持电解铝企业通过绿证绿电交易、建设可再生能源发电项目等方式，积极增加可再生能源消费。积极参与碳排放配额交易，通过碳排放权交易市场，购买碳排放配额，以满足碳排放控制要求。

黑色金属冶炼和压延加工业向先进钢材产业发展。要紧盯先进钢材的主要方向，推动甘肃省黑色金属产业转型升级，实现电气化。优化能源结构，发展节能技术，推动煤炭与新能源优化组合，使用清洁能源开展电炉炼钢，增加新能源消纳能力。优化生产工艺，通过技术创新和工艺优化进行节能减排，实现短流程技术，如废钢电炉短流程和氢基还原电炉短流程等。从产业规模和产业集中度两个维度进行产业结构优化升级。加快推进钢铁产业与新能源、新材料、化工等产业链的协同发展，推动高附加值磷酸铁锂正极材料、高新磁性材料、不定形耐火材料等含铁产品的联动生产，加速氢冶金、废油冶炼等技术发展，促进产业集聚，切实提升能源综合利用水平。

推动石化化工产业朝节能化、精细化方向发展。通过技术升级提升炼化一体化和能效水平。考虑运用蒸汽裂解装置电加热解决方案，利用低碳电力加热蒸汽裂解炉来减少二氧化碳排放量。增加可再生能源电力采购，开发低碳新技术和创新材料，助力产业链碳减排的一系列行动计划。以合成氨和乙烯等产物为切入点，改进合成氨的工艺结构，大幅提高电解氢的用量；改进乙烯的工艺结构，增加由"绿氢+二氧化碳"直接合成的烯烃用量，打造精细化工产业链，对接合成橡胶领域，大力发展环保型橡胶助剂和橡胶促进剂系列产品、二硫化碳、不溶性硫黄以及高品质炭黑等产品产业链；对接合成树脂塑料行业，积极发展柠檬酸酯环保型增塑剂等系列产品产业链；对接建筑领域，积极发展第三代聚羧酸减水剂等系列产品产业链。

推动建材产业朝新型绿色建材方向发展。通过原料替代、余热发电等方式加快建材产业电气化。一是水泥生产电气化。直接电气化，通过电阻元件或磁感应的电气化预分解器，以及等离子体气体在旋转窑中提供高温高热；间接电气化，使用绿氢、替代燃料进行燃烧提供高温高热。延伸发展预拌混凝土、预拌砂浆、超高性能混凝土、水泥基复合材料、混凝土制品和纤维水泥板等产业链。二是鼓励超薄复合石材生产。引导企业朝精细化加工、节能建材和制品化方向发展，促进应用低能耗烧成、高效粉磨、燃料类及原料类替代技术，使用电炉渣等低碳排放物替代原材料。引导石材加工由建筑石材向装饰石材、工艺石材转变，充分挖掘废矿石和尾矿的综合利用价值。三是大力发展低辐射镀膜玻璃及板材、真（中）空玻璃、光伏光热一体化玻璃及制品、节能门窗及构配件等产品，提高玻璃制品加工率，促使高附加值产品比重不断提升。

（三）甘肃省战略性新兴产业的低碳化路径

从"十二五"规划提出包括新能源和新材料在内的七大重点发展领域，到"十三五"规划明确要求战略性新兴产业增加值占生产总值的比重达到15%，再到"十四五"规划进一步将战略性新兴产业扩充到九大领域，战略性新兴产业一直在甘肃省现代化产业体系中居于核心地位。随着新能源体系在甘肃的大力建设完善，高端装备制造、电子信息、生物、航空航天、新材料、新能源等战略性新兴产业也取得了显著的发展成效。

1. 以科技创新引领新兴产业，延长补齐产业链条

一是全面运用新能源科技创新成果升级原有产业。基于国家发展战略和甘肃省的发展目标，甘肃省战略性新兴产业的产业化程度更高，技术更加成

熟，运用新能源体系助推自身升级发展的基础条件更优渥。通过加强科技研发，全面推进新兴产业企业与高校、科研机构开展广泛合作。如甘肃电气集团与华中科技大学合作的"永磁复合电机及控制系统产业化项目"，兰石集团联合中国科学院相关研究所承担的甘肃省科技重大专项等，提升了产业的创新能力和核心竞争力。

二是提升能源综合利用水平实现降耗减排。以建设甘肃国家新能源综合开发利用示范区为契机，着力打造新能源高效利用新高地、能源绿色低碳转型新高地，立足源网荷储各环节协同发力，加强新能源开发及消纳研究，在新能源内供外送两方面协同发力。积极推进绿色产品、工厂、园区、供应链、工业节水型企业等绿色制造体系建设，鼓励工业企业、园区优先利用可再生能源，提高清洁能源消费占比。

2. 结合禀赋特色，强化新兴产业布局

吸引新能源装备制造业龙头企业落地甘肃，延长产业链条。聚焦新能源装备制造产业，围绕"强龙头、补链条、聚集群"，发挥链主企业典型示范作用和上下游产业带动作用，按照全链条培育路径，加快构建以酒泉、嘉峪关为核心，金昌、武威、张掖三地协同，依据特色分别围绕储能产业、光伏治沙、制氢产业，其他市州多极驱动的新能源产业区域发展格局。加强招商引资对接，注重区域间产业链、产业集群整合，放大集群的正外部效应，促进形成各企业优势互补、协调发展的良好格局。提高产业链、供应链的稳定性与安全性，打造新能源装备制造产业链高质量发展生态圈；促进新能源产业链延长，助力打造全国重要的新能源及新能源装备制造基地，全面形成新能源产业发展新格局，促进能源优势向经济优势、产业优势、发展优势转变。

在制氢产业方面，持续关注可再生能源电解水制氢技术。利用可再生能源电力资源禀赋，探索可再生能源制氢与传统工业过程的耦合与替代，探索布局绿氨、绿色甲醇、绿色炼化、氢冶金等项目。关注制氢产业链布局覆盖"制、储、运、加、用"等各个环节，合理引导匹配绿氢项目和风光项目指标，鼓励业主企业在风光项目落地的同时配套绿氢项目，借助可再生资源优势开展规模制氢试点。

新建和低碳改造绿色数据中心。数据中心绿色发展已成为工业绿色低碳发展的重要组成部分。立足经济社会数字化转型和高质量发展全局，尊重产业和技术发展规律，适度超前发展数据中心、5G等新型基础设施。已建成的数据机房，应提升电能利用效率，改造电能利用效率（PUE）超过1.5的数据中心。在数据中心规划期间，充分发挥用山洞、山体间口等自然条件优势降低数据机房能耗，新建大型、超大型数据中心PUE降到1.25及以下。推广相变冷却系统技术、单相浸没式液冷技术等制冷节能技术，优化气流组织，通过市场化绿色电力交易、购买绿色电力证书、因地制宜建设分布式可再生能源电站等方式，提高可再生能源电力利用水平。

四 对策与建议

（一）因地制宜布局新兴产业

因地制宜发展新兴产业，加快西部地区产业转型升级。要实现西部地区高质量发展，就要把发展特色优势产业作为主攻方向，发挥其资源禀赋优势，利用产业深度转型升级来催生新的生产力，构建新发展格局。利用能源资源禀赋，大力发展以动力电池、晶硅光伏为主的绿色新能源产业和以智能终端、信息服务为主的数字经济，着力建设生态优先、绿色低碳发展先行区。结合优质煤炭、石油、天然气、铜、铝、钾等，依托化工基地优势发展煤化工。依托陇东丰富的风光资源，开展以风光电基地和绿色外送通道建设为核心的新能源产业；利用全国一体化算力网络国家枢纽节点优势，重点发展大数据产业。加强对战略性新兴产业和集约高效传统产业的扶持，为西部地区释放发展红利。

（二）加快传统产业低碳转型

根据新增可再生能源消费不纳入能源消费总量控制有关政策，推动省内重点用能企业通过购买绿证提高企业能效指标，通过绿证抵扣的方式完成国家下达的节能降碳目标，确保符合国家标准，加快产业绿色转型。推动人工智能、通信、控制等技术与传统电力技术深度融合，加快构建新型电力系统，服务新业态、新模式，推动传统产业消纳绿电。结合甘肃省新能源资源分布特点，依托河西产业基础和镍钴等资源优势，重点发展风电装备制造业、氢能产业、镍钴新材料产业、新型绿色建材产业等。

（三）推动技术创新与应用

设立专项研发基金，强化技术突破与成果转化，加快新能源技术、智能电网技术、储能技术等关键技术的研发与应用，建立健全技术成果转化机制，推动研发成果快速推广应用。制定优惠政策引导企业采用先进的节能技术和设备，提供资金补助、税收优惠等激励措施，加强对企业技术升级的支持，助力企业实现技术创新和产业升级。深化产学研合作，建立产学研用深度融合的技术创新生态体系，通过联合研发、技术转移、人才培养等多元化合作方式，促进新能源技术的持续创新与应用，为绿色电力消纳提供强有力的技术支撑。

（四）强化政策引导与监管

加强部门协同，形成政策合力。甘肃省能源局与工信、生态环境等相关部门紧密合作，共同研究制定绿色电力消纳的政策措施，形成政策合力，推动绿色电力在甘肃省的广泛应用。建立健全监管体系，强化技术支撑，充分利用大数据、云计算等现代信息技术手段，构建绿色电力消纳智能监管平台，对企业绿色电力消费情况进行实时监测、精准评估和动态调整。鼓励工业企业持续使用清洁能源。充分发挥电力市场优势，利用绿电聚合等供应模式，丰富匹配新能源发电成本、市场需求及政策导向等多重因素，以确保市场化电价引导企业积极选择和使用绿色电力。

专题报告

B.13 甘肃省现代设施农业智慧低碳发展路径研究[*]

梁琛 李亚昕 赵龙 李威武[**]

摘 要： 相比于传统农业，现代设施农业本身具有低碳属性，其高质量发展离不开清洁低碳能源支持。本文介绍了甘肃现代设施农业基本情况，通过分析甘肃设施农业发展现状及典型案例，剖析甘肃现代设施农业智慧低碳发展所面临的制约因素，就如何将甘肃的新能源资源优势与现代寒旱特色农业发展相结合以实现甘肃现代设施农业智慧低碳发展展开论述，认为甘肃现代设施农业智慧低碳发展需要建立完善现代设施农业政策体制机制，推动现代设施农业技术、绿色低碳可靠供电技术和多能互补技术创新和应用。

---

[*] 注：本文甘肃省农业相关数据均由甘肃省农业农村厅提供。
[**] 梁琛，国网甘肃省电力公司电力科学研究院正高级工程师，主要研究方向为电网降损、节能降碳技术；李亚昕，国网甘肃省电力公司电力科学研究院工程师，主要研究方向为电网降碳技术；赵龙，国网甘肃省电力公司电力科学研究院高级工程师，主要研究方向为新能源并网技术；李威武，国网甘肃省电力公司发展事业部高级工程师，主要研究方向为电网降损节能技术。

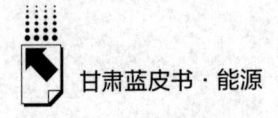

关键词： 现代设施农业 新能源 绿色低碳

农业兼具碳源和碳汇的双重特性，与气候变化密切相关。目前农业碳排放已经成为我国仅次于能源行业的第二大温室气体排放来源。传统农业由于耕作方式、化肥和农药的使用、牲畜养殖等活动以及土地利用方式的变化都增加了碳排放。现代设施农业以其精准农业和可持续耕作、电气化和绿色化等优势，不仅在降低自身碳足迹方面发挥着重要作用，也为实现整体低碳经济目标提供了有力支持。习近平总书记指出，"树立大食物观，发展设施农业，构建多元化食物供给体系"，"设施农业大有可为，要发展日光温室、植物工厂和集约化畜禽养殖，推进陆基和深远海养殖渔场建设，拓宽农业生产空间领域"。甘肃部分地区水资源短缺，适合农业生产的优质土地资源有限，因此，可借助绿色综合能源技术、信息技术和智能化技术等智慧低碳新技术，提高资源的利用效率，充分发挥甘肃新能源资源优势，推动传统农业向现代设施农业智慧低碳发展，为甘肃发展现代丝路寒旱特色农业奠定坚实基础。

一 甘肃现代设施农业发展现状

现代设施农业是利用现代信息技术、生物技术、工程装备技术与现代经营管理方式，为动植物生长提供相对可控的环境条件，在一定程度上摆脱自然依赖进行高效生产的农业类型，涵盖设施种植业、设施畜牧业、设施渔业和提供支撑服务的公共设施等。设施种植业包括日光温室、连栋温室和植物工厂以及不改变耕地地类的拱棚、塑料大棚等；设施畜牧业包括集约化工厂化畜禽养殖场等；设施渔业包括标准化池塘、工厂化循环水和深远海养殖渔场、沿海渔港；公共服务设施包括产前的集约化育苗、产后的冷藏保鲜、冷链物流和仓储烘干等设施。目前，国内外设施农业减排路径主要基于可再生能源充分利用，围绕能量存储和能量回收展开。截至2023年8月，全国现代设施农业面积达到4000万亩，约70%的肉蛋奶和52%的养殖水产品由设施养殖提供，设施农业效率高、产出高、效益高的特点明显。

（一）现代设施农业相关政策

"十四五"时期是我国全面建成小康社会、实现第一个百年奋斗目标之后，乘势而上开启全面建设社会主义现代化国家新征程、向第二个百年奋斗目标进军的第一个五年，"三农"工作重心历史性转向全面推进乡村振兴，加快中国特色农业农村现代化进程。国家层面在农业农村现代化、现代设施农业建设等方面出台了一系列政策机制。

一是强调顶层设计。2023年6月9日，农业农村部、国家发展改革委、财政部、自然资源部四部委联合印发《全国现代设施农业建设规划（2023～2030年）》（以下简称《规划》），这是我国出台的第一部现代设施农业建设规划，对促进设施农业现代化具有重要指导意义。《规划》包括1个总体规划、4个专项实施方案，明确建设以节能宜机为主的现代设施种植业、以高效集约为主的现代设施畜牧业、以生态健康养殖为主的现代设施渔业、以仓储保鲜和烘干为主的现代物流设施等4方面重点任务；部署实施现代设施农业提升、戈壁盐碱地现代设施种植建设、现代设施集约化育苗（秧）建设、高效节地设施畜牧建设、智能化养殖渔场建设、冷链物流和烘干设施建设等6大工程；明确提出强化组织领导、政策扶持、指导服务、主体培育、宣传引导等5方面保障措施，对未来一个时期现代设施农业发展做出全面部署安排。

二是强化目标导向。《规划》提出到2030年，全国现代设施农业规模进一步扩大，区域布局更加合理，科技装备条件显著改善，稳产保供能力进一步提升，发展质量效益和竞争力不断增强。设施蔬菜产量占比提高到40%，畜牧养殖规模化率达到83%，设施渔业养殖水产品产量占比达到60%，设施农业机械化率与科技进步贡献率分别达到60%和70%，建成一批现代设施农业创新引领基地，全国设施农产品质量安全抽检合格率稳定在98%。

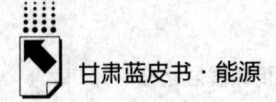

三是重点引导潜力区实施非耕地设施农业开发。以生态保护和资源合理利用为前提，以戈壁和盐碱地等土地后备资源潜力区为重点，有序推进西北戈壁、黄淮海和环渤海盐碱地等非耕地现代设施农业园区化开发，带动全国新增非耕地现代设施农业100万亩左右。

四是强化公共设施服务基础建设。出台了《冷链物流和烘干设施建设专项实施方案（2023~2030年）》，以打通设施农业产后的痛点堵点为导向，以建设产地仓储保鲜冷链物流设施和粮食减损绿色烘干设施为重点，加快谋划实施一批重点项目，全面补齐设施农业产业链配套设施装备短板，有效减少粮食和"菜篮子"产品的产后损失和流通环节浪费。

（二）甘肃省农业发展现状

甘肃省位于我国西北部，气候干燥少雨，昼夜温差大，日照充足。甘肃省是特色农业大省，目前基本形成了草畜、马铃薯、水果、蔬菜等战略性主导产业，制种、中药材、啤酒原料等区域性优势产业，以及食用百合、球根花卉、黄花菜、花椒、油橄榄等一批地方性特色产业和产品。甘肃省粮食作物以小麦、玉米、马铃薯三大类为主，另外还有稻谷、谷子、糜子、高粱、啤酒大麦、燕麦、荞麦、青稞、大豆、蚕豆。经济作物有蔬菜（包括辣椒、番茄、茄子、番瓜、西兰花、娃娃菜、芹菜、青笋、菜心、豆角、洋葱、韭菜、大蒜等）、中药材（包括当归、党参、人参、黄芪、柴胡、板蓝根、甘草、枸杞等）、水果（包括苹果、西瓜、梨、葡萄、桃、杏、枣等）、油料（包括胡麻、油菜籽、葵花籽、花生、芝麻等）、棉花、线麻、烟叶、甜菜等。甘肃是全国药材主要产区之一，现有药材品种9500多种，居全国第二位，目前经营的主要药材有450种。高原夏菜种植面积、产量位居全国第一，马铃薯、中药材、苹果种植面积和产量位居全国第二，羊存栏量位居全国第三，牛存栏量位居全国第九。以蔬菜为例，甘肃是我国"西菜东调""北菜南运"的五大商品蔬菜基地之一，也是农业部规划的西北内陆出口蔬菜重点生产区域、西北温带干旱及青藏高寒区设施蔬菜重点区域。目前，甘肃蔬菜产业已形成了河西走廊灌区、中部及沿黄灌区、泾河流域、渭河流域和"两江一水"流域五大优势产区。从西到东，绵延1600公里的土地跨越四种气候带，都有甘蓝、娃娃菜、花椰菜、土豆、洋葱、芹菜、西红柿、黄花菜、红辣椒等品种多样的蔬菜种植。甘肃水果品种丰富，有十几个品种的优质西瓜和30多个品种的优质甜瓜，主要水果特产有"金花宝"西瓜、白兰瓜、冬果梨、软儿梨、白凤桃、金冠苹果以及西峰西瓜、兰州黄河蜜瓜、克克齐甜瓜等，全省种植面积接近500万亩，产量超过800万吨。

（三）甘肃省现代设施农业发展的主要举措及成效

甘肃省制定出台了《甘肃省关于发展现代设施农业的指导意见》《2022年甘肃省农产品产地冷藏保鲜设施建设实施方案》《甘肃省现代设施农业建设规划（2023～2030年）》《甘肃省现代设施种植建设专项实施方案（2023～2030年）》《甘肃省现代设施畜牧建设专项实施方案（2023～2030年）》《甘肃省现代设施渔业建设专项实施方案（2023～2030年）》《甘肃省现代冷链物流建设专项实施方案（2023～2030年）》《甘肃省粮食产地烘干建设专项实施方案（2023～2030年）》等推进设施农业发展的政策制度，明确了全省发展设施农业的思路方法、目标任务、工程项目和时间路线。

截至2023年底，甘肃省累计建成国家级养殖标准化示范场28个，其中肉牛养殖标准化示范场7个、肉羊6个、奶牛6个、生猪7个、家禽2个；设施渔业分别建成了池塘设施、工厂化设施、盐碱地设施渔业养殖场271个、35个、9个；农机总动力达到2638万千瓦；农作物耕种收综合机械化率达到66.7%；建成农产品仓储保鲜冷链设施6913座，储藏能力达696万吨。

二 甘肃现代设施农业发展典型案例

（一）甘肃酒泉市肃州区戈壁生态农业产业园（设施种植）

截至2023年底，肃州区全区戈壁日光温室面积达到3万亩，智能连栋温室面积达11万平方米。围绕戈壁农业产业链条，建成了8000万株育苗、

15万立方米基质、5万吨有机肥、20万立方米冷链仓储、20万吨农产品交易等配套设施，初步形成了集育苗、种植、生产、分拣、包装、仓储、冷链、物流、销售于一体的全产业链布局。建成酒泉戈壁农业研究院，重点围绕戈壁设施建造、有机基质配方、水肥一体化等高效栽培管理和轻简化节本增效核心技术研究攻关，积极打造戈壁农业科技创新示范区，配套智慧中心、科普教育中心、水肥一体化中心、育苗中心、尾菜处理中心和冷链物流中心，聚集了国内外先进的设施农业科技装备。采用膜下滴灌、水肥一体化精准灌溉，亩均用水量较大田节约了近50%，每立方米水产生的经济效益是大田耕作的近12倍。这里种植蔬菜、瓜果、食用菌三大类120余个品种，年产各类果蔬24万吨。推广有机无土栽培技术，利用生物发酵技术，将秸秆、尾菜、畜禽粪便等废弃物转化为基质代替土壤，每座温室可转化利用农废资源125立方米，年消纳农废资源量5万立方米以上，相当于年减少250~750吨二氧化碳当量的碳排放。下一步，基于温室大棚负荷具有可调节特性与分布式光伏发电相匹配，可以增加分布式光伏就地消纳电量，进一步提升减排效果。

图1 甘肃省酒泉市肃州区戈壁生态农业产业园

（二）甘肃张掖市丰森养殖农民专业合作社（设施渔业）

丰森公司自主设计了国内领先、西北地区首创的工厂化循环水养殖模式，开发了具有自有知识产权的生产监测及自动控制软件平台，实现了在高寒高海拔内陆地区饲养南美白对虾、鲈鱼、鳜鱼等多种高档鲜活水产品，丰富了本地水产市场以及百姓菜篮子品种，带动了周边村民共同富裕。丰森公司开发的"富锶南美白对虾陆基循环水智慧养殖场"项目，位于甘肃省张掖市临泽县鸭暖镇白寨村，项目分三期，总占地120亩，突破了高寒地区高科技生态养殖技术，项目具有以下特点。

高寒、高海拔：首次在-25℃以下、海拔1500米以上地区，实现工厂化循环水养殖出产南美白对虾。

高产、高密度：通过多种技术严格控制水温、水质，实现了高密度养殖，每亩养殖水面年产可达4万~6万斤。

环保、零排污：添加具有自有知识产权的高效混合微生物生长促进,剂净化调节水质，对循环后养殖代谢物进行有机分解处理，达到养殖尾水零污染零排放。

节能、低碳排：采集太阳光能，使用多种热泵技术，配合自主设计的超高效保温大棚，可以保持水温恒定在25℃~30℃，满足冬季高寒地区养殖热带水产的要求。

智能、高科技：整合多种学科技术，包括模拟海水养殖技术、海水淡化养殖技术、三阶段养殖技术、高密度养殖技术、循环水养殖技术、复合益生菌养殖技术、生态大棚建造技术、自然光能利用技术、海盐回收技术、自动监测自动控制及工业互联网、物联网、大数据、云计算等众多高科技的综合开发与应用。

图2　张掖富锶南美白对虾陆基循环水智慧养殖场

（三）甘肃张掖超越发展农业有限公司（设施种植）

位于民乐工业园区的张掖超越发展农业有限公司，是民乐县农投公司的下属企业，该公司立足民乐丰富的光热资源和戈壁荒滩国有未利用土地资源，采用世界上最先进的荷兰智能温室工业化栽培技术，建成了国内单体规模最大、种植技术聚集度最高、节能环保程度一流的生态型产业化重大项目。

项目于2017年7月正式签约，总投资11.6亿元，占地面积1466亩，现已建成智能玻璃温室43万平方米，其中一期项目占地466亩，总投资4.8亿元，建成智能化温室20万平方米，项目于2017年8月开工建设，2019年4月建成并投产；二期项目占地1000亩，先期用地500亩，总投资6.8亿元，建成智能化温室23万平方米，项目于2019年8月开工建设，2020年11月全面建成并投产。

项目引进全球最先进智能温室技术并实现技术本土化，采用集桁架文洛型散射结构、精准水肥循环系统、智能升降温管理系统、基质吊架立体栽培系统、生物防治系统、物联网中控系统等高科技手段于一体的建造工艺和环控系统，打造设施园艺数字农业示范样板。为加快推进设施果蔬生产智能化、经营信息化、管理数据化、服务在线化的实现，同时推动大数据、云计算、物联网、移动互联网等现代信息技术在设施农业生产中的应用，打造了亚洲单体规模最大、种植技术最先进、节能环保程度最高的现代智能玻璃温室。项目利用戈壁荒滩生产果蔬，不占用耕地，不与粮争地；运用水肥一体化技术，定时定向定量施肥施水，突破了传统农业对于自然条件的依赖，可节省水肥80%。

张掖超越发展农业有限公司的主要产品是从法国引进的优质串番茄，具有抗病能力强、果形串形好的特点，整个串番茄呈鱼骨状排列，果实亮丽，大小一致，每串可坐果12~16粒，产量可达每平方米32公斤。产品主要销往中东部地区和沿海城市的中高端市场，主要客户是山姆、盒马、华润、永辉、嘉农等大型超市卖场，项目年产串番茄约9000吨，年产值约2.5亿元。

该园区通过精细化管理、高电气化率以及按照峰谷平用电特性，在新能源大发时段用电多，增加新能源就地消纳量，具有一定减排效果。但是其供暖和除湿采用了天然气作为能源，具有进一步降碳潜力。

图 3　张掖超越发展农业有限公司

（四）甘肃庆阳镇原中盛华美羊产业发展有限公司（设施养殖）

镇原中盛华美羊产业发展有限公司是 2016 年通过招商引资建办的肉羊产业化龙头企业，位于甘肃省庆阳市镇原县城关镇，占地 540 亩。目前已建成羊舍 28 座、饲草棚 2 个、饲料青贮池 3 个，共有 8000 只湖羊。项目建成有机蔬菜种植区、饲草种植和加工区、湖羊养殖区、办公生活区、无害化处理区，总投资 3.8 亿元；同时新建物流、废弃物处理、有机瓜菜种植、饲草种植加工等项目，走种养结合、农牧互补、循环发展的路子，以龙头企业示范引领产业扶贫。项目年可提供就业岗位 500 个，年劳务增收 2500 万元；年收购饲草料 40 万吨，带动饲草产业增收 4 亿元以上；年养殖增收 2.6 亿元。2022 年实现销售收入 9122 万元，利润 757 万元，兑付产业户资金入股分红 428.7 万元。公司在助推产业扶贫及乡村振兴中探索形成了"四个三"运行机制："三链理念"（全产业链、全价值链、全循环链）引领，"三种模式"（企业统养模式、农户自养模式、大户托养模式）推动，"三大保障"（技术服务、风险防范、"五统一"养殖）支撑，"三类增收"（年带动农户劳务及土地租赁增收 248.6 万元，饲草收购增收 560 万元，养殖及分红累计增收 3876.2 万元）突破。

设施养殖是碳排放的主要来源，包括甲烷、一氧化二氮排放，其中养殖羊的甲烷来源包括肠胃发酵（排放系数为 5 千克/头）和粪便管理（排放系数为 0.16 千克/头）；一氧化二氮主要来自粪便管理（排放系数为 0.33

千克/头),经过粗略测算,该养殖场 8000 只湖羊,年排放甲烷 4.128 吨,排放一氧化二氮 2.64 吨。通常采用生物质循环利用的方式进行减碳。

(五)甘肃天水秦安大地湾现代农业冷链物流产业园(公共设施)

该项目是天津市 2021 年东西部协作财政援助资金支持的建设项目。东西部协作对于推动秦安县的经济发展、加强区域合作具有重要意义,而冷链物流产业园的建设是其中的重要举措之一。项目包括冷库、分拣车间、电子商务中心等设施。具体来说,冷库面积为 913.74 平方米,分拣车间面积为 610.68 平方米,电子商务中心面积为 472.68 平方米,此外还有土方工程等。项目为秦安县及周边地区的农产品提供了良好的储存条件,延长了农产品的保鲜期,有助于减少农产品在储存和运输过程中的损耗,提高了农产品的品质和价值,有利于整合当地的农产品资源,推动农业产业化发展。通过冷链物流的支持,农产品可以更便捷地运输到其他地区,扩大了农产品的销售市场,促进了当地农民的增收。冷链物流园的建设提高了物流的专业化和信息化水平,优化了物流流程,提升了物流效率,降低了物流成本。冷链作为农业辅助设施,和同一物理网络中的分布式光伏进行匹配,可增加分布式光伏发电就地消纳,减少碳排放。

图 4 秦安大地湾现代农业冷链物流产业园

(六)甘肃定西安定区香泉智慧农业示范基地

农村电网面临无法满足农业负荷持续增长需求,又无法接入扶贫光伏发电的问题。该项目通过微能网多能互补控制技术打通农业负荷、农村其他形式能源需求与分布式电源能量通道,并进一步通过智慧农业技术实现农业负荷的高效时移,通过分布式电源友好并网技术维持公用能量交换网的配网稳定性。该项目的设施农业用电负荷为 892 千瓦,可实现 450 千瓦扶贫光伏发电就地消纳,而且每年增供 50 万千瓦时新能源电量,相当于减少排放二氧化碳 406.1 吨、二氧化硫 1.318 吨、氮氧化合物 1.147 吨(按平均供电煤耗 310 克/千瓦时、燃烧一吨煤产生二氧化碳 2.62 吨、二氧化硫 8.5 千克、氮氧化合物 7.4 千克计算),每年给示范园区带来 8000~10000 万元的营业收入,实现利润 2000 万元以上,给当地农民创造 230~270 个工作岗位。在满足农业负荷的同时,产业园区还将多余的光伏电量采用加热沼气池的方式进行储能,沼气的产量增加了 10 倍,产生的沼气直接用于农村生产生活,而制造沼气产生的废液废渣可用于制作农作物营养液,实现了农业生产与农村生活废弃物的绿色循环利用。

图 5　甘肃定西香泉智慧农业示范基地

三　甘肃现代设施农业智慧低碳发展面临的挑战

(一)相关技术标准亟须完善

在设施农业方面,2001 年中国机械工业联合会制定了有关温室设施相关行业标准,包含日光温室结构(JB/T 10286-2001)、连栋温室结构(JB/T 10288-2001)、温室电气布线设计规范(JB/T 10296-2001,2013 年更新为 JB/T 10296-2013)、温室加温系统设计规范(JB/T 10297-2001)等。我国目前设施农业中应用的技术包含机械技术、工程技术、计算机与自动控制技术、信息技术及生物技术。从行业发展需求上来说，未能考虑到科技发展和技术进步，或者对于某些特殊类型的温室可能不适用。在实际应用中，厂家和设计单位需要根据具体情况对这些规范进行调整和改进。另外，通过设施农业进行降碳的标准、方法学和聚合参加碳交易的机制还不完善，影响了设施农业在降碳方面发挥更大作用。现有的标准，如《温室电气布线设计规范》等主要明确强弱电线路和电缆的布线原则、安装要求、检查和验收，在智能日光温室设施与电气设计方面缺少指引。

（二）新技术综合效益偏低

以设施种植为例，"植物工厂"是指通过设施内高精度环境控制，为植物生长提供适宜的光照、温度、营养等要素，实现在完全工厂化条件下进行农作物全年连续生产的高效农业生产方式。目前我国植物工厂在关键技术研发与产业化推广方面取得快速发展，已有商业化植物工厂250余座（甘肃省目前尚没有公开报道），以植物工厂、智能温室等为代表的高效设施农业是未来发展方向。目前主要制约在于投资运营成本高、综合收益偏低，要通过智能化提升、绿色化运营来降成本、提效益，不断提高农业生产的标准化、设施化、集约化、智能化水平。

（三）运营管理难度较大

一是农业微能网运维平衡难度大。农业微能网主要由分布式光伏/风电、沼气等生物质能源、农业负荷、储能等组成，是一个能够基本实现内部电力电量平衡、冷热供需平衡的综合能源系统。在实际运行中需要配置足够的储能装置，增加了投资成本和运维费，存在能量储存、平衡问题以及消防安全等问题，需要严格把控产品质量，坚决防止低价劣质产品入网，并完善新型储能消防技术标准和运维管理标准，保障新型储能消防安全。二是"产消者"新型负荷需求预测难度大。农业负荷预测受季节、气候、地区差异、农作物种类和耕作习惯等多种因素的影响，具有多样性和复杂性。随着智慧农业、设施农业快速发展，农业电力负荷体量在农村配电网中占比逐渐增大，农业负荷波动对电网影响越来越大，而现代设施农业产消特征明显，负荷预测难度成倍增加。三是低碳智慧能源服务平台落地应用难度大。从用户侧角度来看，农业园区、企业智慧能源服务平台建设可实现电、冷、热等多种能源生产、输送、储存、消费，以及设施农业环境（包括温湿度、光照条件等）统一监控和优化管理，达到智慧运行、节能降耗等目的，但也存在基础设施建设不完善、技术水平有待提高、政策环境不明等问题。在农业园区、企业层面，平台的搭建存在技术广、模式复杂、能力要求高、成本高等问题，平台的整体推广应用还处在探索阶段。

（四）安全防护能力亟须提升

一是网络安全防护能力亟须提升。现代设施农业通过物联网、大数据等技术手段，对生产各个环节进行智能化管理，提高农业生产效率和质量，促进农业可持续发展。但智慧农业平台的安全漏洞也带来安全隐患，黑客可能会利用这些漏洞，不仅对农业生产造成影响，甚至可能通过网络攻击影响到电网等关键基础设施的安全。二是现代设施农业企业安全绿色用电管理水平有待提高。现代设施农业安全管理制度缺失或不规范，无用电安全管理制度或仅建立柴油发电机组安全管理制度、配电室值班制度、电工安全操作规程，部分企业缺少电锅炉安全管理制度，电工人员设置和作业与制度规程要求不符。现代设施农业配电房安全管理不足，主要体现为配电房无安全警示标识，未做好防鼠、防盗工作，灭火器配置不足，电缆沟缺少防护盖板，配电房内堆放杂物等问题。电力管理人员缺乏对配电房周边巡视和隐患排查能力，无法及时发现并处理安全隐患。企业应明确配电房安全管理制度、责任人及其工作职责，按照制度要求开展用电管理和隐患消除等工作。现代设施农业安全应急资源与能力不足，各种农业设备设施，如环境控制智能系统、灌溉系统、水处理系统、供热系统等，存在无自备应急电源或自备电源主要用于消防应急、日常维护管理不足等问题。

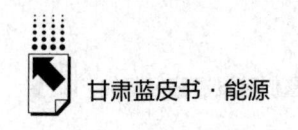

四 甘肃现代设施农业智慧低碳发展路径及相关建议

（一）体系化建立现代设施农业政策体制机制

加强智慧低碳农业发展政策的顶层设计和因地制宜相结合。国家层面制定和下发了《数字农业农村发展规划（2019~2025）》《关于推进电力源网荷储一体化和多能互补发展的指导意见》《国家发展改革委 国家能源局关于加快推动新型储能发展的指导意见》《全国现代设施农业建设规划（2023~2030年）》等政策文件，指导和推动了智慧农业、设施农业、农业微电网的发展。但是，需要结合甘肃寒旱特色农业实际特点，制定一系列差异化智慧农业发展政策，培育一批具有竞争力的农业品牌。

建立完善的技术标准体系。针对行业机械技术、工程技术、计算机与自动控制技术、信息技术及生物技术，参考国内外技术标准，建立完善设施农业电气设计标准，明确农业场所供配电系统、配变电所、低压配电装置及保护、照明、防雷与接地、电气防火及智能化等方面的技术标准。建立智慧农业电气设计标准，指导农业电气设备、系统和工程的设计、施工与验收。

（二）持续促进现代设施农业降碳技术创新

推进农业微电网技术与多能互补控制技术革新。在技术层面，推进微电网系统技术的研究，有效解决在电网系统中并入新能源以及消纳此类能源等问题。基于可时移农业负荷的分布式电源就地消纳控制方法、农村多能互补微能网优化规划方法及综合优化调度方法开展项目研究，培育可时移负荷，突破农业产业园多能互补微能网运行控制、设施农业交直流混联技术、扶贫光伏友好并网技术及与电网的云边协调控制技术等关键技术瓶颈，建立"云端管理+终端自治"的创新管理模式。

加强农业传感技术研究，提升用电信息采集精度。随着科技的进步，设施农业正朝着智能化和数字化的方向发展。例如，现代大棚不仅促进瓶栽经济转型升级，甚至可实现5G管理模式。这表明设施农业不仅要在设备技术上进行提升，还要紧跟数字化、智慧化技术的发展趋势，以适应市场的变化和消费者的需求。这就要求电力企业在农业智能化和数字化的建设和运营中，不断提升自动化技术水平，同时也对电力系统的稳定性和安全性提出了更高的要求。

加强用户侧储能技术研究，提升可再生能源利用率。通过多能互补微能网控制技术实现分时错峰稳定供能与用能，通过新型农业负荷交直流混合供电技术研究实现高效就地消纳，通过分布式电源友好并网提高配网整体消纳的可靠性，从而达到电网与用户能效的同步提升，实现合作共赢。

（三）强化设施农业绿色低碳可靠供电保障

推进"光伏+"综合能源利用项目。国家能源局提出，支持农业能源新模式新业态发展。积极推进农（牧）光互补、渔光互补等"光伏+"综合利用项目，在农业产业园、有条件的村镇建设风、光、生物质、储能等多能互补综合利用项目，提高用能效率和综合收益。实施"户用光伏+储能"试点项目，推动农户低碳零碳用电，实现用电自给自足。

促进可再生能源就地消纳。建立用电模式的预测方法，建立针对性负荷预测模型，用于用户中长期负荷预测，提高电力供应可靠性和经济效益。开展微电网系统技术、多能互补系统控制技术研究，降低对配电网的影响，解决可再生能源就地消纳问题。开展用户侧储能研究，降低储能费用、提高电池技术水平并延长电池寿命，提高经济效益。

加强基础设施与互联网设施建设。地方政府要重点支持农业基础设施的建设工作，为智慧农业的发展提供良好的基础条件。同时，地方政府应联合相关部门，大力建设智慧农业所需要的高速互联网设施，不断更新现代信息技术，实现智慧农业的高速发展。

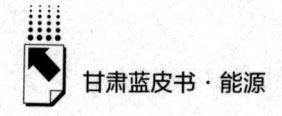

（四）强化现代设施农业安全管理体系建设

强化用能安全意识和风险防范。推进现代农业企业安全发展，从机构设置与人员配置、制度建立、设备改造、用电设施安全管理、员工技能培训、安全用电宣传、应急能力等多方面入手，通过综合施策，有序有效地提升安全用电管理水平。加强对智慧农业平台的数据管理和信息安全防护，包括定期进行风险评估、安全测评、渗透测试和漏洞检测。加强对现代农业企业的安全教育，增强企业安全意识和风险防范能力。建立完善的风险预警和应急处理机制，及时发现和处置安全隐患，降低安全事故发生的可能性。

建立智能安全用电体系。提高农业电力设备的管理效率，降低农业生产因电力故障造成的损失。进行实时监控和数据分析，预防电力故障发生，保证农业生产正常。通过24小时不间断监测电力设备的运行状态，实时发现并预警电力设备异常情况，并实现自动断电，避免设备进一步损坏和其他连锁反应。同时运用和分析系统历史数据，预测电力设备使用寿命，避免因设备过度使用导致的故障。农业工作者通过移动设备随时随地查看电力设备的运行状态，及时处理问题。

建立现代设施农业跨学科人才培育机制。现代设施农业产业园区与高校、科研院所加强合作，选择农业生产的关键领域、关键环节集中力量进行设备和软件的研发，同时，跟踪国际智慧农业发展前沿和动态，应用最新的农业技术，提高农业生产经营的效益。

B.14 零碳园区建设路径研究

梁甜 黄蓉*

摘　要： 党的二十大明确要求积极稳妥推进碳达峰碳中和。工业园区、产业园区等园区是碳排放集中区域，推动园区绿色低碳发展、开展零碳园区建设是甘肃省实现碳达峰碳中和目标的重要举措。目前，零碳园区建设还存在顶层设计尚不完善、循环经济产业链未充分构建、现有园区绿色发展体制机制不健全等建设难点。为了推动和优化零碳园区建设，为未来经济增长提供可持续动力，应通过零碳园区建设顶层设计、持续推动园区产业、能源结构优化、园区零碳化改造、加快零碳技术研究与应用和完善园区碳监测与碳核算机制等举措，不断推动经济结构优化升级。

关键词： 零碳园区　产业园区　碳中和　绿色发展

一　零碳园区概述

（一）零碳园区相关概念

1. 零碳园区的定义、分类及关键技术

零碳园区目前尚未有统一的定义，上海发布的首个零碳园区评价标准《零碳园区创建与评价技术规范》中对零碳园区的定义是指，为适应产业绿色高质量发展和区域碳中和需要，通过在新建、改建或扩建的各个阶段系统

---

* 梁甜，国网甘肃省电力公司电力科学研究院工程师，研究方向为能源经济发展与评估研究；黄蓉，国网甘肃省电力公司电力科学研究院高级工程师，研究方向为能源经济发展与战略发展研究。

性融入绿色低碳、碳中和等发展理念，推动边界范围内产业结构、能源、生态、建筑、交通、建设与管理等多方面零碳发展，促进产业绿色化发展、能源低碳化转型、设施集聚化共享、资源循环化利用，实现生产、生活、生态深度融合的新型产业园区。零碳园区的核心特征之一就是多能耦合、协同互补，降低了传统供能系统对外部能源网络的依赖，在极端情况下具备足够的自愈能力，从而更好地保障用户生产生活。综合属性与智慧属性是零碳园区最为突显的特征，将电、热、气以及水等多个能源品种融合在一起，构建安全、低碳、环保的零碳园区，利用不同能源生产互补特点，建造综合管廊协同输送体系，改变能源供给方式，既能优化能源生产，也能有效促进能源综合利用率提升，降低供能成本，最终实现经济效益和社会效益最大化。综上所述，零碳园区具备以下特征：一是具有零碳能源供给体系，二是能够推动零碳技术的应用及产业零碳发展，三是数据管理数字化、智能化，四是园区可以为区域产业创造低碳转型动能。园区实现零碳排放过程见图1。

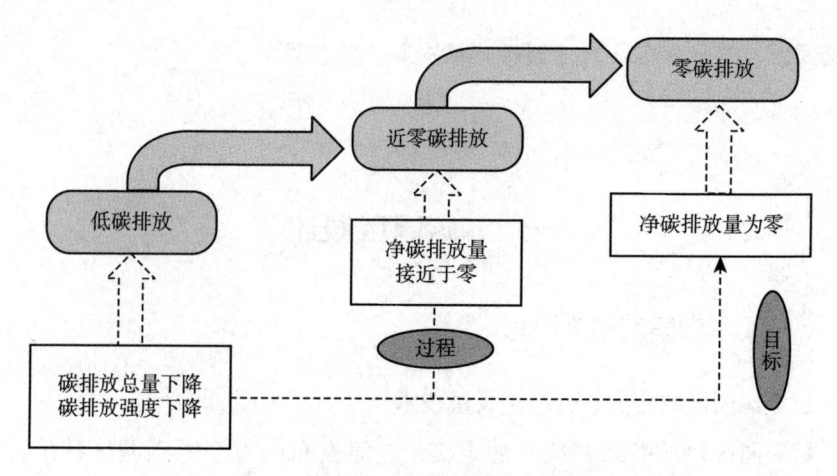

图1 零碳园区近零碳排放过程示意

目前，零碳园区可以分为四种类型：循环经济产业园、生态产业园区、低碳产业园区、近零碳排放示范区（见表1）。

表1 零碳园区的发展类型

类型	实现路径
循环经济产业园	通过优化产业结构、促进资源循环利用、产业链上下游合作,以实现园区内对物质和能量等资源的最优利用
生态产业园区	通过园区各成员间物质、能量、信息的交换及利用,使园区对外界的废物排放趋于零
低碳产业园区	以降低碳排放强度为目标,以产业低碳化、能源低碳化、基础设施低碳化和管理低碳化为发展路径,以低碳技术创新与推广应用为支撑的园区
近零碳排放示范区	首先通过碳排放总量和强度下降达到园区低碳排放,然后通过利用零碳技术、增加碳汇、改造排放源等方式,逐步使园区净碳排放量为零

建设零碳园区就必然要实现能源转型、应用转型和数字化转型,这三大核心能力中又包含众多关键技术,这些技术是建设零碳的园区的基础(见表2)。

表2 零碳园区建设关键技术

技术类型	具体内容
能源转型技术	能源供给侧利用可再生能源技术构建零碳能源系统,能源需求侧通过能源应用技术创新实现工业、交通、建筑行业节能减排,能源供需上通过多能互补模式提升园区能源结构清洁化水平
应用转型技术	零碳生产方面:氢还原技术、碳捕集、利用与封存技术等;零碳建筑方面:被动、主动建筑能效提升技术、低碳节能装配式建筑技术、光储直柔技术等;零碳交通方面,充电桩技术、轨道交通技术等
数字化转型技术	在优化能源供给方面,基于数据分析优化网点布局,基于物联网、人工智能等技术实现柔性供电;在助力节能减排方面,基于数字孪生、元宇宙等技术推进产品研发,基于数字技术综合应用实现园区生产综合智能管控;在碳综合管理方面,基于人工智能实现碳排放的智能监测及趋势预测,基于区块链等技术助力碳交易市场建设

2.零碳园区能源供应模式

零碳园区运营模式可分为零碳能源服务、非化石能源电力交易、碳排放交易三种(见图2)。一是零碳能源服务模式,指的是在生产、使用过程中不增加二氧化碳排放的能源，在园区内部即可实现零碳排放的目标，包括使用太阳能、风能、水能等，通常使用这种模式的园区资源禀赋会相对较好，能够实现绿色能源自给自足，基本不产生碳排放或者能够抵消碳排放，可提供多能供给服务、备用和调峰调频等辅助服务。二是非化石能源电力交易模式。主要适用于内部碳排放较多，需平衡园区内部的碳排放强度，抵消碳排放，达到相对零碳的园区，通常有绿电交易、开发CCER项目两种方式。三是碳排放交易模式。主要适用于内部碳排放较多，无法通过绿电交易、CCER项目开发等模式进行碳抵消，或者降碳成本较高，需要从碳市场购入碳配额以达到（近）零碳排放目的的园区。

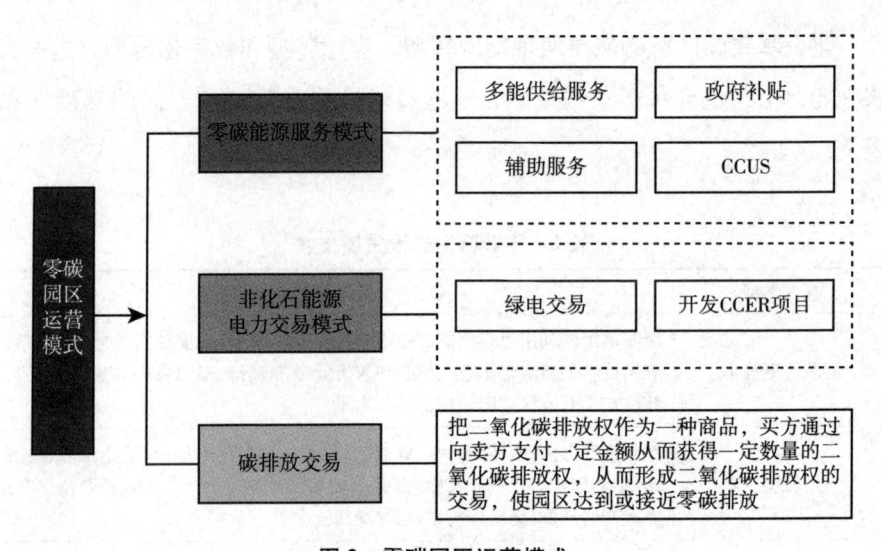

图2　零碳园区运营模式

（二）零碳园区政策环境

一是国家层面政策。顶层设计方面，2021年9月，中共中央、国务院发布《关于完整准确全面贯彻新发展理念做好碳达峰碳中和工作的意见》，提出了开展碳达峰试点园区建设，推广节能低碳技术。2021年10月，国务院发布《2030年前碳达峰行动方案》，提出重点推动园区节能降碳工程、绿色制造、循环化发展和碳达峰试点建设。2023年10月，国家发展改革委发布《国家碳达峰试点建设方案》，提出选择100个典型园区开展碳达峰试点建设，推广清洁能源和节能降碳技术，推动园区产业高质量发展，提升基础设施绿色低碳水平，大力推动资源循环利用。生态环境与减污降碳方面，2022年6月，生态环境部等七部门发布《减污降碳协同增效实施方案》，提出提高园区用水效率，开展产业园区减污降碳协同创新。2024年3月，中共中央、国务院发布《关于加强生态环境分区管控的意见》，提出鼓励各地以产业园区为重点，开展生态环境分区管控与环境影响评价等改革试点。科技创新与数字化建设方面，2022年8月，科技部等九部门发布《科技支撑碳达峰碳中和实施方案（2022~2030年）》，提出支持园区低碳化改造，加强碳排放核算技术的研发。2024年5月，国家发展改革委等四部门发布《关于深化智慧城市发展 推进城市全域数字化转型的指导意见》，提出开展重点行业和区域碳排放监测分析，在产业园区、商务区等建设零碳智慧园区、绿色智能建筑。

二是各省份层面政策。目前全国共有33个省、市提出了零碳园区相关目标，上海、四川、江苏、山西、内蒙古、天津、辽宁、青岛等地也出台了零碳园区建设相关政策及标准。2024年6月，上海市政府发布《上海市加快推进新型工业化的实施方案》，提出支持建设零碳工厂和零碳园区；2024年3月，江苏省发改委发布《江苏省（近）零碳产业园建设指南（暂行）》，明确（近）零碳产业园建设路径；2022年4月，四川省发布《关于开展零碳排放园区试点工作的通知》，启动省级（近）零碳排放园区试点建设，17家园区纳入试点名单；2022年5月，山西省生态环境厅、省财政厅联合印发《山西省深化低碳试点推进近零碳排放示范工程建设实施方案》《山西省近零碳排放示范工程建设工作指引（试行）》《山西省近零碳排放示范工程建设工作方案编制指南》，全面深化低碳试点，开展（近）零碳排放、碳普惠示范工程建设；2024年6月，甘肃省发改委、能源局印发《甘肃省国家新能源综合开发利用示范区建设方案》，提出将绿电优势和园区载体有效融合，打造低碳零碳产业园，形成绿电支撑园区发展、园区促进绿电消纳的良性发展新格局。实施路径上，积极推动低碳零碳产业园建设。2024年7月，甘肃省政府印发《推进新时代甘肃能源高质量发展行动方案》，提出深入实施能源高质量发展八大行动。其中提出打造新能源高效利用新高地，试点打造低碳零碳产业园，在酒泉、张掖、武威、庆阳等地区，依托经济开发区、工业园区开展低碳零碳产业园建设，推动CCUS项目示范。

（三）零碳园区建设的条件和特点

1.零碳园区建设必备条件

一是可行的引领技术。采用智慧能源系统为未来负荷中心区域新增电力需求提供可靠保障，运用光伏、储能、碳捕集、利用和封存，低碳建筑改造，电动汽车等技术降低园区整体的碳排放量。二是完善的碳市场机制。目前，全国各地碳市场发展不均衡，而零碳园区同碳市场与电力市场都有一定的互动。需统筹碳市场参与主体、绿电交易和CCER碳减排体系推进进程，建立健全排碳成本疏导机制。鼓励更多企业参与碳交易，结合各省特点加强碳排放监测、核算、碳减排机理研究，探索碳金融、碳咨询、碳核查等新兴业务。三是完备的支持政策。零碳园区建设是实现碳达峰碳中和的一个重要抓手，需要从顶层设计上入手，发挥资源和市场机制优势，制定符合地方实际情况的政策，与市场共同推动零碳园区的建设推广（见图3）。

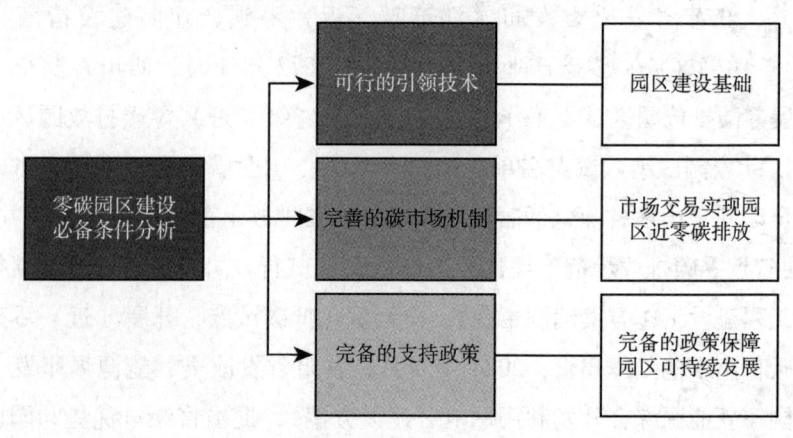

图3 零碳园区建设必备条件分析

2.零碳园区具备的特点

一是科学的园区顶层设计规划。考虑园区产业、清洁能源供给系统、建筑、交通、数据管理平台、资金投入等，有目标地推进园区建设。二是能源供给转型。园区构建以清洁能源为主的能源供给系统，并配套智能电网等基础设施。在终端消费环节，推进以电、氢、氨等多元清洁能源替代化石能源消费。三是应用场景全面转型。园区考虑生产、建筑、交通等方面的碳排放，推动零碳生产、零碳建筑、零碳交通等应用转型。在零碳生产方面，针对不同行业，优化产业链布局及生产工艺，提高生产效率。在零碳交通方面，通过改变出行方式、建设充电桩、规划智能交通等方式，减少交通碳排放。在零碳建筑方面，结合节能设备、节能技术对建筑进行改造，最大限度降低建筑供暖、照明等方面能耗。四是构建产业循环体系。园区通过构建资源循环利用体系，考虑生产、回收、利用各环节的相互耦合，实现园区资源综合利用，极大提高了园区发展效益，降低了运营成本。五是利用负碳治理技术。园区采用碳捕集、利用和封存以及生态碳汇技术，提升园区绿化水平，增加园区生态碳汇。六是能源管理系统智能化转型。建设数字化平台实现数据互联共享。应用数字技术，可收集各类主体用能需求，在需求侧采集分析用能数据，实现智能化管理。

二 甘肃零碳园区发展面临的挑战及建设路径

（一）零碳园区建设面临的挑战

一是零碳园区建设顶层设计尚不完善。零碳园区作为新概念，目前对其的认知大多停留在概念层面，难以从系统性、整体性考虑，顶层设计、能源结构、产业结构、基础设施、政策体制等方面的实现路径仍在探索。截至2024年，尚无零碳园区专项国家标准，甘肃也尚未建立相关标准体系。二是循环经济产业链未充分构建。目前，甘肃部分园区基础设施建设和产业发展薄弱，工业发展相对滞后且产值占比小，现有新兴优势产业链龙头企业数量少，产业链条短，未形成产业集群，致使工业发展长期被固化在产业链中低端水平，零碳化改造难度大。部分离散型园区难以构建循环经济产业链，产业链协同带动作用发挥不足，对工业经济拉动作用不明显。三是现有园区绿色发展体制机制不健全。园区未形成系统的碳排放统计、计算及预测能力。数据质量方面，园区能源数据监管薄弱，缺乏对数据的有效挖掘、有效监管和有效利用，难以针对性实施降碳措施。

（二）甘肃零碳园区建设路径分析

1. 新建零碳园区建设路径

一是在能源规划体系方面，对新建园区的定位及园区入驻企业的用能负荷、碳排情况进行预测评估，摸清碳排放及能源使用情况，为后续的规划提供数据支撑；利用风光清洁可再生能源，结合重点项目开发区，在传统电力规划的基础上，以电为核心，拓展至风、光、氢多能源网架体系。在风能资源较好且具备建设条件的甘肃中东部地区，依托生态环境友好型风电场开展园区规划，依托光储充技术建设零碳充换电站，依托分布式光伏发电项目建设工业、物流类大规模能耗的工业零碳园区。在园区屋顶及室外实施光伏工程，实现电力自发自用。

二是在政策机制方面，园区应落实国家、甘肃省层面的可再生电力消纳责任制、碳排放权交易政策等。探索适合新能源产业园、创意产业园、物流产业园等特点的机制，结合园区的碳排放目标设计工业入驻园区的能耗门槛机制，根据园区特定的碳减排需求制定对应的减排机制；利用甘肃省节能减排、促进新能源产业发展的一系列政策，引导产业园区在产业组成、建筑设计、交通规划三个方面引入综合能源系统，使得园区建设符合低碳化、清洁化标准，最终降低园区碳排放量。

三是在建设和管理方面，园区零碳化建设需要在前期投入比普通园区更高的成本，需要开发出创新的盈利模式来将各方的资源和需求有效整合起来。可由地方政府、大型能源供给企业、综合能源服务企业共同组成的综合能源服务商主导园区能源基础设施投资建设，并通过建立综合能源服务生态圈，统筹协调各类新能源、新基建项目。综合能源服务商的常见模式有合同能源管理（EMC）、建设经营转让（BOT）和政府与社会资本合作（PPP）。前两种模式已逐渐发展成熟，有较多实践案例，但存在项目推进慢、风险集中和融资难等问题。可通过PPP模式拓宽融资渠道，分散投资风险，提高各相关方的沟通合作效率。综合能源服务商以能源消费端的业务需求为抓手，在供给侧将不同种类能源与高新技术相整合，辅以交易手段和数据管理，为用户提供综合成本更低、质量更高的能源服务。

四是在技术应用方面，引入先进的节能技术和设备，为企业提供节能减排方案、技术服务、设备租赁等，通过出售节能减排富余的碳排放权获得收益。在生产、交通、建筑等领域引入关键零碳技术，针对特定的零碳技术详细梳理技术项目的实施步骤，划分具体阶段，明确每个阶段的任务和工作内容，列举可能出现的情形，并根据实践经验和政策调整的反馈不断进行优化，最终形成完整的落地流程。

2. 现有园区零碳化改造路径

推进产业园区零碳化改造是一个系统工程，甘肃可立足于现有园区的发展基础和特点，结合地区能源资源条件，对现有园区进行零碳化改造。首先对现有的产业园区特点及改造关键点进行分析；其次测算园区碳排放总量，预测园区碳排放峰值；最后，提出园区降低碳排放的目标及路径，根据园区特点系统提出园区零碳化改造的措施。

（1）改造路径研究

一是建立园区碳资产管理体系。开展碳资产摸底工作，进行园区碳监测与碳核算。建立碳排放数据核算体系，科学核算碳排放量。加强数据监测与统计记录，精细测算园区碳排放量，制定全链条碳减排计划。开展碳排放监测服务平台建设，通过对园区碳排放趋势的分析，为制定低碳改造路径和碳排放水平评估提供定量支撑。

二是制定园区零碳化路线图。开展园区发展战略规划，立足园区发展定位、产业特征和发展基础，开展碳达峰碳中和目标研究、重点领域节能降碳潜力分析、碳达峰碳中和路径研究，做好园区产业发展规划，提出园区零碳化建设路线图，制定园区建设方案。

三是园区零碳化改造。在产业零碳化改造方面，开展产业结构调整，逐步淘汰产能落后、高耗能产业，着力培育绿色、特色产业；加快绿色产业做大做强，推动形成清洁能源、清洁生产、基础设施绿色升级、绿色服务等上下游产业链；持续开展工业节能改造，推动园区内节能降碳、可再生能源利用、能源转型技术的研究与应用，推动产业循环化改造。在建筑零碳化改造方面，推动建筑实施全过程低碳管理，推进办公楼、居民住宅进行照明、供暖、空调、能耗监测系统等节能改造。鼓励超低能耗、近零能耗建筑规划设计，推广分布式太阳能、地热等可再生能源系统建筑应用；鼓励采用绿色建材，探索光储柔直技术建筑应用。在交通物流零碳化改造方面，优化交通运输方式和结构，积极推广新能源汽车，加快机动车"油换电"，完善交换电基础设施；优化园区公共交通，建设绿色公共交通体系，鼓励公共出行、共享出行等出行方式；完善智能交通体系，推动智能化交通管理和智能化交通服务，合理规划布局、应用新型技术等提升出行效率。

四是构建零碳园区综合能源体系。建立园区智慧能源体系，对园区内光伏、风电、储能等各类能源数据进行全面管理及趋势分析，推动多能互补利用，实现能源利用系统化管理，提高能源利用效率。建设能源与碳排放管理信息平台，加强园区碳排放统计监测，实现对园区碳排放及用能的综合分析和实时监控，提升碳排放管理水平。

（2）现有园区零碳化改造成本分析

一是产业零碳化改造方面，主要包括工业零碳化、高碳产业低碳化、低碳产业发展、循环经济发展四个方面。目前，产业改造用到比较多的是CCUS（碳捕集、利用与封存）技术，CO_2捕集压缩项目的建设投资包括工程费用、其他费用、预备费等3部分。工程费用由捕集、压缩液化、罐区以及配套的电气、仪表、公用工程、施工（含土建）投资组成，其他费用和预备费按照工程费用的一定比例计取。假设高浓度气源CO_2价格为150元/吨，考虑当前技术水平与一定利润空间，CO_2管道运输环节成本按照1.0元/（吨·公里）计算；碳源至油田驱油场地运输距离按照平均50千米考虑，即 CO_2 运输成本为 50 元/吨；按照目前技术水平，CO_2 埋存量按照驱 1 吨油埋存 2.5 吨 CO_2 考虑。伴随着国际形势变化、资源紧缺导致的能源价格的上涨与全国碳市场的进一步发展，CCER 价格也在逐步上涨，在北京碳市场甚至出现了 CO_2 高于 60 元/吨的价格。目前国家对 CO_2 驱油的碳埋存收益尚无明确政策，考虑未来或出台相关激励措施及 CCER 价格发展现状与趋势，在 CCUS 全流程经济效益分析中，碳埋存价格按 0 元/吨、50 元/吨、100 元/吨多种情景考虑。基于以上假设测算，高浓度碳源项目在碳埋存价格 50 元/吨时的全流程 IRR 可以达到 10% 的水平，而中浓度、低浓度碳源 CCUS 项目全流程 IRR 达不到 6% 的基准收益水平。因此，现阶段在开展 CCUS 项目时应优先匹配高浓度碳源的重工业产业园区。

二是建筑零碳化改造方面，厂房建筑排放往往占到工业园区总排放的 30%~40%、服务业园区总排放的 70%~80%。推进园区厂房建筑低碳化改造，是降低碳排放的重要举措。以某光伏建筑一体化技术中的光伏幕墙工程为例，该光伏玻璃幕墙总面积为 350 平方米，目前光伏玻璃幕墙的成本主要包括光伏幕墙材料费用、光伏幕墙安装人工费、光伏建筑电气部分费用，光伏幕墙的建设投资费用为 1000~2000 元/平方米，光伏幕墙目前一年发电量约为 33.2 兆瓦时，考虑玻璃幕墙的反射和隔热效果以及发电量，光伏幕墙建筑总耗能比普通玻璃降低 71.76 兆瓦时，按照商业用电 0.67 元/千瓦时计算安装光伏玻璃后节约的电费为 48079.2 元。在目前的幕墙成本范围内，光伏幕墙建筑项目的投资回收期小于光伏建筑的寿命期，效益费用比均大于 1，在 20 年寿命周期内可减少 CO_2 排放量为 1180.89 吨，总环境效益达到 156331.87 元，具有良好的经济价值和环境价值。

三是交通物流零碳化改造方面，交通领域碳排放一般占到园区总排放的 3%~5%，专业物流园区这一比例约为 5%~15%。以目前淘汰燃油车，逐步过渡到电动车的趋势而言，假设各个领域车辆年行驶里程固定、车辆能耗逐年降低，电动汽车补电总需求将在 2025 年达到 1556 亿千瓦时。随着各领域电车逐年增加，若充电市场费用按照 0.7 元/千瓦时电费+0.8 元/千瓦时服务费计算，换电市场费用按照 0.35 元/公里收费，那么充换电补能市场空间有望超过2200亿元，其中换电模式市场空间为240亿元。随着换电站渗透率不断提高，换电模式市场服务空间将在2035年达到1200亿元。而对于纯电动卡车，尤其是中重型卡车来说，换电模式的经济性取决于其与燃油重卡购置、能源与电池租赁成本的差异，其中油电差价是换电模式经济性的基础。如果按照1.8元/千瓦时换电电价、5.11元/升油价、日均120公里行驶里程测算，10年生命周期的纯电动重卡比燃油重卡的能耗费用可减少约54万元。通过用油、用电成本比较可以看出，电动汽车充电比加油大大节约成本。

三 相关建议

（一）注重零碳园区建设顶层设计

一是对于新建园区，要加强政策引导，指明园区建设方向。对于已建园区，针对不同园区特色，分时推进零碳园区改造。在制定零碳园区建设方案时，注重衔接省市关于碳达峰相关政策，将零碳指标纳入建设方案。探索"双碳"目标导向的绿色金融体系。二是指导减排潜力较大、低碳发展基础较好的园区开展零碳园区培育与建设，积极探索符合省情要求的零碳园区发展路径，开展零碳园区试点建设，打造零碳园区标杆。三是推动建立健全碳排放核算体系。统筹考虑园区发展定位、园区内部政策、园区能源供应等方面，建立与园区发展相符合的碳排放核算标准体系。建立健全碳排放管理机制，科学核算园区碳排放，常态化做好持续碳监测统计工作。

（二）持续推动园区产业、能源结构优化及零碳化改造

一是在优化产业结构上，推动传统产业高端化、智能化、绿色化转型。调整产业布局，推进产业链延链、补链，实现资源循环利用。在优化能源结构上，加大清洁能源使用比例，加快清洁能源替代；加强能源技术创新，提高能源利用效率。二是按园区类型开展节能降碳。园区降碳可以从工业园区、商业园区、农业园区三方面推进。工业园区用电量大、用能需求较多，

可以从分布式光伏建设、气热冷需求调控等方面实现。农业园区用电量较小，但空间比较大，适宜发展"光伏+"及生物质能的碳捕集和储存。商业园区面积小，但具有非常好的灵活性资源，虚拟电厂、车网互动、中央空调等很多资源可以利用，实现节能降碳。三是推动园区在各环节加强零碳化改造。在生产环节，注重工业能源结构调整，进行高碳产业低碳化改造，发展循环经济。在建筑环节，推进园区厂房建筑低碳化改造，大力发展绿色建筑。在交通环节，优化交通运输方式和结构，大力发展公共交通，推进新能源车使用。运用信息化手段，优化交通路网结构，打造智慧交通。在消费环节，宣传低碳消费理念，选择低碳环保产品。

（三）加快零碳技术研究与推进新兴业务拓展

一是鼓励园区企业开展超低排放、资源循环利用、能源梯级利用等绿色低碳技术应用。开展低碳零碳化能源供给等关键技术攻关，积极研发和引进先进实用的绿色低碳技术，加强低碳零碳负碳技术、智能技术、数字技术等研发推广和转化应用，园区可探索碳捕集、利用和封存等技术的创新应用，条件允许时园区可加强生态碳汇。二是开展零碳园区"能效+碳管理"等新兴业务。完善"以电算碳"技术体系，做好全省及各区域、各行业碳排放辅助统计核算。拓展碳普惠、CCER 项目研究与开发。前置性开展电、碳市场衔接机制研究，分析梳理考虑碳排放成本传导和绿色电力环境属性收益分配等关键要素的电力市场与碳市场价格传导机制。

B.15
甘肃省碳资产开发、交易现状分析报告

黄蓉 周延科 李军*

摘　要： 受全球各种碳政策以及我国"双碳"政策的影响，绿证、绿电、CCER、碳配额等碳资产成为企业履约的主要组成部分。甘肃省丰富的风光资源，为绿证绿电等碳资产的开发提供了良好的资源基础，对我国"双碳"目标的实现起重要支撑作用，但同时也面临着"电—证—碳"市场衔接机制不完善、环境权益重复计算、碳资产开发难度大等现实问题。本文介绍了典型碳资产、碳市场基本情况及国内外发展现状，分析了各类碳资产交易情况，基于甘肃可再生能源资源及林业碳汇现状，分析了甘肃碳资产开发潜力，从环境认证机制和消纳认证机制、分配模式、碳税、"电—证—碳"市场协同及市场拓展等方面，提出甘肃碳资产开发、交易机制优化路径及相关建议。

关键词： 碳资产　碳交易　碳排放　甘肃省

习近平总书记2023年7月17日在全国生态环境保护大会上强调："推进碳达峰碳中和是党中央经过深思熟虑作出的重大战略决策，是我们对国际社会的庄严承诺，也是推动经济结构转型升级、形成绿色低碳产业竞争优势，实现高质量发展的内在要求。"

---

* 黄蓉，国网甘肃省电力公司电力科学研究院高级工程师，研究方向为能源政策与战略环境；周延科，国网甘肃省电力公司电力科学研究院助理工程师，研究方向为能源政策及战略环境；李军，国网甘肃省电力公司电力科学研究院高级工程师，研究方向为电网设备材料技术研究。

一 碳资产基本情况概述

（一）碳资产政策概述

国际层面，1997年12月，《联合国气候变化框架公约》缔约方第三次会议（COP3）通过了《京都议定书》，第一次以法规形式限制人类碳排放量，抑制全球温室效应，并将限排重点放在了发达国家。在碳排放权的基础上，全球逐渐建立了碳排放交易体系，为市场参与者提供交易平台，碳排放权也随之演变为一种特殊形态的资产。自2023年10月1日起，欧盟开始实施碳边境调节机制（CBAM），将对从碳排放限制相对宽松的国家和地区进口的钢铁、铝、水泥、化肥等商品征收碳税，这是全球首个"碳关税"政策。2025年之前为过渡期，2026~2034年将逐步全面实施。按照该政策，进口商需要根据进口商品产生的碳排放量购买相应数量的电子证书，证书价格由当周的欧盟碳交易市场价决定。

国家层面，2017年12月，国家发改委印发《全国碳排放权交易市场建设方案（发电行业）》，标志着全国碳市场建设正式启动。2019年12月，财政部印发了《碳排放权交易有关会计处理暂行规定》，明确规范了重点排放企业购入、出售以及自愿注销碳排放配额的账务处理，碳排放配额和国家核证自愿减排量的信息属性、相关资产持有和变动信息披露。2020年12月，生态环境部正式印发《2019~2020年全国碳排放权交易配额总量设定与分配实施方案（发电行业）》和《纳入2019-2020年全国碳排放权交易配额管理的重点排放单位名单》，标志着全国碳市场配额分配方案正式出台。2021年1月，生态环境部发布《碳排放权交易管理办法（试行）》，标志着全国碳市场正式运行。同年5月，生态环境部发布了碳排放权登记、交易、结算三项规则，对全国碳排放权登记、交易、结算活动作出了明确的规则指引。2022年1月，国家发改委出台《促进绿色消费实施方案》和《关于加快建设全国统一电力市场体系的指导意见》，提出绿色电力交易与可再生能源消纳责任权重挂钩,并提出要作好绿色电力交易与绿证交易、碳排放权交易的有效衔接。2024年1月25日,国务院颁布了我国应对气候变化领域的首部专项法规《碳排放权交易管理暂行条例》,自2024年5月1日施行后,重点排放单位不再参与相同温室气体种类和相同行业的地方碳排放权交易市场的碳排放权交易,也不再新建地方碳排放权交易市场。2024年8月26日,国家能源局综合司与生态环境部办公厅联合发布《关于做好可再生能源绿色电力证书与自愿减排市场衔接工作的通知》,提出将设立2年的过渡期,过渡期内适用于并网海上风力发电和并网光热发电项目方法学的有关项目,可自主选择绿证或CCER交易;光伏和其他风电项目,暂不纳入自愿减排市场。2024年10月30日,国家发展改革委等部门印发《关于大力实施可再生能源替代行动的指导意见》,明确提出完善绿色能源消费机制,加快建立基于绿证的绿色电力消费认证机制,推进绿证绿电与全国碳市场衔接。

习近平总书记在十九届中央政治局第三十六次集体学习时强调:"要严把新上项目的碳排放关,坚决遏制高耗能、高排放、低水平项目盲目发展。优化存量,就是要下大气力推动钢铁、有色、石化、化工、建材等传统产业优化升级,加快工业领域低碳工艺革新和数字化转型。"

甘肃省层面,2022年6月,甘肃省人民政府发布《甘肃省碳达峰实施方案》,提出大力发展新能源,加快在沙戈荒地区建设大型风光基地,全面推进风光等绿电资源开发和高质量发展。2023年6月,甘肃省生态环境厅、省发改委等六部门联合印发《甘肃省减污降碳协同增效实施方案》,提出推动重点行业典型企业开展减污降碳试点工作,健全完善企业碳排放数据管理体系,提升企业碳资产管理水平,支持企业进一步探索深度减污降碳路径,打造"双近零"排放标杆企业。

(二)碳资产的类型

碳资产是指在强制碳排放权交易机制或者自愿碳排放权交易机制下,产生的可直接或间接影响组织温室气体排放的配额排放权、减排信用额及相关活动①。碳资产可分为碳有形资产和碳无形资产。碳有形资产是指具有实物形态,且能给企业带来低碳贡献的资源,对企业的生产减排产生重要作用,是企业内部碳排放排查的重要对象。碳无形资产是指不具有实物形态,但能持续发挥作用且能给企业带来收益的资源,如核证减排量指标、自愿减排量指标、碳排放配额等。

1. 绿电

绿色电力是指在生产电力的过程中,二氧化碳排放量为零或趋近于零的可再生能源发电企业上网电力。较于其他方式(如火力发电)所产生的电力,绿电对环境的冲击影响较小。绿电的主要来源为太阳能、风力、生物质能、地热等,中国以风力及太阳能为主要来源。绿电交易特指以绿色电力产品为标的物的电力中长期交易,用以满足电力用户购买、消费绿色电力需求,并提供相应的绿色电力消费证明(即消费凭证)。它是在电力中长期市场体系框架内设立的一个全新交易品种,用户可以通过电力交易的方式购买风电、光伏等新能源电量,消费绿色电力,并获得相应的绿色认证,全面反映绿色电力的电能价值和环境价值,提升绿色电力产品的发电收益。如在2021年9月7日,首批绿电交易价格较当地电力中长期交易价格增加0.03~0.05元/千瓦时,溢价幅度较大,完全市场化绿电(即平价风光发电)产生的附加收益归发电企业。

2. 绿证

(1) 国内绿证(GEC)

国内绿证是指国家能源局可再生能源发电项目信息管理平台向符合资格的可再生能源发电企业颁发的具有唯一代码标识的电子凭证,一张绿证对应1000千瓦时可再生能源上网电量。绿证交易是指以绿证为标的物开展的交易。绿证作为交易商品在企业及非自然人主体之间自由买卖,价格由市场决定。国内绿证由国家能源局主管,依托中国绿色电力证书交易平台、北京电力交易中心、广州电力交易中心开展交易。绿证的有效期为2年,自相应新

---

① 吴宏杰:《碳资产管理》,北京联合出版公司,2015。

能源电量生产自然月开始计算。2024年1月1日之前的绿证，有效期延长至2025年底，超过有效期的绿证将自动核销；已声明完成绿电消费的，由国家能源局资质中心予以核销。

(2) APX TIGR

APX TIGR 是"全球可再生能源交易工具"绿色电力证书，是一种可以在国际市场上自由交易的绿电指标商品，项目类型主要为分布式光伏。APX TIGR 由总部位于美国的非营利组织 APX 负责核发，主要适用于美国及部分客户为美国企业的供应链企业，北美地区的绿证称为 NAR，北美之外的绿证称为 TIGR。APX 在中国唯一的核发平台是"远景方舟绿市"，其基于远景 EnOS 平台的智能物联和区块链技术，统一在线上对绿证进行注册、核发、转让、销核。

(3) I-REC

I-REC 即国际可再生能源证书，一个 I-REC 相当于一兆瓦时的电力，是国际公认的可再生能源消费记录标准。I-REC 由总部位于荷兰的非营利基金会 I-REC 标准（I-REC Standard）负责核发。政府机构和独立实体都可以在 I-REC Standard 授权后成为授权核发机构，负责发电设施登记、监督和核实发电数据报告，代 I-REC Standard 向申请者核发 I-REC。目前中国暂无本地 I-REC 授权核发机构。中国境内 I-REC 的核发与注销由亚太区负责机构英国绿色证书公司（The Green Certificate Company）代理。

3. 碳配额

碳配额是通过不同的方法进行计算，由政府设定排放上限并向有关企业分配免费额度，按规定完成减排指标，是企业履约的主要产品。同时，碳配额也是碳排放权交易市场的重要组成部分，是政府控制碳排放有力的工具之一。2024年10月15日，生态环境部发布了《关于做好2023、2024年度发电行业全国碳排放权交易配额分配及清缴相关工作的通知》，规定各机组预分配配额量均为该机组上一年度经核查排放量的70%，碳配额将逐步收紧。

4. 国家核证自愿减排量

国家核证自愿减排量（China Certified Emission Reduction，CCER）指对

我国境内特定项目的温室气体减排效果进行量化核证，并在国家温室气体自愿减排交易注册登记系统中登记的温室气体减排量，单位为 1 吨 CO_2 当量。CCER 交易是对碳配额交易的一种补充，若履约企业免费分配的碳配额不足，除了向拥有多余配额的企业购买之外，还可以购买一定比例的 CCER 进行抵销，但比例不能超过对应年度应清缴配额量的 5%。目前，生态环境部只公布了 6 项温室气体自愿减排项目方法学[①]。

（三）典型碳资产的开发流程

1. I-REC

I-REC 是目前国际上应用最广泛的一种绿证，由第三方机构签发，被多个国际组织认可。I-REC 的开发周期约为半年，证书核发需要以下步骤（见图 1）。

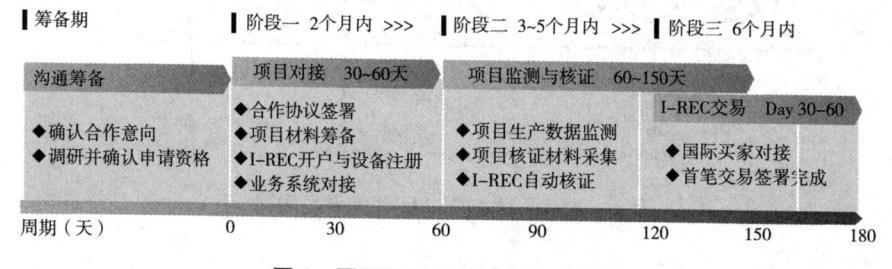

图 1 国际绿证 I-REC 的开发周期

一是由登记人向 I-REC 登记发电机组参数。登记人可以是电厂所有者也可以是代表发电机组的第三方，发电机组的登记只需要进行一次，其实际生产的可再生能源电力是 I-REC 标准证书颁发的参考。二是由登记人负责申请颁发 I-REC 标准证书。当地 I-REC 发行人负责审计登记人声明真实性和绿电属性，并登记发电机组详细信息。三是第三方审核可再生能源电力生产数据。在颁发 I-REC 标准证书之前，所有生产数据必须由第三方审核。

---

① 方法学是指导温室气体自愿减排项目开发、实施、审定和减排量核查的主要依据，对减排项目的基准线识别、额外性论证、减排量核算和监测计划制定等具有重要的规范作用。

当地 I-REC 发行人将定期进行审计，以确保第三方交付和验证的信息准确。四是开立 I-REC 账户并进行交易。参与 I-REC 交易的市场主体可以开立 I-REC 交易账户和消纳账户，交易账户允许将 I-REC 证书转移给另一个市场主体，而消纳账户允许市场主体消纳证书中包含绿电属性。消纳账户中的凭证不能再被交易或转移到其他账户。五是 I-REC 消纳。当 I-REC 证书被移动到消纳账户中时，就会发生消纳。

2. APX TIGR

开发周期约为半年，具体流程如下（见图2）。

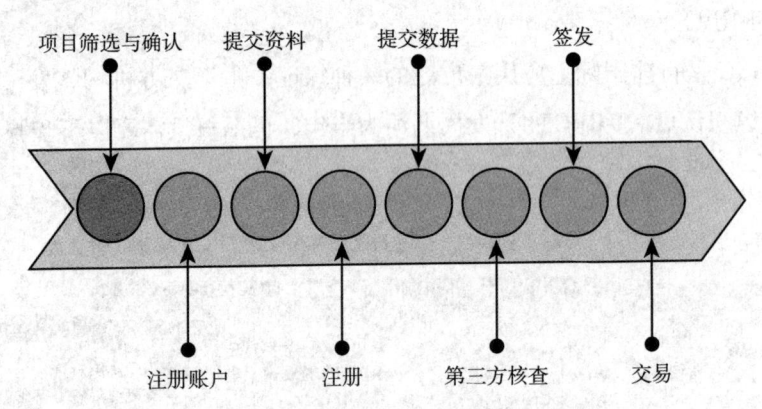

图 2　国际绿证 APX TIGR 的开发周期

3. GEC

GEC 绿证开发前，发电企业需要先在国家可再生能源信息管理中心建档，提交可再生能源发电项目的基本情况等申请材料，主管部门审核通过后，发电企业可选择相应的发电量申报。国家能源局通过电网企业和电力交易机构每月提供的交易电量数据，按月批量自动核发绿证。部分自发自用的发电企业，需提供电量信息及相关证明等资料，经国家可再生能源信息管理中心初核、国家能源局资质中心复核后核发相应绿证。2023 年 8 月，我国发改委发布了 1044 号文件，提出"我国可再生能源电量原则上只能申领核发国内绿证"，要扩大国内绿证的国际影响力。

4. CCER

CCER 项目的开发主要分为两个阶段,第一个阶段为项目设计、备案阶段,需确定合适的方法学,论证减排额外性①,估算减排量,编制监测计划等,其中项目减排额外性是能否备案的关键因素。完成项目设计文件之后,需要由经主管部门备案的第三方机构进行审定,由省级主管部门向国家主管部门提报申请,经国家主管部门组织专家评估后,方可进行备案。第二个阶段为项目减排量备案阶段,由业主按照监测计划,对项目的减排效果进行日常监测,咨询机构出具监测报告,经第三方机构核查后,方可进行签发(见表1)。监测报告是项目减排数据的关键依据,确保项目的可追溯性和合规性。CCER 减排项目从开发到备案大约需要 8 个月,从确定到签发,大约需要 5 个月。

表1 CCER 的项目开发流程

阶段	项目业主	第三方审核机构	国家主管部门
项目设计、备案阶段	1. 确定项目方法学,编制项目设计文件	2. 进行项目审定,包括书面和现场审定	3. 审查评估,过会后进行注册备案
项目减排量备案阶段	4. 实施项目并进行监测,编写监测报告	5. 减排量核证,出具核查报告	6. 对申请资料进行审查,过会后完成签发

二 国内外碳市场运行现状

随着全球变暖问题日益严峻,温室气体排放已成为各国关注的焦点

---

① 根据《温室气体自愿减排交易管理办法(试行)》,额外性是指作为温室气体自愿减排项目实施时,与能够提供同等产品和服务的其他替代方案相比,在内部收益率财务指标等方面不是最佳选择,存在融资、关键技术等方面的障碍,但作为自愿减排项目实施有助于克服上述障碍,并且相较于相关项目方法学确定的基准线情景,具有额外减排的效果,即项目的温室气体排放量低于基准线排放量,或温室气体清除量高于基准线清除量。

问题。碳市场即以温室气体排放权为商品的碳交易市场。习近平主席在第七十五届联合国大会上提出"碳达峰碳中和"目标后，国务院颁布"1+N"政策体系，全面引导"双碳"目标实现。为实现全国碳排放总量控制，相关机构设定各个行业的排放总量或强度，有偿或无偿发放配额，使交易配额总量不超过排放总量。碳交易市场将作为国家推进碳达峰、碳中和目标的重要抓手，为实现经济社会发展全面绿色转型提供支持，对于完善我国生态环境治理体系，建设高水平社会主义生态文明具有重大意义。

（一）国外碳市场发展现状

目前，全球共建立了36个碳排放权交易体系，另有22个碳市场正处于不同的建设和政策制定过程中。现有的36个体系覆盖了全球18%的温室气体排放，占全球GDP的58%，覆盖全球近1/3的人口[①]。碳交易逐步从欧盟、北美等地发达地区拓展至拉美、东亚等地发展中地区。为实现总量控制的目标，《联合国气候变化框架公约》提出CDM（清洁发展机制）、ET（排放贸易）、JI（联合履约）三种交易机制，《京都议定书》对温室气体进行了量化，为碳资产的出现提供了法律框架。

（二）国内碳市场发展现状

全国碳交易市场主要由强制碳市场和自愿碳市场组成，强制碳市场主要依靠政府监管干预来运行，监管机构为相关企业制定碳排放限额，运用强制手段督促企业将碳排放量降低到限额之内；自愿碳市场主要依靠企业自身主动降低碳排放或者购买减排项目来实现碳中和目标。目前，中国碳市场形成"地方试点+强制碳市场+自愿碳市场"的交易体系。2011年10月，我国分别在北京、天津、上海、重庆、广东、深圳、湖北7个省市启动碳排放权交易试点工作。2016年9月，福建省也开启了碳排放权交易试

---

① 参见国际碳行动伙伴组织（ICAP）编《全球碳市场进展：2024年度报告》。

点工作，成为国内第八个试点区域。2021年7月，全国碳排放权交易市场启动上线交易，率先从发电行业入手，至2024年，纳入重点排放单位2257家，年覆盖二氧化碳排放量约51亿吨，占全国二氧化碳排放总量的40%以上，目前已成为全球覆盖温室气体排放量最大的市场。2024年1月22日，停运近7年的CCER在北京启动，8月23日起，开始正式受理自愿减排项目和减排量登记、注销等申请。根据首批CCER项目公示结果，截至2024年11月5日，有4个项目正在公示，43个项目结束公示，23个项目进入待国家管理员审核阶段。

（三）各类碳资产交易情况

1. 绿证

I-REC交易方面，2020~2023年，全球I-REC签发量总体快速增长，累计签发量达6.19亿兆瓦时，中国地区累计签发1.82亿兆瓦时，2023年累计签发5348万兆瓦时。2024年上半年，全球I-REC共计签发1.88亿兆瓦时，核销1.62亿兆瓦时[①]。2020~2023年，国内I-REC签发量分别约为1200万兆瓦时、2900万兆瓦时、8800万兆瓦时、5348万兆瓦时，可以看到自2023年开始，国内I-REC签发量下滑。2024年9月13日，I-tracking国际跟踪标准基金会停止在中国核发新的I-REC绿证。

国内绿证（GEC）交易方面，据国家能源局统计，截至2024年9月底，全国累计核发绿证23.19亿个。其中，风电7.93亿个、太阳能发电4.84亿个、常规水电8.85亿个、生物质发电1.56亿个、其他可再生能源发电190万个。全国累计交易绿证3.59亿个，其中随绿电交易绿证1.85亿个；仅2024年9月，全国交易绿证4487万个，其中随绿电交易绿证2068万个。各发电方式核发绿证所占比例见图3，市场主流绿证交易情况见表2。

---

① 数据来源：www.irecstandard.org。

```
其他      0.08
生物质发电  6.71
常规水电   38.16
太阳能    20.86
风电     34.19
```

图 3 截至 2024 年 9 月底 GEC 核发情况

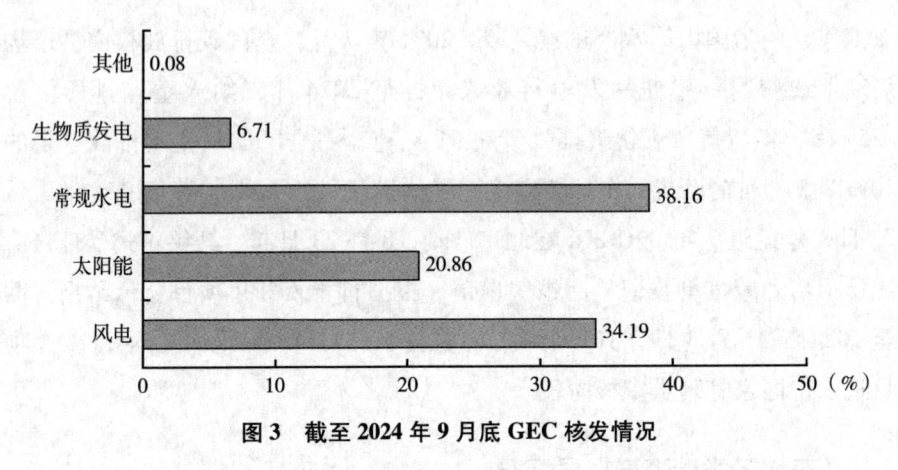

表 2 中国市场主流绿证交易情况对比

绿证类型	国内绿证	TIGR	I-REC
签发机构	国家能源局、水规总院主导，国家可再生能源信息管理中心负责签发	美国的非营利组织 APX 机构主导及负责签发	荷兰非营利组织 I-REC standard 基金会主导，英国 GCC 签发
项目类型	分散式风电、海上风电、分布式光伏发电和光热发电、常规水电、生物质发电、地热能发电、海洋能发电	仅限于无补贴的可再生能源项目	2023 年 1 月 1 日起，仅限于无补贴的可再生能源项目
交易流通性	原则上只能交易一次，购买后自动注销，流通性低	在注销前可以多次转让交易，受限于使用场景，流通性一般	在注销前可以多次转让交易，使用场景多、流通性高、二级市场大，具有金融资产属性
价格范围	平价绿证 50 元/兆瓦时	平价绿证 30 元/兆瓦时	水电 4~6 元/兆瓦时 风电、光伏 8~15 元/兆瓦时

2. 绿电

根据国家能源局统计数据，2021~2023 年，我国绿电交易成交电量分别为 87 亿、181 亿、697 亿千瓦时，成交量年均增长 283%，国内绿电交易呈快速增长态势。2024 年 1~9 月，根据中国电力企业联合会统计数据，全国省内绿电交易规模已达1444.6亿千瓦时,随着政策的不断加码,企业减排意识的增强,绿电交易规模也越来越大。表3对绿电交易和绿证交易进行了比对分析。

表3　绿电交易和绿证交易的区别

	绿电交易	绿证交易
参与主体	初期,优先组织未纳入国家可再生能源电价附加补助政策范围内的风电和光伏电量,逐步扩大到水电;具有绿色电力消费需求的用电企业;具备条件后,逐步引导电动汽车、储能等新兴市场主体参与。	绿证市场主体:风电及光伏发电企业(2022年9月后扩大至所有可再生能源发电类型)、工商业电力用户、售电公司、电网企业,以及政府机关、事业单位、非政府组织等非自然人主体;运营机构:北京电力交易中心、各省级电力交易中心
交易品种	省内绿电交易、省际绿电交易	不同发电类型、补贴情况、生产日期的绿证
交易方式	由电力用户或售电公司向省内绿色电力企业直接购买绿电。	绿证由国家可再生能源信息管理中心核发,通过中国绿色电力证书交易平台,以及北京、广州电力交易中心进行交易
定价机制	通过双边协商、集中撮合、挂牌等市场化方式形成。交易价格包含电能量价格和绿色环境溢价。	通过双边协商、集中竞价、挂牌等市场化方式形成。无补贴新能源获得的收益归发电企业所有;带补贴新能源项目收益根据国家相关政策确定
政策主管部门	国家发改委(体改司)推动,电力交易中心具体实施	2022年9月后,国家发改委(体改司)推动,国家可再生能源信息管理中心负责核发、注销,电力交易机构负责交易、结算等各流通环节
设计思路和出发点	满足用户消纳可再生能源并获取可靠凭证的需求,促进可再生能源发展	推动可再生能源消纳,鼓励更多人使用绿电,建立国内版的"可再生能源配额制+绿证"体系
用户获取绿证方式	签订绿电中长期合约,发电企业发电、用户用电完成结算后获取绿证,即"先签约,再生产"	发电企业将已生产的电能核发的绿证进行出售,用户购买后可立即获取,即"卖存货,即时达"
物理约束限制	绿证与电能量"捆绑销售",随电能量一起交割,受电网约束限制	无电网约束限制,交割仅为电子账户变动

3. 碳配额

全国碳市场采用周期履约的方式，履约周期从开始的"两年一履约"调整为"一年一履约"。第二个履约周期（2021~2022年）市场交易规模比第一个履约周期（2019~2020年）进一步扩大，碳排放配额成交为2.63亿吨，累计成交额172.58亿元，比第一个履约周期分别增加47%和125%[①]。自2021年7月全国碳市场启动线上交易以来，碳价已从40元/吨上涨至90元/吨左右，并在2024年4月首次破百，最高达到104元/吨，成交均价为93.58元/吨，但相对于欧盟70欧/吨的价格来说，仍有进一步上升的空间。同时，从成交量上来看，企业扎堆交易的现象仍然存在，在履约周期截止前市场成交量明显增加。图4为2023年4月~2024年9月全国碳市场成交量价情况。

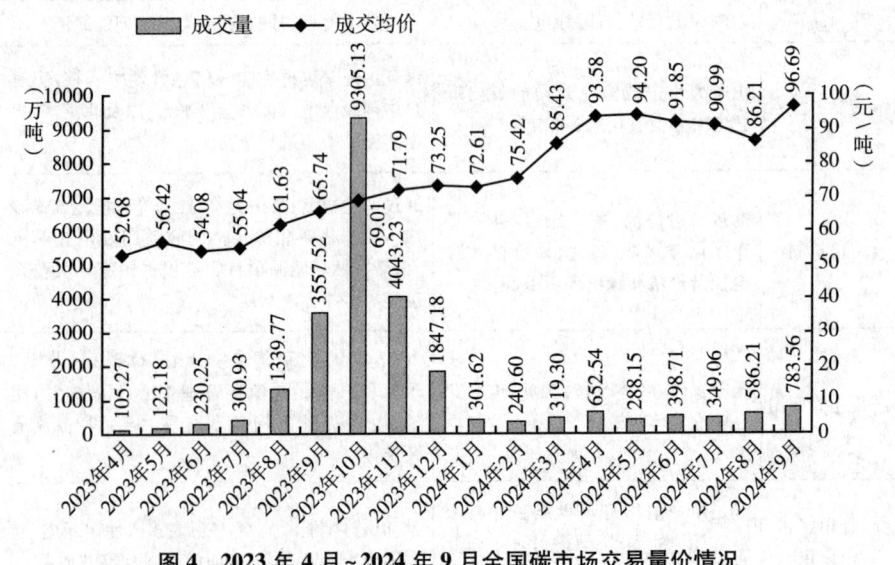

图4 2023年4月~2024年9月全国碳市场交易量价情况

数据来源：上海环境能源交易所。

4. CCER

自我国建立自愿碳减排市场以来，CCER交易日益活跃，虽然2017年

---

① 参见生态环境部发布的《全国碳市场发展报告（2024）》。

国家暂缓CCER项目审核签发，暂停时间长达7年之久，但存量CCER仍可继续交易，截至2024年7月15日，已经成交CCER约4.72亿吨，成交额约70.92亿元。2024年1月CCER市场重新启动后，首日总成交量就达到37.53万吨，总成交额达2383.53万元①。碳排放权和CCER均可作为碳资产进行交易，二者的主要区别可见表4。

表4 碳排放权与CCER的区别

	碳排放权	CCER
获取方式	由政府免费分配给重点排放单位	对企业自愿开展温室气体自愿减排活动后相应的温室气体减排项目和减排量进行登记，经国家主管部门备案的第三方机构审定核查认证
权利标的	规定时期内的碳排放额度	可抵消的碳排放量
收购目的	满足企业履约需要	更多的是满足企业社会责任的需求
适用市场	强制碳市场	自愿碳市场

三 甘肃碳资产开发现状及趋势分析

（一）甘肃碳资产可开发情况

林业碳汇方面，甘肃省林草部门积极开展大规模国土绿化行动。有关数据显示，甘肃2022年全年造林393.19万亩，2023年造林401.71万亩，2024年力争造林260万亩以上，截至2024年6月，全省已完成造林115.78万亩。根据生态环境部2023年10月24日发布的造林碳汇项目方法学，省内CCER林业碳汇可开发空间巨大。

可再生能源资源方面，甘肃光伏发电技术开发量95亿千瓦，全国排名第五，风能技术开发量5.6亿千瓦，全国排名第四，可开发绿电资源丰富。

---

① 数据来源：中国能源报第738期。

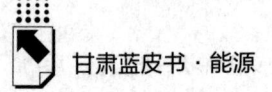

截至2024年9月底，甘肃风电装机3016万千瓦、光伏装机2951万千瓦，甘肃省新能源装机和发电量占比目前均位居全国第二，并网装机规模达5992万千瓦；已建成光热发电站4座，装机31万千瓦。预计到2025年，甘肃新能源装机容量将超过8000万千瓦，光热装机容量将达到100万千瓦。

（二）甘肃碳市场交易现状

碳市场履约方面，2019~2022年两个履约期，均全面完成碳市场履约任务，共清缴配额量为3.49亿吨二氧化碳当量。在碳市场第二个履约周期内，甘肃共有20家发电企业纳入配额管理，2023年新增4家，目前共24家发电企业纳入配额管理。2023年，甘肃继续强化重点碳排放企业核查与履约，组织完成发电、石化、化工、建材、钢铁、有色、造纸7大行业123家温室气体重点排放单位碳排放报告与核查。

绿电绿证交易方面，2021年8月27日，国网甘肃平凉供电公司与国网思极飞天公司携手，助力某光伏电站将62.3万千瓦时上网电量形成碳资产，并出售给新加坡BITGREEN公司，每千瓦时绿电减少碳排放约780克。此次交易是甘肃省首笔国际绿碳交易，也是国家电网公司经营西北区域的首笔国际绿碳交易。2024年1~9月，甘肃新能源发电量为634亿千瓦时，跨省跨区输送新能源电量为232亿千瓦时，完成绿证交易575万张，实现绿电交易量19.62亿千瓦时，相当于实现碳减排156.96万吨，对应的绿色环境权益达1.4亿元，其中省内绿电交易9.82亿千瓦时。省内参与绿电交易用电主体增加至222个，同比增加87个，其中31个主体已实现100%绿色用能。

CCER交易方面，2024年7月25日，甘肃省庆阳市林业和草原局在CCER系统开户成功，这是甘肃首个由政府机关作为项目业主开设的项目账户，标志着庆阳市林业碳汇被纳入全国碳交易市场。庆阳市林业和草原局首个实施的林业碳汇项目将庆阳子午岭国有林区自2012年以来的50多万亩人工造林进行开发，预计年均减排温室气体约18万吨，计入期40年，总减排量可达700多万吨，按照70元/吨进行预算，项目总收益约4.9亿元，有望在 2024 年内实现首笔 CCER 减排交易①。下一步，庆阳将对全市自 2012 年以来符合开发要求的约 432 万亩造林进行 CCER 林业碳汇开发，项目收益将超过 40 亿元②。

碳配额交易方面，甘肃省不属于碳市场试点省份，未建立地方碳排放权交易市场。在参与全国碳排放权交易市场相关工作时，甘肃依据《碳排放权交易管理暂行条例》和《2023、2024 年度全国碳排放权交易发电行业配额总量和分配方案》，对省内纳入配额管理的 24 家发电企业，采用基准法并结合机组层面豁免机制核定机组应发放配额量③，按照机组上一年度经核查排放量的 70%，对重点排放单位的碳配额进行预分配。

（三）甘肃碳资产开发环境分析

1. 绿电绿证交易可降低企业碳成本

一是企业可持续发展意识逐步增强。随着我国"双碳"目标和能耗双控政策的推进，企业面临能耗指标不断收紧和碳排放考核的情况，而新增可再生能源和原料用能不纳入能源消费总量控制，绿电交易既可满足生产需求又能够有效降低企业碳排放，有助于实现自身的可持续发展战略，提升品牌形象。如谷歌、微软、沃尔玛等企业将 100%使用绿色能源作为品牌宣传亮点。二是提出绿电消费目标的用电企业对产品全链条的绿电消费提出要求，其产品、零件供应商也需要通过消费绿电满足产业链条上的绿电要求。三是绿电交易是抵消国际贸易碳成本的一种可行方式。目前，欧盟、澳大利亚等国家或地区建立了碳排放权交易、碳税机制，并可能对其他国家或地区出口到本地区的产品征收碳关税、碳税，形成碳壁垒。外贸、汽车制造等外向型企业可通过消纳绿电、购买绿证抵消国际贸易"碳成本"，长三角、珠三角、京津冀等地区出口型企业较多，对绿电、绿证交易的需求比例较大。

---

① 数据来源：庆阳市林业和草原局官网。
② 参见庆阳市《林业碳汇开发交易机制落实工作方案》。
③ 机组配额量=机组发电量×发电基准值×机组调峰修正系数+机组供热量×供热基准值。

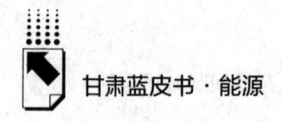

2. 碳配额需求将逐步上升

一是发电企业对碳配额的需求。目前甘肃省内仅24家发电企业被纳入配额管理，碳排放总量为9625.58万吨二氧化碳当量。初期碳配额分配较为宽松，碳价对火电发电成本影响较小，未来配额总量将逐步收紧，碳价持续上升，将导致火电发电成本增加。按照目前90元/吨的价格，每千瓦时火电排放800克二氧化碳粗略测算，每使用1千瓦时绿电，带来的减碳价值约0.072元。二是高载能企业对碳配额的需求。随着碳市场各种机制的不断完善、覆盖行业逐步扩大，省内以化工、电解铝为代表的高载能工业负荷对碳排放配额也将出现需求。

3. CCER重启进一步扩大市场参与范围

由于全国碳市场第三履约周期开启和CCER重启，重点排放行业对碳排放配额的需求逐步增加，全国碳市场呈现扩容趋势，市场参与范围将进一步扩大至钢铁、水泥等高载能重点排放企业，对碳资产的需求增加将造成碳价上升，良好的经济效益有助于促进省内碳资产的开发。目前，甘肃省生态环境厅也在积极研究制定甘肃省铁合金、碳化硅、电石等3个省内特色重点行业企业温室气体排放核算方法与报告指南，预计2024年发布。

四 甘肃省碳资产开发面临的挑战

（一）绿电交易与碳市场衔接机制不完善

目前用户购入电力按照统一碳排放因子核算碳排放量，并未将化石能源电力与绿电进行区分，电力用户使用绿电后，在碳交易市场核算碳排放时相关绿电部分依旧会按照化石能源电力计入，绿电对应的碳排放量减少没有体现。若全国碳市场或国外碳关税认可绿电的零碳特性，对控排企业而言降低了碳市场履约成本，也为外向型企业降低了被征收碳税的风险，从而提升了绿电需求，推动新能源电力在绿电市场产生溢价。参考全国碳交易市场当前价格，相当于每千瓦时绿电带来的减碳价值约0.072元（按照每千瓦时火电排放 800 克二氧化碳粗略测算），只要绿电溢价低于 0.072 元/千瓦时，采购绿电相对于在市场上购买碳资产更加便宜，企业会选择以购买绿电的方式减碳。通过电力市场和碳市场的充分联动，绿电溢价将向碳价趋近。

（二）绿电绿证与碳配额、CCER 存在重复计算问题

绿电、绿证、碳交易、消纳责任权重等是政府相关主管部门在不同时期、不同背景下出台的政策措施[1]，政策尚未有效衔接，绿电绿证零碳价值认定和碳排放双控考核体系不一致，市场价格尚未厘清，可能出现同批绿电项目既接受绿电补贴又认定 CCER 项目的双重收益。目前各省份基本未将现有消纳责任权重指标落实到用户侧，而是由本地电网企业完成指标，未起到引导用户侧消纳可再生能源的作用。根据现有政策，"超额可再生能源消纳量"和绿证都可作为完成消纳责任权重的补充方式，超额消纳量及这部分量对应的绿证就可能存在重复计算。绿证和 CCER 以及在国内运行的其他证书系统之间存在的重复计算问题，导致国内绿证在国际上认可度不高，RE100[2] 认为我国绿证不满足环境属性的"唯一性"，对此 RE100 要求中国用户必须买回所有其他被重复开发的环境权益证书，并提交可信的可再生能源使用说明。

（三）CCER 项目开发优势不足

一是开发难度大。在额外性要求方面，CCER 项目额外性论证要求发电行业的基准收益率不高于 8%，而大部分风电、光伏项目的内部收益率（IRR）都能超过 8%。即便是那些 IRR 低于 8% 的项目，它们或者得到过各种形式的补贴，或者实现了发电侧平价，不符合 CCER 对额外性的要求。额

---

[1] 绿电、绿证市场由国家发改委、能源局推进建设和管理，碳市场由生态环境部负责建设管理。
[2] RE100 是一个全球性的创新倡议，由国际非营利气候组织（The Climate Group，简称 TCG，为主要发起方）和另一个国际非营利组织碳信息披露项目（Carbon Disclosure Project，简称 CDP）共同发起和管理。

外性无法论证导致CCER项目开发存在审定无法通过的风险。在开发流程方面，一个CCER减排项目从开发、备案到签发，大约需要1年时间，需要经过项目备案、核证报告审定、核证减排量登记等多个环节，涉及多个部门和机构。同时，核证机构的数量和能力有限，核证费用较高，对于一些小型或边远的项目来说，核证成本可能超过收益。二是市场范围较小。可再生能源发电项目数量多，若规模化纳入可再生能源项目，所产生的大量CCER供给可能对全国碳市场造成冲击，造成CCER价格下降。同时，生态环境部自2023年10月发布首批方法学以来，至今仅发布了造林碳汇、并网光热发电、并网海上风力发电、红树林营造、煤矿低浓度瓦斯和风排瓦斯利用、公路隧道照明系统节能共6项温室气体自愿减排项目方法学，覆盖行业有限。三是技术难度大，专业要求高。项目开发过程中涉及的适用方法学、设计文件编制、减排量核算等流程，具有很高的专业性，多数需在第三方机构的协助下完成。2024年6月7日，国家认证认可监督管理委员会发布了第一批具有温室气体自愿减排项目审定与减排量核查资质的机构，其中，能源产业（可再生/不可再生）仅4家，林业和其他碳汇类型仅5家，这对体量较小的减排项目是沉重的开发成本负担。

五 相关建议

（一）建立健全绿电产品的环境认证机制和消纳认证机制

加快建立统一规范的碳排放统计核算体系，完善面向不同行业企业的碳排放核算机制，建议生态环境部推出新的项目方法学，建立健全重点产品碳排放核算体系，助力企业碳排放管理能力提升，推动甘肃碳产品融入国际绿色产业链供应链体系。探索绿电消费与绿色金融贷、企业能耗评价、绿色工厂评定、零碳园区建设、用能权等方面挂钩的运营机制。研究探索相关企业生产的商品使用绿色用能标识，探索建立产品碳足迹计算和碳标签认证体系，加强绿电市场主体培育，不断强化绿电的发展导向。

（二）探索灵活高效的配额分配模式

推动配额免费分配向有偿分配转变，推动配额总量逐步收紧。并吸取欧盟碳市场建设初期采用"祖父法"导致虚报历史数据的教训，研究以"标杆法"为主的初期分配方案，确保配额分配的相对公平。同时，在基础建设、模拟运行和深化完善三个阶段，不断提升重点排放单位碳资产管理能力，助力企业盘活账户碳资产、低成本履约；大力支持绿色产业的投资融资，为属地企业深度参与碳市场提供重要保障。

（三）探索碳税和碳市场协同共进

对部分不适用于通过碳市场覆盖的行业，深入研究征收碳税政策可行性，将碳排放相关税收留在国内，倒逼企业低碳减排。同时，要完善碳税与碳关税、碳市场之间的联动和协调，形成相对公平的碳减排政策环境。

（四）推动多环境权益市场协同发展

基于绿电、碳交易、绿证等市场的功能定位，合理制定不同类型市场下环境权益产品的衔接方式，保障环境权益产品属性的唯一性，避免权责交叉、反复获利问题。明确平价绿证、补贴绿证、绿电消费在碳市场中的碳排放核算抵扣方式，深度开发国家核证自愿减排量和林业碳汇项目。CCER和林业碳汇都是碳市场重要交易标的物，深度开发CCER和林业碳汇项目，一方面可以降低本地企业的履约成本，另一方面也可以出售获利，鼓励企业通过碳配额、CCER、碳普惠等机制，积极参与碳市场。

（五）大力拓展省内省外绿电市场

省内市场方面，促进绿色消费，鼓励省内有条件的企业主动参与绿电交易试点，支持重点企业高比例消费绿电，加强高耗能企业使用绿色电力的刚性约束。适时推动配额制的强制绿证交易市场，推动省内发电企业以购买绿证来完成配额目标，提高绿证、绿电市场活力。省外市场方面，积极拓展交

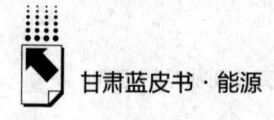

易主体、品种、范围，进一步丰富绿电交易组织形式，将更多清洁电源纳入绿电交易范畴，形成绿电供给多元化，着力打造甘肃绿电品牌，加大省外绿电市场开拓力度，不断扩大绿电交易规模。此外，紧抓"一带一路"建设政策机遇和能源资源优势，以甘肃为试点首先开展绿色电力认证国际合作，参与绿色电力证书核发、计量、交易等国际标准研究制定，与相关国家展开绿色电力互认，提升我国绿证在国际市场中的认可度和影响力。

B.16 甘肃省电力市场建设完善路径研究*

王峰 陈建宇 杨瑾**

摘 要： 党中央、国务院部署实施新一轮电力体制改革以来，甘肃省坚决贯彻落实习近平总书记"四个革命、一个合作"能源安全新战略，从保障国家能源安全、为中国式现代化贡献甘肃能源力量的高度，围绕源、网、荷、储、市场、机制六要素发力，建设实践了空间范围覆盖省际、省内，时间周期覆盖年、月、日、实时的全尺度、全形态、全品种的新能源高占比电力市场体系，全力服务和推进新型电力系统建设，充分发挥了电力市场对能源资源配置的决定性作用，有力促进了绿色的甘肃能源在全国更大范围内优化配置和消纳，助力甘肃新能源发展全面进入大规模、高比例、市场化、高质量的新阶段。从全国来看，各省份电力市场建设也取得了显著成效，但各省份市场建设进度不同、侧重点不同导致各省份市场体系繁复多样，资源禀赋、电力电量平衡特点不同带来市场机制、交易品种设置的差异性较大，不利于形成全国统一电力市场体系。从甘肃省电力市场建设实践和能源发展需要来看，亟须强化电力市场功能性统筹和标准化设计，确保符合国家多层次统一电力市场要求，核心目的是通过高效融入统一市场，高效配置甘肃省富余新能源电力资源，更好助力甘肃省以新能源为主的新型电力系统发展。

关键词： 电力体制改革 新能源 新型电力系统

---

* 注：本文电力相关数据均来源于甘肃电力市场公开披露信息。
** 王峰，甘肃电力交易中心有限公司高级工程师，主要研究方向为电力市场建设与服务；陈建宇，甘肃电力交易中心有限公司工程师，主要研究方向为电力市场运营分析；杨瑾，甘肃电力交易中心有限公司工程师，主要研究方向为电力市场化交易。

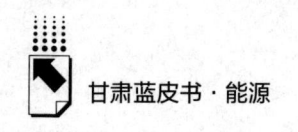

一 甘肃省电力市场建设运营成效

（一）电力市场政策体系持续完善

《关于进一步深化电力体制改革的若干意见》擘画了国家电力市场体系的宏伟蓝图，国家层面也相继出台了中长期市场、放开发用电计划、现货市场、电网代理购电、辅助服务市场、煤电容量电价等一系列政策规则。甘肃电力市场在政府主导下，在国家相关政策框架下，不断完善规则、丰富市场品种，建立健全了符合甘肃能源结构、适应市场需求、衔接国家政策的融合型规则体系，形成了以《甘肃省电力中长期交易实施细则》为主的"1+10"中长期规则体系和以《甘肃电力现货市场规则》为主的现货"1+7"规则体系，为新型电力市场的建设实践奠定了坚实的制度基础，也为市场合规运行提供了制度保障。

（二）电力交易机构和平台日臻规范

甘肃电力交易中心有限公司完成股份制改造，实现独立规范运行，为经营主体提供公平规范的电力交易服务。甘肃省建设统一交易系统平台，依托电力交易平台开展准入注册、交易组织、合同管理、交易结算和信息披露等业务，持续深化电力交易平台建设，不断丰富功能应用。

（三）电力市场总体框架基本成形

党中央、国务院部署新一轮电力体制改革以来，我国电力市场化建设快速推进，初步形成"管住中间、放开两头"的电力市场格局，基本建成"统一市场、协同运作"的电力市场总体框架。甘肃电力市场体系在统一框架下，在空间范围上覆盖省际、省内交易，在时间周期上覆盖多年、年度、月度、月内（旬、周、日）的中长期交易及日前、日内现货交易，在交易标的上覆盖电能量、辅助服务、合同等交易品种。

（四）电力市场交易品种不断丰富

甘肃电力中长期市场已在省际、省内全面覆盖，通过交易品种融合实现连续运营，有效发挥稳定市场预期的基础作用；现货市场建设全面推进，价格信号引导作用凸显；辅助服务市场与现货市场融合，提升市场环境下的电网安全运行水平，引入储能参与的调峰容量市场，由"调峰效果付费"改为"调峰能力付费"；容量市场以补偿形式起步，正在逐步探索市场化机制建设；以绿电、绿证交易为代表的环境价值市场持续完善，交易规模持续快速增长。

（五）电力市场资源配置作用充分发挥

甘肃省新能源市场化电量超过80%，利用率在装机翻倍的情况下较2015年提升了34%，2023年达到95.01%，新能源发电量占比超过35.9%，位列全国第二，新能源消纳率得到有效保障。用价格信号引导用户电力富余时段增加用能促进新能源消纳，成功将甘肃240万千瓦负荷由晚间用电转变为白天用电，更好适应了白天新能源大发的特性。加速培育多元化、多样化市场主体，共注册市场主体5040家，甘肃电力市场服务主体数量近三年内翻了三番。2023年甘肃全省发电量2113亿千瓦时，省内市场化电量983亿千瓦时，外送电量522.33亿千瓦时，跨区跨省购入电量50.59亿千瓦时，电力市场市场化电量比重超过70%。电力市场已成为甘肃省电力资源配置的主要方式。

截至2024年9月底，甘肃省发电总装机为9448万千瓦，其中新能源5992万千瓦，参与市场新能源容量5566万千瓦，占新能源装机的92.89%。2024年1~9月，甘肃新能源发电量为634亿千瓦时，占总发电量比重达到37.05%，利用率达93%以上；省际外送电量437亿千瓦时，其中新能源电量232亿千瓦时，占总外送电量的53.09%[1]；充分发挥了市场对能源资源

---

[1] 数据来源：国网甘肃省电力公司。

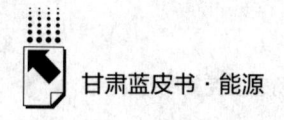

配置的决定性作用,探索出了新能源市场化消纳的新路子,促进了甘肃清洁能源在全国范围内优化配置。

二 甘肃省电力市场面临的形势和困难

市场建设是一个不断探索的过程,是一项系统性工程。在深化电力体制改革、加快构建新型电力系统要求下,甘肃电力市场面临新的机遇和挑战。党的二十届三中全会对进一步全面深化改革、推进中国式现代化作出战略部署,明确了300多项重点改革措施,"构建全国统一大市场,完善市场经济基础制度"是其中一项重点改革任务。全国统一电力市场体系是全国统一大市场的重要组成部分,国家发改委组织召开的全国统一电力市场建设现场会精准部署了下一阶段全国统一电力市场建设的重点工作,要求加快推出"全国统一大市场建设指引,发布新版市场准入负面清单",有序推动重大改革举措落地,为甘肃下一步电力市场改革发展工作指明了方向。下一步甘肃应更加深度参与全国统一大市场建设,坚持问题导向,不断优化顶层设计,持续完善市场规则;加强统筹协调,坚持政企联动、多方参与的原则,形成政府主导制定优化规则、电网企业发挥支撑保障作用,交易机构搭建公正平台、各市场主体广泛参与的市场体系;不断总结现货市场建设经验,在各类市场衔接上下功夫,加快构建适应新能源高占比的统一电力市场体系,不断塑造电力高质量发展新动能,推动甘肃从"能源大省"向"能源强省"转变。分析当前形势,甘肃主要面临以下需要加快解决的问题。

(一)新能源市场化进程应进一步加快

《可再生能源法》明确了我国可再生能源实施全额保障性收购制度,自2006年颁布实行以来,有效推动了我国新能源起步和发展。当前,实施全额保障消纳政策的基础条件已经发生了改变,仅靠全额保障消纳政策难以有效协调新能源高速发展所带来的各类矛盾,反而将制约新能源自身的高质量发展。甘肃新能源装机占比已超过六成且持续增长,同时,各省新能源装机也随着新型电力系统加速建设而快速增长，午间电力富余常态化，电力消纳矛盾进一步加剧，跨省调峰压力日趋加大，送受端曲线匹配更加困难。自《关于推进电力市场建设的实施意见》明确提出"要形成促进可再生能源利用的市场机制，鼓励可再生能源参与电力市场"以来，为缓解局部地区新能源消纳矛盾，甘肃和我国多个省份陆续开展了一系列新能源市场化交易的探索，通过实践证明了市场化手段促进新能源消纳的成效，加快推进新能源市场化势在必行。但在法治层面没有跟上新能源发展步伐，需要结合《能源法》，开展《可再生能源法》修订，研究新能源入市比例与放开路径，推动集中式新能源全面参与市场，逐步缩小保障性收购规模，逐步实现新能源全面参与电力市场交易。需要建立完善分布式新能源参与市场机制，加强分布式新能源项目可观、可测、可控、可调能力建设，明确分布式新能源与其他市场主体同等权责分摊相关费用，提升海量分布式新能源入市的交易支撑能力。需要建立全国统一的绿色电力消费核算认证体系，完善绿证交易机制，提升绿证交易的流通性。

（二）新型主体参与市场方式应不断创新

新能源发电具有随机性、波动性和间歇性的特点，需要配套大量系统调节资源。随着新能源发电量占比的持续提升，系统调节负担将进一步增大。新能源持续快速发展，存量系统可靠性裕度、灵活性调节资源的红利已耗尽。根据中国工程院测算，在2030年16亿千瓦新能源装机情境下，我国调峰能力缺口将达到1.66亿千瓦，难以支撑未来新能源增量的平稳接入和足额消纳。需要逐步探索风电、光伏、煤电、储能以"独立运行+联合经营"方式参与市场竞争，实现各类电源之间利益共享和风险共担。需要进一步完善适应新能源特性的市场机制，综合体现电力市场中的电能量价值、绿色环境价值、调节价值，支持新能源全面参与电能量、辅助服务、容量等各类市场，促进新能源消纳。按照"谁受益、谁承担"的原则，完善系统成本疏导机制。明确输电成本公平分摊机制，推动新能源与其他主体公平承担自身产生的偏差与波动责任，推动常规电源、新能源发电、电力用户等各方市场

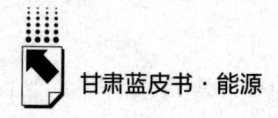

主体公平合理承担相关费用。推动分布式新能源参与市场化交易，充分利用配网侧零散资源，缓解系统调节压力。

（三）市场机制应更加适应新能源发展

从资源分布看，我国新能源资源与需求分布不均，近80%的风能和90%的太阳能资源分布在西部、北方地区，而70%的能源需求在东部发达地区，新能源发电和需求之间存在时间和空间错配，须进一步强化省际市场功能，加快建立省际输电权等交易机制，提升省际通道利用的灵活性，进一步提高资源大范围配置的市场效率。从发电特性看，新能源中长期交易需要增加交易频次、缩短交易周期，给新能源发电建立灵活调仓机制。从成本特性看，新能源参与市场使得现货边际成本定价机制面临新挑战，当新能源大发时，市场化交易价格明显下降，影响了各类电源的成本回收。从调节资源激励看，目前适应高比例新能源接入的调节资源激励机制尚不完善，调节资源缺口较大。为应对新能源出力快速变化、负荷支撑能力差、系统转动惯量减小进而稳定性变弱等问题，需要加快推进电力市场建设，完善多层次统一电力市场体系。健全体现电力资源的电能量价值、绿色环境价值、安全价值的多维市场机制体系，对应建立健全电能量及输电权、绿电绿证、灵活性及可靠性品种交易机制，促进新能源参与各类市场交易，确保包含新能源在内的各方合理承担能源转型成本，实现长期可持续发展。优化完善绿电、绿证市场。丰富交易方式、优化交易规则、创新衔接机制，推广绿电分时段签约，精准化匹配绿色电力消费意愿，支撑清洁能源提高有效利用水平，引领能源结构向绿色低碳转型。

（四）绿电消费责任需要进一步强化

甘肃省内绿电交易规模提升存在一定困难，亟须地方政府出台相关政策，强化企业绿电消费责任，提升绿电消费水平。一是目前绿证主要用于外贸业务以及与外资企业相关，甘肃省内与该类型相关企业较少，甘肃用能企业绿证用途有限，因此市场主体消费绿电的主动意识较弱，大多数电力用户对绿电交易仍持保守观念。二是目前省内绿电价格在省内燃煤标杆价基础上需体现绿电环境权益价值，省内多数用能企业鉴于下游产品价格难以提升，绿电环境溢价成本转移困难，企业为绿色产品支付环境溢价的意愿不强。三是目前碳排放计算未对化石能源电力和绿电进行区分，绿电零碳价值尚未得到碳排放指标体系认可，省内地方能耗"双控"、碳市场与绿证市场衔接仍有待政策规范。需要推动绿电与全国统一电力市场体系的有机融合；需要通过改进省际市场化机制有效解决绿电区域性供需矛盾；需要强化顶层设计，加强绿电绿证与碳市场的衔接。

三 甘肃省电力市场建设路径

以习近平新时代中国特色社会主义思想为指导，遵循社会主义市场经济基本规律和电力工业运行客观规律，在多层次统一电力市场框架内，学习各省电力市场建设运营良好经验，提出甘肃省电力市场标准模式，并基于标准模式提出需深化研究的问题和解决思路，科学推动甘肃省电力市场体系不断完善，积极推进新型电力系统建设和能源转型发展。

（一）建设目标

1. 总体目标

总体目标是在国家多层次统一电力市场框架下，坚持"保供应、促转型、提效率"的市场建设目标，坚持推动"四个统一"（即统一市场框架、统一市场运营、统一平台交互、统一服务规范），建立适应新型电力系统的省内电力市场体系，强化优发优购与市场交易、省际市场与省内市场、中长期交易与现货交易、批发市场与零售市场等协同衔接，统筹设计新能源入市、分布式电源参与市场、需求侧市场调节、容量充裕性保障等核心机制，形成适用性强、操作性强的省内电力市场建设典型方案。

2. 阶段性目标

阶段性目标是到2025年，初步建成适应新型电力系统的省内电力市场统一核心框架及基础规则体系，电力中长期、现货、辅助服务市场一体化设计，与省际市场高效协同运作，容量电价补偿机制不断完善，省内电力资源市场化配置能力显著提高。新能源逐步通过市场进行消纳，绿色电力交易规模逐年扩大，有利于储能、虚拟电厂等新型主体发展的市场交易和价格机制初步形成。到2030年，基本建成适应新型电力系统的省内电力市场体系，形成电能量、容量、辅助服务、输电权等全市场形态，并与省际市场逐步融合。以绿色电力交易为基础，建成适应高比例新能源接入的市场机制，新能源全面入市，各类主体平等竞争、自主选择交易品种，省内电力资源得到进一步优化配置。

（二）基本原则

1. 以有利于保障电力安全供应为前提

市场机制设计与现有的电网运行管理体系和安全管理措施相衔接，充分考虑能源供给安全，确保省内电力供应。通过中长期市场连续运营保障电力可靠供应，促进电力供需在长周期平衡。健全容量保障机制，适当拉大峰谷价差，激励调节性电源投资建设。

2. 以有利于促进能源清洁转型为重点

围绕积极稳妥推进碳达峰碳中和及构建新型电力系统，统筹考虑降碳、安全、发展、效率等多重因素，建立更加适应新能源发电特性的市场交易机制、价格形成机制。通过不同交易品种的优化组合，充分调动负荷侧资源参与市场调节，促进新能源消纳。

3. 以有利于提升系统运行效率为目标

促进电力市场建设运营与电网规划运行相结合、与市场基础条件和内外部环境相适应，进一步创新交易机制、优化交易方式、简化操作流程，切实提升系统运行效率。

4. 以有利于优化能源资源配置为方向

立足甘肃省能源资源禀赋和经济社会发展实际，推动甘肃电力市场与省际市场融合发展，提升甘肃省新能源资源在更大范围配置的效率与效益，将甘肃省资源优势持续转化为经济优势。

（三）重点内容

1. 统一市场框架

按照"统一市场、两级运作"的全国统一电力市场总体框架，甘肃电力市场以省际市场形成的交易结果作为边界条件，定位于优化省内资源配置，确保电力供需平衡和电网安全稳定运行。随着市场建设条件逐步成熟，推动省际、省内市场协同运营。

2. 统一市场运营

以国家电力市场"1+N"基本规则为基础，制定甘肃电力市场运营核心规则，规范甘肃电力市场交易组织、交易结算、偏差处理等关键环节的业务流程，打好与省际市场更好衔接的运营机制基础，形成统一开放、竞争有序、安全高效、治理完善、便于衔接融合的省级电力市场体系。

3. 统一平台交互

基于统一的交易平台架构，开发统一中心功能，规范交易平台数据模型，采用主流平台数据交互规范和标准接口，优化平台功能体系，支撑中长期、现货、辅助服务、零售市场等高效运营，实现技术支持平台与省际市场高效衔接融合。

4. 统一服务规范

完善市场注册管理方案，实现注册业务全过程在线受理；健全信息披露制度，确保事前、事中、事后全周期、全维度合规披露；优化电力交易服务热线管理制度。

（四）需要着力把握的关键环节

1. 统筹优发优购与市场交易衔接

优发优购机制是我国制度优势的重要体现，为有效保障民生用电安全、稳定终端用电价格、促进能源绿色转型起到了积极作用。甘肃省目前优发电量由"低价保供水电+137亿千瓦时保障新能源"构成，大于保障居民、农业和公益性事业的优购电量，剩余部分暂作为电网企业代理工商业用户购电电量来源。在市场环境中，在保留必要的优先发用电计划以保证电力基本公共服务供给的前提下，应通过市场化交易方式逐步缩小137亿千瓦时保障规模，与优购电量匹配。一是在市场建设中厘清优发优购和市场的边界，市场设计原则上应使优发优购与市场部分界面清晰，既保证优发优购部分的落实，又确保市场竞争部分形成合理的价格。二是按照"固化优购、匹配优发"的原则促进优先发电和优先购电电量空间匹配，明确居民、农业用户的低价保障电源，建立资金损益分摊机制。三是在保障优购电量的基础上，逐步放开优发电量，在保障居民、农业用电的基础上，分别做好市场化发用电、优先发用电之间的匹配，推动优发超出优购部分电量全部入市。

2. 统筹省际市场与省内市场衔接

甘肃省内电力市场与省际市场衔接机制是决定甘肃省富余新能源电力能否在更大范围内优化配置的关键，是能否将甘肃省资源优势转化为经济优势的关键。省际与省内市场协调运营的核心是根据省际、省内市场定位，处理好发电企业、电网公司等市场主体省内和省际两个市场空间的衔接问题，同时充分考虑清洁能源尤其是新能源在时空分布上的不均衡，在交易时序、偏差处理、安全校核及阻塞管理等方面做好统筹衔接。一是交易时序方面，为确保富余新能源高效跨省跨区配置，省际交易应早于省内交易开展，将省际交易形成的交易结果和交易合约作为省内交易的边界。二是偏差处理方面，优先安排并结算省际交易，发电侧和用户侧的偏差分别在各自省内承担，参与省内偏差考核。三是安全校核及阻塞管理方面，按照统一调度、分级管理的原则，各级调度按调管范围负责输电线路的安全校核和阻塞管理。四是外送电推动方面，加快外送通道的规划建设，拓宽新能源富余电量外送途径，通过加强政府间协商的方式扩大新能源外送规模。五是调节成本分摊方面，推动建立清洁能源省际交易配套的调节分摊机制，跨省跨区消纳富余新能源电力实现节能降碳的省区，应合理承担相应的系统调节成本。六是平台交互方面，推动省际、省内交易平台技术标准、数据接口标准的统筹衔接，做好数据管理、数据溯源、数据应用等关键环节的协同运作。七是推动各类主体直接参与全国统一市场方面，应逐步推动市场开放融合、扩大资源优化配置范围，探索"分层申报、联合出清"方式，在跨省区购电时段试点开展用户侧通过平台聚合方式直接参与省际市场。

3. 统筹中长期交易与现货交易衔接

在新型电力系统建设过程中，市场运行模式需要主动适应新能源的发电特性，市场的组织方式要向精细化转型，确保市场运营与系统运行、中长期市场与现货市场统筹衔接。一是对现有交易体系进行整合优化，借鉴D+3日滚动融合交易的成熟经验，实现甘肃省内中长期月度、月内（周、日）交易中交易品种的全融合，月度/周交易周期延伸至年末/月末的交易周期全融合，在同一交易中各市场主体类型的全融合，满足市场主体日益灵活的交易需求，提高甘肃电力市场交易的易用性。二是按照国家有关政策，通过市场机制设计促进中长期交易高比例签约，完善市场化考核机制，降低市场风险，充分发挥中期市场"压舱石"作用。三是在年度、月度、月内中长期交易常态化开市的基础上，继续深化中长期市场连续运营改革，适应新能源不同发展阶段持续完善分时段交易机制，灵活调整峰谷平时段分布，做好与现货市场的衔接。四是对交易周期、交易流程等交易组织关键要素进行持续优化设计，更好适应电力供需时段性变化频繁和新能源发电波动性、随机性特点。五是建立甘肃省电力市场电价机制研究团队，对甘肃省中长期市场、现货市场价格上下限开展常态化研究，并根据新能源发展不同阶段提出相应的调整意见。

4. 完善新能源参与市场交易关键机制

高比例新能源情况下，电力供需时段性变化频繁和新能源发电波动性、随机性特点都将改变电力市场建设的基础条件。一方面，电力交易需要向更精细化转变，设计标准化交易品种，提升交易组织灵活性，充分体现电能量在各交易周期的分时价值。另一方面，电力交易需要向更长周期延伸，以绿电交易为基础，发电企业与电力用户签订长周期的购电协议（PPA），充分体现新能源的环境价值，给予新能源稳定的收益预期和投资回报，促进新能源发展。一是做好新能源市场消纳与保障收购衔接，稳妥处理优先发电与优先购电匹配关系，新能源通过保障收购方式优先满足存量及新增优购电量，逐步缩减保障收购规模。二是完善绿电交易体系，推动绿电交易以多年、年、月为周期常态化开市，并逐步向月内延伸，实现连续运营；健全绿电合同交易机制，满足市场主体灵活调整需要；建立绿电分时段交易机制，合理设置绿电交易时段，并逐步向更细的市场颗粒度、更短的结算周期过渡。三是完善用电侧绿电消费激励机制，压实用电侧可再生能源消纳责任，将绿电交易作为落实消纳权重、碳排放指标、能耗双控要求的主要途径，引导有需求的用户直接购买绿色电力，鼓励高耗能行业使用绿电，并在能耗双控、有序用电等环节给予一定激励。四是加强绿电与绿证、碳市场等衔接协同，以绿电交易为核心开展省内绿色低碳转型相关政策设计并建立机制，推动出台绿电抵扣碳排放政策，为碳市场与绿电交易在节能降碳方面的协同打下基础。

5. 加快建设电力零售市场

建立电商化、标准化的零售市场，便于海量中小微用户通过零售市场入市，缩小电网企业代理购电范围，通过售电公司聚合作用减小代理入市偏差、减轻售电公司代理用户入市的申报操作难度，建立批零价格传导机制，吸引更多中小微用户通过零售市场入市，将市场化分时价格信号传导至终端用户，通过零售市场发挥售电公司聚合作用，稳步扩大需求侧市场化响应规模，增强系统调节能力，更好服务新能源消纳和调节。一是建立健全零售市场交易规则体系，按照"好理解、易推广、强兼容"的原则，加快出台电力零售市场规则和制定标准化零售套餐，为市场主体公平参与零售交易提供政策保障。二是开发部署零售市场交易平台，完成零售平台搭建和测试，融入"人脸识别+智能客服"等前沿技术，提升市场主体购电体验。三是推进零售市场合规机制建设，加强售电公司持续满足注册准入条件管理和履约风险监测，全面推进售电公司信用评价，建立健全售电公司信用等级动态监控与预警机制，保障市场主体合法权益。四是加强电力零售市场交易的宣传动员，营造良好舆论环境，做好政策宣贯和培训，支持售电公司积极发挥专业优势，降低中小用户交易难度和交易风险。

6. 建立分布式电源市场机制

考虑分布式新能源分散接入多、分布不均衡、局部密度高的特点,应按照整体设计、分类推进的基本原则,有序推动分布式新能源参与市场交易,合理分摊系统平衡费用,促进行业健康可持续发展。一是通过直接交易或聚合交易形式,参与市场竞争,原则上将分布式电源按照一般市场主体进行管理,输电费用按照省内输配电价收取,即不收取分布式新能源上送至主网的输电费用,只收取用户输配电价。考虑到大量分布式光伏"名义为户用、实际为企业运营"的情况,允许以企业与农村居民签订的协议为依据,由企业代理参与市场或与聚合商签订合同。参与交易后的分布式电源应按照规则合理承担平衡责任。二是户用分布式光伏或无意愿参与市场交易的分布式光伏,放开一定比例的收购电量参考市场价格进行结算,并考虑分布式光伏支付对应的系统运行成本,剩余部分仍由电网收购纳入优先发电电量。三是允许分布式光伏与附近用户开展就近交易,输配电价按照相应的模式完成重新核定;允许主体在局部范围开展带曲线的分散交易,按照相应的分布式交易偏差处理机制进行偏差结算;通过建立平衡单元或引入平衡服务商的方式提供平衡服务,并最终通过参与批发市场实现电力电量平衡及结算。

7. 健全需求侧市场调节机制

随着新型电力系统加快构建,新型储能、多元负荷等分散在需求侧的"产消者"不断涌现,成为电力系统极其宝贵的可调节资源。需要创新市场机制,将灵活性调节资源连点成线、连线成面,聚合参与系统调节,实现各类资源的信息互联、友好互动、价值共享。一是做好省内需求侧市场整体设计,研究制定需求侧资源常态化参与中长期市场、现货市场、辅助服务市场和需求响应的总体规则,进一步明确不同市场的功能定位和衔接机制,通过市场化机制引导需求侧资源参与系统调节,并疏导相应的调节成本。二是完善需求侧调节市场机制,制定新型储能、负荷聚合商、虚拟电厂等新型主体管理制度,明确准入标准、注册流程等关键环节;完善需求侧调节资源参与中长期市场、现货市场、辅助服务市场的交易组织模式,电价形成机制,费用疏导方式等关键内容。三是将需求侧响应融入中长期月内连续运营，引导交易主体通过连续交易实现互动；探索基于平衡单元的共享服务，由聚合商与发、用电主体建立平衡单元，为整个电网提供平衡调节服务并承担偏差责任。四是深化研究源网荷储一体化项目、新能源直供电项目市场机制，完善一体化项目市场管理制度，推动一体化项目作为整体单元以"间歇性"纯用户身份参与市场交易；研究建立新能源直供电项目市场准入、注册机制，明确直供电项目定位，试点推动直供电项目参与中长期交易。

四 相关建议

（一）强化电力市场建设政府引领

在推进新型电力系统建设、构建全国统一电力市场背景下，面对加强市场功能、政策和规则衔接的客观需求，零售市场、信用评价、保函管理、D+3连续运营、新型主体参与市场机制等重要市场建设任务需要强化政府统一引领作用，通过明确省级电力市场建设牵头部门，开展甘肃电力市场适应全国统一电力市场的顶层设计，推动甘肃电力市场进一步深化建设。一是强化政府统一引领，开展甘肃电力市场适应全国统一电力市场的顶层设计，强化各市场功能、价格机制间的高效衔接，强化甘肃省电力市场与全国统一电力市场的高效融合。二是通过强化政府统一引领，制定符合省情网情的新型主体入市规范和交易规则，支撑储能、虚拟电厂、负荷聚合商等新型主体发展入市，满足新型主体多元化、多样化需求，活跃电力市场、提升调节能力、助力新能源消纳。三是通过强化政府统一引领，有力支持国家层面推动绿电市场与碳市场衔接，在新能源大规模开发建设背景下，充分体现绿证的环境权益价值，充分发挥绿电绿证作为电力市场与碳市场之间唯一纽带的作用，扩大绿电绿证交易规模，通过环境价值保障新能源持续发展的动力。

（二）加强市场技术平台支撑能力

以"统一设计、安全可靠、配置灵活、智能高效"为原则加强电力市场技术支撑平台建设,支撑电力市场交易各项业务规范透明、公平开放在线开展,市场主体通过交易平台便捷高效参与市场,实现市场交易的平台电子化运作。一是优化升级新一代电力交易平台功能,广泛接入源、网、荷、储等各类主体,在各类交易业务线上运作的基础上,持续优化完善市场出清、市场结算、市场合规、市场服务、信息发布、系统管理等功能应用。二是推动全业务统一数据交互共享,建立面向服务、满足数据即时共享和业务互动需求的横纵向数据交互及管控平台,实现交易平台与电网企业调度、营销、财务等信息系统的无缝集成、信息共享与协同运营;探索与市场主体交易系统数据交互安全保障机制,按规定满足市场主体数据接入基本需要。

(三)推动市场统一服务体系建设

推动适应多层次统一电力市场的省内电力交易服务体系建设,统一市场注册标准,规范信息披露内容,优化交易服务热线业务流程,充分发挥统一服务体系在提高服务质效、提升服务水平方面的作用。一是统一市场注册标准,实现全过程在线公平公开受理各类市场注册业务,经营主体注册流程、核验标准、受理期限、公示要求等统一规范;探索与工商、金融、公安等多个外部系统融合,赋能市场智能化服务能力构建,形成基于电子营业执照的智能注册服务应用,为用户提供更高效、更安全、更智能的市场服务。二是规范信息披露内容,严格落实国家要求,通过交易平台实现信息披露事前、事中、事后的全过程管理。内容上涵盖市场边界、市场参数、市场预测、交易组织、出清结算、市场运行、市场干预等方面,范围上覆盖中长期、现货、辅助服务、零售等市场,周期上覆盖年、季、月、周、日、时、分等维度。三是优化交易服务热线业务流程,受理各类主体及相关方的咨询、投诉、举报、意见等业务,通过工单流转、业务处理及回访等解决各类主体诉求。

B.17
新型电力系统条件下电力体制机制优化研究

刘峻 杜超本*

摘 要： 近年来，甘肃省围绕源、网、荷、储、市场、机制六要素发力，市场化电价形成机制逐步理顺，电网配售电业务稳步放开，"主体多元、竞争有序"的市场格局初步形成，电力体制改革取得了显著成效。在不断探索建立健全适应新型电力系统体制机制的基础上，甘肃省在电价改革、市场体系优化等电力体制机制改革方面取得了突破性进展，在构建新型电力系统上具有资源、区位、网架、储能、产业五大比较优势。与此同时，甘肃省在电力市场体系、市场竞争机制、输配电价体系三个方面面临推进电力体制机制改革的重大挑战，亟待加强电力统筹规划和科学监管，建设科学有效的电力市场体系。鉴于此，甘肃省要从完善电力市场体系、理顺电价形成机制、调动市场主体竞争活力、建立健全新能源发展机制、完善电力安全供应保障机制五个方面出发，进一步完善电力系统运行机制，提高电力安全供应保障能力，助力能源清洁低碳转型，促进电力行业高质量发展。

关键词： 新型电力系统构建 电价改革 多元化市场体系 电力市场竞争

一 甘肃省电力体制机制改革任务取得突破性进展

2015年《关于进一步深化电力体制改革的若干意见》明确指出，自

---

* 刘峻，国网甘肃省电力公司法律合规部（体改办）正高级工程师，主要研究方向为电力体制改革；杜超本，国网甘肃省电力公司法律合规部（体改办）高级工程师，主要研究方向为电力体制改革。

2002年电力体制改革实施以来,初步形成了电力市场主体多元化竞争格局。甘肃省坚决贯彻落实习近平总书记"四个革命、一个合作"能源安全新战略,构建新型电力系统、新型能源体系和建设新型电网等重要指示,经过多年改革实践,电力市场建设有序推进。甘肃省电力公司立足西北电网"总枢纽"、西电东送"主通道"、支撑新型电力系统构建"重基地"发展定位,充分理顺价格机制、优化完善市场机制、主动服务区域发展,全力服务和推进新型电力系统建设,助力甘肃新能源发展全面进入大规模、高比例、市场化、高质量的新阶段,充分发挥了电力市场对能源资源配置的决定性作用,有力促进了绿色的甘肃能源在全国更大范围内优化配置和消纳,电力体制机制改革任务取得突破性进展。

(一)进一步理顺价格机制,适应市场化要求的价格体系初步确立

一是配合健全输配电价机制。配合政府按照"准许成本+合理收益"原则,完成三个监管周期的输配电价核定工作。单独核定大工业和一般工商业输配电价标准,从形成机制上将垄断环节输配电价与竞争领域发、售电价格分开,提高电价构成的透明度,为电力市场建设和电价市场化改革提供有效支撑,积极释放改革红利。二是竞争性环节价格基本由市场形成。继参与市场交易用户通过协商、市场竞价等方式形成价格后,严格按照"平稳起步、有序推进、规范实施、持续提升"的总体要求,放开全部燃煤发电上网电价,取消工商业目录电价,工商业用户全部进入市场。三是在全国率先实施"年度+月度+现货"的采购模式,保障代理购电价格的相对稳定,维持合理的价格水平。将全省年度优先发电计划作为保障居民、农业用户用电需求及用电价格稳定的主要手段之一。进一步明确保障居民、农业用电价格稳定产生的损益由市场中全体工商业用户分摊或分享,缓解了交叉补贴来源压力。

(二)持续完善市场机制,涵盖多周期多品种的市场体系初步建立

一是电力市场体系更加健全。围绕"统一市场、两级运作"总体框架,推动建设符合国情、网情和省情的具有甘肃特点的新型电力市场,适应新能

源消纳和能源更大范围优化配置，配合政府出台14项市场运行机制、7项配套规则，推动辅助服务市场与现货市场一体化运营，更好体现灵活调节性资源的市场价值，在全国范围率先形成了中长期市场、现货市场、辅助服务市场相协调的全形态电力市场体系。

二是交易机制更加完善。国网首批试点、最先建成新一代交易平台，支撑全交易业务线上开展，为市场主体提供便捷服务。在国网经营区内首家建设运行完整的信息披露体系，实现电力市场信息"应披尽披"。通过按日开市的D+3交易灵活调整中长期合约，使交易曲线更加贴近实际发电曲线，实现了中长期市场全周期、分时段、带曲线连续运营，市场化规模、新能源参与范围和市场电量均居全国前列。

三是现货市场更加稳健。作为全国首批现货市场改革试点，甘肃现货市场保持全国最长周期不间断连续运行、全国首家完整月结算、全国首家新能源"报量报价"、全国唯一一家用户"报量报价"。经过6年的创新实践，经中国电力企业联合会评估、甘肃省政府批准，报国家发展改革委、国家能源局备案，甘肃电力现货市场2024年9月5日转正式运行，成为全国第四个（继山西省、广东省、山东省之后）转正式运行的电力现货市场，标志着甘肃电力市场建设迈上新台阶，统一开放、竞争有序、安全高效、治理完善的"中长期+现货+辅助服务"电力市场体系持续健全。

（三）主动服务区域发展，助力打造更具竞争力的电力营商环境

一是扛牢保供稳供首责，服务经济发展。以务实、精准、为民、舒心为原则，推出电力营商环境再升级"15项提升措施"，将低压接入容量提高至160千瓦，建设在线监测、快速自愈、紧急控制的智能配电网，推行购车办电"一站式"服务，向重点企业提供"一企一策"用能建议，服务经济跑出"加速度"，助力181个省市县重点项目按期投运。二是提高精益管理质效，服务降本增效。围绕压降办电成本、优化用能策略、优化交易机制、优化政策执行，出台助力重点企业降低用电成本"14项服务措施"，开通"一件事一次办"线上专区，指导用户培养分时用电习惯，全面规范转供用

电加价，合规降低用电成本。2024年1~8月，国网甘肃省电力公司累计投入业扩配套资金6亿元，企业办电成本共计降低4.91亿元，企业用电成本累计降低19.88亿元。三是贴近企业做优服务，诠释为民理念。想企业所想、帮企业所需，切实发挥电力"先行官"作用，第一时间出台服务民营企业发展壮大"10项保障措施"，支撑、带动、服务民营企业高质量发展，通过数据多跑路、用户少跑路，最短时间、最高效率、最快速度满足市场用电需求，办电时间同比压降超过10%，2.5万户具备现场装表条件的低压企业实现"一日接电"，线上办电率稳居98%以上，全省城乡综合供电可靠率达99.86%。开展"送服务、解难题、促发展"大走访活动，为民营企业提供温馨便捷的服务，客户服务满意率达99.82%。

二 甘肃省推进电力体制机制改革面临的挑战

2021年3月，习近平总书记在中央财经委员会第九次会议上明确提出要"构建以新能源为主体的新型电力系统"，为我国电力系统变革升级指明了方向。2024年8月11日，《中共中央、国务院关于加快经济社会发展全面绿色转型的意见》印发，提出加快构建新型电力系统，深化电力体制改革，进一步健全适应新型电力系统的体制机制。8月6日，国家发改委、国家能源局、国家数据局发布《加快构建新型电力系统行动方案（2024~2027年）》，提出在2024~2027年重点开展9项专项行动，推进新型电力系统建设取得实效。新型电力系统构建是一项长期、复杂的系统工程，面临着诸多挑战，亟须持续优化电力体制机制适应新型电力系统建设。

（一）新型电力系统的主要特点

1. 新能源将成为装机和电量的主体

2023年甘肃新能源发电装机规模已经超过煤电，2024年1~9月全省新增新能源装机814万千瓦，总装机达5992万千瓦，占比63.42%，新能源发电量634亿千瓦时，占比37.05%，新能源装机占比和发电量占比均排全国第二。预计2030年新能源成为发电装机主体和电量主体,新能源装机占比超过63.7%,发电量占比超过43.5%。新能源发电具有随机性、波动性特点,自身调节能力差,对电力贡献度低,给电网安全稳定运营和电力市场建设带来挑战。

2. 终端能源消费将高度电气化,电力"产消者"大量涌现

预计2030年甘肃省终端能源消费电气化水平将由目前的27%增长到39%左右。随着分布式能源和储能快速发展,许多电力用户既是电能消费者又是生产者,电力产消关系深刻变化,新能源发电增量超过用电消费增量。

3. 电网发展将形成以大电网为主导、多种电网形态相融并存的格局

交直流混联大电网依然是能源资源优化配置的主导力量,同时微电网、分布式能源、储能和局部直流电网将快速发展,与大电网互通互济、协调运行,支撑各种新能源高效开发利用和各类负荷友好接入。

4. 电网运行机理和平衡模式将发生深刻变化

随着新能源发电大量替代常规电源、储能等可调节负荷广泛应用,以及跨省送电规模日益扩大,电力系统在时间上,将由源随荷动态实时平衡逐步向源网荷储协调互动的非完全实时平衡转变;在空间上,由原来的分省分区平衡逐步向全网平衡转变。

(二)甘肃构建新型电力系统的优势

当前是我国实现碳达峰的窗口期,也是构建新型电力系统的关键期,全国各个省区市都在这条赛道上谋篇布局、提速加力。甘肃省明确把突出"发挥比较优势"作为做好"产业转型、结构升级、要素聚集、链条锻造"文章的四大导向之一。综合分析,甘肃省在构建新型电力系统上具有资源、区位、网架、储能、产业等五大比较优势。

1. 能源资源富集,新能源可开发量居国内前列

甘肃省是西部地区重要的生态安全大屏障,"煤水油气风光核"各类能源资源品类齐全。风能、太阳能技术可开发量分别达5.6亿千瓦时、95亿千瓦时,居全国第四、第五位①,开发利用空间巨大。在我国的能源战略版图中,甘肃省具有重要而特殊的地位,河西走廊清洁能源基地已被纳入我国"十四五"重点建设的九大清洁能源基地之一,陇东综合能源基地将在我国"风光火储一体化"上发挥重要的示范作用。"十三五"期间,甘肃省风电、太阳能等新能源装机规模已超越火电成为第一大电源。2023年起,新能源增发电量已超省内用电量的增加值,较全国提前5年实现目标,新能源呈现良好的发展态势,将率先在国内实现"以新能源电力为主体"的目标。总之,得天独厚的风光资源优势、大幅提升的新能源利用水平、国家级能源基地建设,为甘肃省加快构建新型电力系统积蓄了势能、创造了条件。

2. 地理区位特殊,能源输送战略通道作用凸显

甘肃省地处亚欧大陆桥的核心通道,是丝绸之路经济带的"黄金段",也是西部地区唯一具有承东启西、南拓北展区域优势的省份。我国能源资源与消费需求呈逆向分布,尤其是在"双碳"背景下,以西部地区清洁能源支撑中东部地区能源绿色低碳转型将是必然趋势。在国家"西电东送"战略中,甘肃省既是重要的能源生产基地,又是重要的能源输送"大动脉"和中转枢纽。相较于同处西北地区的青海、新疆等省份,甘肃省距离中东部负荷中心较近,能源电力大范围、远距离优化配置的成本优势明显。甘肃省提出打造国家重要的现代能源综合生产基地、储备基地、输出基地和战略通道,将进一步放大甘肃省的地理区位优势。

3. 电网互联互通,电力跨区跨省互济能力强

甘肃电网是西北电网的中心和功率交换枢纽,在西北电网水火互济、省际互调余缺、跨区优化配置资源方面的作用逐年强化。目前,甘肃省已初步形成交直流混联送端大电网,建成酒泉至湖南特高压直流输电工程,过境哈密至郑州、昌吉至古泉、青海至河南三条特高压直流通道;省内形成覆盖主要能源基地和负荷中心的750千伏坚强网架;省际通过19回750千伏线路

---

① 《甘肃省人民政府办公厅关于印发甘肃省"十四五"能源发展规划的通知》(甘政办发〔2021〕121号)。

分别与陕西、宁夏、青海、新疆相连，跨区跨省输电能力达3490万千瓦，"陇电外送"至全国25个省区市，2023年外送电量达522.3亿千瓦时，是"十二五"末的3.83倍。甘肃电网在西北区域"座中四联"的区位特征和国家"西电东送"重要输送通道的战略定位，决定了甘肃省在构建新型电力系统上具有互联互通的网架基础（见图1）。

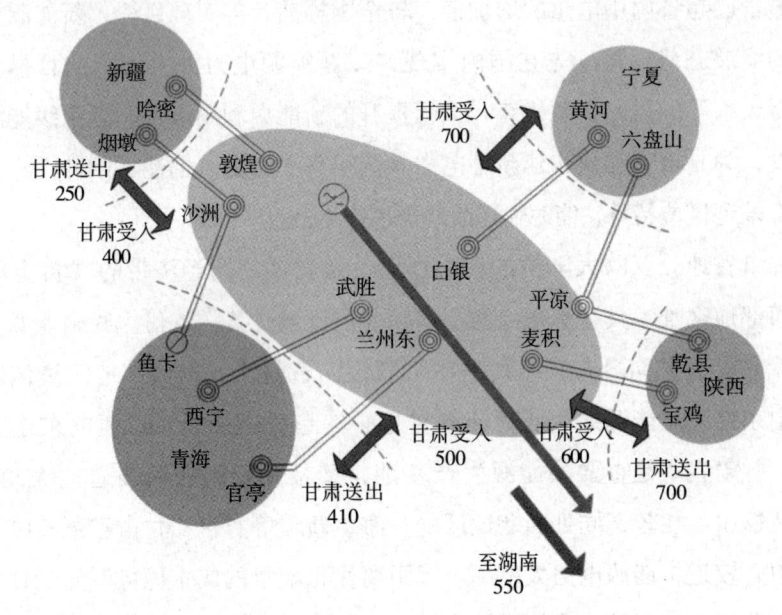

图1　甘肃电网与周边电网联网示意

4. 储能需求空间大，产业链培育前景广阔

储能①作为支撑新型电力系统建设的重要技术和基础装备，在"十四五"期间将步入产业化、规模化发展阶段。近年来，我国陆续出台一系列支持储能产业发展的政策性文件，进一步明晰了发展储能的战略导向。根据西北勘测设计院的研究结果，甘肃省具备抽水蓄能电站建设条件的站点

---

① 储能按照技术原理不同，分为物理储能、电化学储能、电磁储能、化学燃料储能、储热技术等。其中，物理储能包括抽水蓄能、先进绝热压缩空气储能、飞轮储能；电化学储能包括磷酸铁锂电池、钠硫电池、全钒液流电池、铅炭电池；电磁储能包括超导储能、超级电容；储热技术包括熔融盐储热、相变储热；化学燃料储能主要是氢储能。

达25个，分布在12个市州（不含嘉峪关、庆阳），总装机规模达到3190万千瓦，其中昌马、张掖、黄羊等11个站点1300万千瓦装机已纳入我国"十四五"重点实施项目①，开发潜力巨大②。随着新能源大规模开发，"新能源+储能"将成为新能源开发的必备条件，电化学等新型储能也将进入发展窗口期。甘肃省储能需求大、资源条件好，大力发展储能既能提高电力系统灵活调节能力，又能带动动力电池、储能装置等战略性新兴产业发展。

5. 产业基础良好，能源电力产业链培育潜力大

甘肃省是全国的老工业基地之一，电力行业占规上工业增加值比重已超过20%（仅次于石化行业），已具备相当规模的电工电气装备制造基础。比如，兰州市布局有电机、风力发电成套设备、电力变压器、电线电缆等产业；天水市布局有集成电路封装、半导体电子元器件、输配电及控制设备、电工仪器仪表等产业；酒泉市布局有新能源装备制造产业。通过加快构建新型电力系统，推动发电、输电、配电、用电全环节转型升级，将有效带动甘肃省电工及新能源装备制造产业做大做强，形成经济增长新动能。

总体上看，"双碳"目标对于甘肃省是难得的历史机遇，构建新型电力系统则是甘肃省牢牢把握"双碳"机遇的重要抓手。充分放大比较优势，主动作为、系统谋划，抢占先机、先行先试，加快推动构建新型电力系统，将对甘肃省把新能源产业打造成为经济发展的重要牵引和支柱、打好打响"最美风光在甘肃"品牌产生十分显著的助推作用。

（三）甘肃省新型电力系统构建面临的挑战

构建新型电力系统面临诸多不容忽视的困难与挑战，主要包括四个方面。

---

① 《抽水蓄能中长期发展规划（2021~2035年）》。
② 甘肃省昌马、张掖、黄羊、东乡、黄龙、永昌、皇城、阿克塞、平川、康乐、积石山等11个站点1300万千瓦装机已纳入"十四五"重点实施项目，宕昌站点已纳入"十五五"重点实施项目。

一是系统建设及运行成本大幅增加。新型电力系统中电力电量的主体将由煤电等常规电源逐步过渡到新能源，但新能源能量密度小、发电出力不确定性大，为保障高比例新能源并网消纳，需要对各级电网尤其是配电网进行大规模建设与改造、常规电源为平抑新能源波动等提供调峰辅助服务、大规模布局建设储能设施，这些投入将推高系统建设及运营成本，亟待合理有效疏导。

二是灵活调节资源亟待加快建设。传统电力系统的电源主要以出力可控的煤电、水电为主，具有较强的负荷跟踪和调节能力。新型电力系统的电源由不确定性、弱可控出力的新能源占主导，由于其出力具有波动性、间歇性，只有配置一定规模的煤电、储能等调节性电源，才能形成平稳电力曲线。调峰资源紧缺已成为各省普遍存在的矛盾，随着新能源并网规模持续增大，时段性电力缺口矛盾持续突出，甘肃省内调节能力无法满足电力保供需要。

三是系统安全稳定运行风险增加。伴随着新型电力系统建设，大规模新能源、高比例电力电子设备广泛接入，电力系统物理结构发生根本性变化，系统转动惯量降低，频率和电压波动幅度增大，各类故障呈现出多样性、连锁性、复杂性，对电力调度运行体系带来严峻挑战。

四是新能源消纳压力增大。甘肃省依托省内、省外"两个市场"协同发力，纵深拓展新能源消纳空间，为新能源大规模发展创造了条件。"十四五"期间，甘肃省新增新能源装机约5000万千瓦，较"十三五"末增长近2倍。甘肃省就地消纳空间有限，要保持较高水平的新能源利用率，亟须制定省内减碳规划，加快储能等调峰资源建设，持续扩大"陇电外送"规模。

（四）适应新型电力系统的电力体制机制优化问题

1. 电力市场体系方面

一是省际省内市场尚需统筹。用户、售电公司能否直接参与省际交易存在争议，部分省份要求配套电源参与省内市场。未来，跨省区交易在容量电费补偿、辅助服务费用分摊方面均面临与省内市场合理统筹的问题。

二是中长期与现货交易模式亟须理顺。市场主体与参与各方对采取"中长期差价合约+现货全电量集中优化"模式，还是以"双边直接交易连续开展+平衡机制调节偏差"为基础构建电能量市场仍有争议，影响市场建设落地。

三是煤炭、电力、碳市场等联动体系有待完善。一次、二次能源市场机制衔接不畅，一次能源市场价格波动难以通过电力市场完全疏导，市场机制保供作用未充分发挥、电—碳市场存在市场主体不对应等问题，既增加市场联动难度又过度推升电力成本，既影响保供又制约能源转型进程。

2. 市场竞争机制方面

一是新能源市场化发展机制不明确。当前新能源在市场中存在多种发展机制，如全额保障性收购机制、绿电交易机制、富余可再生能源交易机制。新能源参与市场方式不同，增加了市场设计推进难度，也不利于新能源消纳的统筹协调。

二是单一电量形式竞争的市场不适应新型电力系统的供电保障。当前电力中长期和现货市场以电能量交易模式为主，促进煤电保供及支撑调节性电源发展的容量成本回收等机制有待进一步完善，无法准确体现市场主体为系统提供的电能量价值、容量价值、安全价值、绿色价值。

三是辅助服务市场与现货市场需要协调发展。辅助服务与现货市场在市场定位、参与主体等方面需进一步厘清，现有辅助服务品种需进一步适应系统运行需要。需进一步建立完善成本向用户传导机制，应按照"谁受益、谁承担"原则建立向用户传导的价格机制。

3. 输配电价体系方面

一是电网接入备用价值应予充分补偿。大电网既是能源大范围配置平台，又要为微电网、分布式能源提供支撑、保障和备用服务，需要建立完善接入费、备用费机制，为大电网接入和备用价值提供合理补偿，促进大电网和终端多元化微电网、能源网融合发展。

二是电网为各类市场主体提供输配电服务的价格体系需明确。新型电力系统中，大电网既为传统电力用户，也为电力"产消者"、微电网、增量配

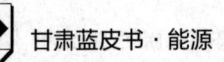

电网等提供服务。目前的输配电价体系和结构主要基于传统终端用户设计，需要探索对新型市场主体和非终端用能主体的服务价格。

三 新型电力系统条件下进一步优化甘肃省电力体制机制的建议

坚持"三统一"（统一规划、统一调度、统一管理）体制优势，按照"低碳为纲、保供为要、市场为主、价格为基"总方针，立足西北电网"总枢纽"、西电东送"主通道"、支撑新型电力系统构建"重基地"发展定位，着力理顺价格形成机制，着力建设科学有效的电力市场体系，着力推进市场设施高标准联通，着力加强电力统筹规划和科学监管，进一步完善电力系统运行机制，提高电力安全供应保障能力，助力能源清洁低碳转型，促进电力行业高质量发展。

（一）着力构建完善电力市场体系

坚持"统一市场、两级运作"模式。以省际、省内市场"统一市场、两级运作"起步，实现电力资源在更大范围内自由流通和优化配置，发挥好甘肃省内市场在电力平衡和资源配置中的基础性作用。持续丰富完善交易品种和市场体系，逐步完善辅助服务、容量、输电权等交易，引导不同层次市场协同运行。促进计划与市场、中长期与现货、省际与省内、电能量与辅助服务等不同类型、不同层次市场的有机衔接、融通发展。

（二）理顺电力价格形成机制

理顺一次、二次能源价格。加快研究煤电联动的市场化价格形成机制，健全一次能源产供消储协调运行机制，引导多种能源协同高效利用。完善竞争环节电力价格形成机制，落实上网电价市场化改革政策，合理开展市场设计，引导建立反映峰谷差特征的分时电价机制，形成能升能降的市场竞争价格，统一规范电力市场价格规则，更好发挥市场配置资源的决定性作用。完善细化输配电价监管制度，健全输配电价体系，充分体现大电网备用服务价值。进一步完善省级电网、区域电网、跨省跨区专项工程、增量配电网价格形成机制，扩大两部制电价适用对象，提高容量电价占比。优化居民、农业电价机制，研究完善与电力市场建设相适应的电价机制，探索优化居民阶梯电价。研究制定保底电价执行细则，出台高耗能阶梯电价等环保电价政策。

（三）充分调动市场主体竞争活力

积极推动用户侧参与市场交易。完善中长期带曲线交易组织方式，加快培育合格市场主体，鼓励售电公司创新商业模式，充分激发市场活力。推动具备条件电源和储能进入市场，提高煤电机组灵活调节能力，建立煤电灵活性激励机制。统筹规划抽水蓄能和新型储能发展，推动抽水蓄能价格机制有效落地，完善新型储能电价机制。充分激发需求侧资源活力，加快建设可调节负荷资源库，推动需求侧管理成本合理疏导，引导需求侧资源进入市场，完善峰谷电价、可中断负荷电价形成机制，提高需求侧资源市场化响应水平。聚合分布式电源、微网、储能等分散资源，鼓励具备条件的参与现货市场，增加系统调节能力，促进清洁能源消纳，探索用户可调节负荷参与辅助服务交易。

（四）建立健全新能源发展机制

完善新能源参与市场机制，逐步推进新能源完全市场化消纳，充分考虑新能源绿色价值，创新市场品种，激发全社会形成合力消纳绿色电力。建立新能源偏差考核机制，激励新能源主体提升电力电量预测精度。强化电力用户、售电公司等市场主体新能源消纳责任权重考核，促进电力用户和市场主体公平负担新能源消纳责任。做好绿色电力证书交易、碳市场和电力市场衔接，加强绿电交易市场与绿证市场衔接，打开绿电消纳市场空间，推动绿电交易与碳市场相关数据的贯通，实现市场机制的衔接融合、协同发力，提升用户消费绿电主动性。创新辅助服务市场机制设计，进一步扩大辅助服务主体范围，推动用户侧和新型资源参与辅助服务市场，挖掘供需两侧灵活调节

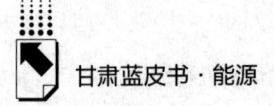

能力，优化现有辅助服务品种的服务方式，创新开发辅助服务新品种，统筹辅助服务市场和电能量市场的衔接，进一步完善辅助服务补偿方式和分摊机制。

（五）完善电力安全供应保障机制

充分发挥市场机制在引导用电侧削峰填谷中的作用，合理拉大峰谷价差，促进系统供需平衡。加快应急备用和调峰电源能力建设，健全市场应急处置机制，优先保障民生用电，确保电力供应安全。逐步建立容量保障机制，充分考虑常规能源在市场中的功能定位，以容量价格机制保障常规能源固定成本回收，确保系统总体容量充裕度。进一步完善电网企业代理购电机制，在有条件的地区因地制宜逐步缩短代理购电交易周期，探索电网企业代理用户参与现货、辅助服务市场。

B.18 甘肃省源网荷储一体化项目的发展现状报告

宋汶秦 刘旭敏*

摘　要： 近年来，国家为进一步提升新能源开发利用水平、促进新能源就近消纳、实现源荷互动、降低能耗，出台了多项政策推动源网荷储一体化项目的发展。甘肃省抢抓发展机遇，积极谋划，提出试点建设源网荷储一体化项目。本文梳理了国家对源网荷储一体化项目的发展要求，从接网规则、备用容量费收取和向电网反送电等方面对比各省政策。着重分析了一体化项目用能成本是否存在优势、对社会公平性的影响以及绿电溯源需解决的问题。并提出推动甘肃省源网荷储一体化项目高质量发展的相关建议，为后续引导源网荷储一体化项目依法合规、健康有序发展提供参考。

关键词： 甘肃　源网荷储一体化　新能源消纳　低碳转型

"十四五"以来，国家出台多项相关政策，探索源网荷储一体化建设。2021年3月，国家发展改革委、国家能源局出台《关于推进电力源网荷储一体化和多能互补发展的指导意见》（发改能源规〔2021〕280号），明确提出推进源网荷储一体化，将源网荷储一体化和多能互补作为电力工业高质量发展的重要举措。同年4月、11月，国家能源局分别出台《关于报送

---

* 宋汶秦，国网甘肃省电力公司新型电力系统研究院正高级工程师，主要研究方向为电力系统规划研究；刘旭敏，国网甘肃省电力公司新型电力系统研究院助理工程师，主要研究方向为新能源发电研究。

"十四五"电力源网荷储一体化和多能互补发展工作方案的通知》和《关于推进2021年度电力源网荷储一体化和多能互补发展工作的通知》，对源网荷储一体化项目做出了进一步的要求。2023年6月，《新型电力系统发展蓝皮书》发布，提出打造"新能源+"模式，推广电力源网荷储一体化发展模式，大幅提高新能源发电效率和可靠出力水平。2023年7月国家能源局表示，将持续完善源网荷储一体化项目参与电力市场机制。2023年10月，习近平总书记在进一步推动长江经济带高质量发展座谈会上指出，要加强煤炭等化石能源兜底保障能力，抓好煤炭清洁高效利用，注重水电等优势传统能源与风电、光伏、氢能等新能源的多能互补、深度融合，加快建设新型能源体系，推进源网荷储一体化。

在国家大力支持源网荷储一体化项目建设的背景下，甘肃省也出台了源网荷储一体化相关政策，为甘肃省源网荷储一体化项目发展提供政策支持。2023年，甘肃省发改委相继出台《甘肃省电力源网荷储一体化项目管理办法（试行）》和《甘肃省电力源网荷储一体化项目并网技术规范》，对源网荷储一体化项目的建设、并网、运营等方面进行了详细的规定。2024年3月，国家能源局批复《关于支持甘肃省创建新能源综合示范区的复函》，提出"积极支持甘肃省结合本地资源条件和产业发展需要，建设国家新能源综合开发利用示范区，因地制宜开展源网荷储一体化建设"。同年7月，甘肃省发改委和省能源局印发《甘肃省国家新能源综合开发利用示范区建设方案》，提出试点推广源网荷储一体化、新能源自备电站、增量配电网等新能源就近就地消纳新模式。上述政策的实施，为甘肃省源网荷储一体化项目的提供了良好的发展环境。截至2024年10月，甘肃省已有8个源网荷储一体化项目正式批复。与国内已投运的项目相比较，甘肃省批复的一体化项目负荷和新能源装机规模较大、接入电压等级较高，国内已建成的源网荷储一体化项目运行经验的参考价值有限，对甘肃省源网荷储一体化项目的发展需进一步研究。

一　源网荷储一体化项目政策解读

源网荷储一体化、新能源直供、带电源的增量配电网、新能源隔墙售电等新型用能模式，本质上都是新能源电站通过自建线路或非电网企业的网络直接向用户供电，与大电网相连，由电网提供调压、调频等服务。这种"新能源+负荷"的一体化模式是能源清洁低碳转型过程中出现的新模式。

其中，源网荷储一体化（简称一体化）是通过新建和优化整合一定区域内，以新能源为主的清洁电源、电网、负荷和储能资源，依托一体化技术支持系统，在安全可控的前提下，就地就近消纳新能源，灵活接网，实施市场化运作，实现源网荷储各种要素资源优化配置。

（一）国家对一体化项目的要求

"十四五"以来，中央各部门出台源网荷储相关意见、规划和实施方案十余项，特别是《国家发展改革委 国家能源局关于推进电力源网荷储一体化和多能互补发展的指导意见》、《国家能源局综合司关于报送"十四五"电力源网荷储一体化和多能互补发展工作方案的通知》和《关于推进2021年度电力源网荷储一体化和多能互补发展工作的通知》等文件集中体现了国家对源网荷储一体化项目的要求，重点有以下几方面。

一是守住安全底线。统筹发展和安全，坚持底线思维，以电力系统安全稳定为基础，充分评估各类安全风险，明确应对策略，确保电力系统安全稳定运行；按照局部利益服从整体利益和"试点先行，逐步推广"原则，推动一体化项目有序实施。

二是强化自主调峰、自我消纳。优化确定一体化项目各类电力要素规模与配比，开展一体化项目对大电网调节支撑需求的效果分析，充分发挥负荷侧调节响应能力、加强源网荷储多向互动的作用，原则上一体化项目不占用系统调峰能力。

三是积极开展方案论证，科学有序评估纳规。省级能源主管部门要组织

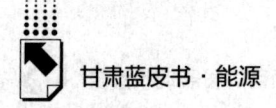

发电企业、电网企业、具备资质的研究咨询单位开展一体化项目实施方案的研究论证和编制工作。

四是与大电网界面清晰。一体化项目要力求与大电网的物理界面、调控关系清晰,划出与大电网的物理分界面。

五是合规推进一体化项目发展。一体化项目必须符合电力行业相关政策、规范、标准,满足有关环保、安全等要求,严禁借一体化项目名义将违规电厂转正、将公用电厂转为自备电厂、拉专线、逃避政府性基金及附加等行为。

总体来看,国家层面对源网荷储一体化项目的发展呈现积极的引导态度。但截至2024年,国家仍未出台一体化项目对应的技术标准、并网规范、管理办法等配套政策,特别是在规划建设程序、成本分摊机制、安全保供责任等方面缺乏管理办法,容易出现盲目立项、"跑马圈地"等发展失序问题。

(二)省级层面对源网荷储一体化的要求

目前,甘肃、河北、山西、山东、上海、浙江、江苏、湖南、重庆、西藏、安徽、河南、内蒙古、陕西、宁夏、青海、新疆、广西等18个省份在不同的文件中提出了推动源网荷储一体化发展。其中,甘肃、内蒙古、山西、青海、新疆、江苏、河南、陕西、宁夏、广西等10个省份细化出台了十余项相关政策要求。各省份对于一体化项目的要求存在差异,主要体现在以下方面。

1. 接入电网方面

各省份均要求源网荷储作为一个整体接入公用电网,与电力系统物理界面及调控关系清晰。甘肃要求项目接入电网电压等级须在330千伏及以下。内蒙古要求新能源直接接入用户变电站。山西原则上要求接入同一并网点,接入不同并网点时,所有并网点任一时刻节点电价相同,地理位置不超过行政区域。青海要求接入同一公网输电并网点,并在一个750千伏变电站内运行,源荷接入不同并网点时,地理距离不得超过200公里。新疆要求接入点为承担新能源汇集和负荷供电任务的自建变电站或开关站,源荷距离不超过

50公里。宁夏要求源荷储等接入统一汇集点；源荷距离上在同一区域，不得异地建设。河南要求增量配电网类源网荷储一体化项目的清洁能源汇集点与接入变压器距离原则上不超过20公里。广西要求接入电压等级最高不超过220千伏，接入点应不超过3个，应在同一座500千伏变电站的供电范围，且不得跨网连接；增量配电网或园区外30公里范围内的新能源项目可接入一体化项目；增量配电网或园区内其他分布式电源，背压式热电联产机组可接入一体化项目。

2. **系统备用方面**

甘肃、新疆、宁夏要求自发自用部分要承担调节性费用，缴纳政府性基金、农网还贷资金以及政策性交叉补贴，备用容量需与电网企业协商确定。其中，甘肃省系统备用费参照省级电网相应电压等级输配电价基本电费容量标准执行，新疆按照自治区燃煤自备电厂备用费的50%执行，宁夏系统备用费按燃煤自备电厂备用费执行，广西要求用户侧全部电量收取政府性基金及附加，内蒙古要求自发自用电量暂不征收系统备用费和政策性交叉补贴，山西要求一体化项目暂不承担相关市场运营费用分摊。

3. **反送电方面**

甘肃、新疆、内蒙古、宁夏、河南等5省区提出一体化项目不得向大电网反送电。其中，宁夏明确提出当公用电力系统确有消纳空间时，富余电力可依据调度指令有序上网；新疆提出自行上网电量，电网企业不结算电费；广西提出向大电网反送电须在电力市场中购买调节能力或储能服务。

各省份对源网荷储一体化的认识有所不同，规范要求侧重点不同，亟须统一规范。一是政策深度各不相同。部分地区印发的政策相对全面、标准明确，如内蒙古、宁夏从试点范围、物理界面、新能源配置比例、储能配置比例等方面规范源网荷储一体化项目发展；也有地区在政策力度上相对较弱且有所保留，如浙江、贵州仅提出项目新能源电量、新能源电能利用率等要求。二是关键问题未能明确标准。在新能源配置、新能源消纳率、储能配置、反送电、成本分摊和安全性等关键问题上，多地没有明确规定，或者各地政策标准不同，如甘肃要求自发自用电量全额承担系统备用费、基金及附加和政策性交叉补贴，但内蒙古则免于征收。三是政策侧重点差异较大。各地政策倾向反映出不同地方政府的发展规划重点不同，如河南主要围绕分布式等小规模源网荷储一体化项目出台政策；山西则要求项目年用电量不低于3亿千瓦时，旨在推动大型一体化项目发展。

（三）甘肃省对一体化项目的要求

甘肃省关于一体化项目发展的政策要求，主要体现在《甘肃省电力源网荷储一体化项目管理办法（试行）》（甘发改能源〔2023〕224号）和《甘肃省电力源网荷储一体化项目并网技术规范》（甘发改能源〔2023〕593号）中，重点有以下几方面。

用电负荷方面，一体化项目配套负荷原则上为新增用电负荷（即未向电网企业报装，或已报装但未确定供电方案的负荷），且须具备自我调节能力。项目经营主体应根据对供电可靠性的要求及中断供电对人身安全、经济损失所造成的影响程度，明确配套负荷分级。临时中断供电可能造成人员伤亡或重大社会影响的负荷，不得作为配套负荷申报。

配套电源与储能方面，一体化项目必须因地制宜确定电源合理规模与配比，加强调节能力建设，降低对大电网的调节支撑需求，原则上不占用系统调峰能力，满足自主调峰、自我消纳和不向大电网反送电等要求。储能规模原则上不低于新能源规模的15%（4小时）。

保底供电和安全责任方面，一体化项目法人为项目经营管理和供电、安全生产的第一责任人。项目单位应制定不同情况下供电应急预案，并设置充裕的自备电源作为应急电源。在紧急情况下，一体化项目要承担调峰、保供等社会责任，项目内部电源、负荷、储能按照调度要求运行。

项目申报方案方面，项目实施方案包括但不限于系统消纳能力分析、接入系统方案、经济效益分析和系统安全稳定运行影响分析等。

社会责任方面，一体化项目须公平承担社会责任，自发自用电量部分须按国家规定承担备用容量费等调节性费用，全部用电量缴纳政府性基金、农网还贷资金以及政策性交叉补贴。

备用容量方面，一体化项目须提前与电网企业协商确定备用容量，以及与公网的电力交互曲线。备用容量费按约定的电网企业所能提供的最大备用容量确定，具体水平参照甘肃省省级电网相应电压等级输配电价基本电费容量标准执行。电网企业按照协商确定的备用容量提供备用供电服务。

二 源网荷储一体化项目进展情况

（一）全国"电源+负荷"项目进展情况

国家推动"电源+负荷"项目的初衷是提升可再生能源开发消纳水平和非化石能源消费比重，提升电力发展质量和效益，全面推进生态文明建设，促进我国能源转型和经济社会发展；强调要严格落实国家电力发展规划，坚决防止借机扩张化石电源规模、加剧电力供需和可再生能源消纳矛盾，确保符合绿色低碳发展方向。

初步调研统计，全国约有40个"电源+负荷"类项目正式投产，配套风光装机容量超过450万千瓦，配套储能超过70万千瓦。已投产项目中半数以上项目的新能源装机小于2万千瓦，新疆与蒙东的已投产"电源+负荷"类项目规模较大，其中新疆以源网荷储一体化项目为主，蒙东以工业园区绿色供电模式为主。

总体来看，大多数一体化项目仍处于规划前期和建设阶段，已批复的项目进展相对缓慢。主要原因在于现阶段"电源+负荷"类项目尚处于探索阶段，在准入、安全、市场等方面缺乏相关规范和标准，项目申报材料在经济性、可靠性等方面分析不充分，导致项目实施阶段政府、投资主体与电网企业观点不统一，需要多次对接讨论。

（二）甘肃省源网荷储一体化项目进展现状

截至2024年10月，甘肃省已分四个批次批复项目8个，涉及负荷规模

453万千瓦,配置新能源装机规模951万千瓦(风电624.5万千瓦、光伏326.5万千瓦)、储能147.5万千瓦/526万千瓦时。甘肃省已批复的部分源网荷储一体化项目规模较大、新能源规模远超用电负荷,用电负荷不具备可调节能力,以供电可靠性要求较高的化工类或电解铝为主。国内已投运的一体化项目接入电压等级低、负荷和新能源规模较小,已投运项目的建设和运行经验对甘肃省一体化项目发展的借鉴意义不大。

三 源网荷储一体化项目亟待解决的问题

投资一体化项目的企业核心诉求集中在以下三点:一是希望公网能为其提供调节支撑能力,以便在新能源出力不足时,满足负荷安全可靠供电要求;二是通过新能源自发自用形式,降低企业用能成本;三是采用新能源直接接入用电负荷形式,在物理连接上实现新能源电量的直接消纳,以满足欧盟碳关税政策要求。目前,源网荷储一体化推行的政策环境日益优化,但源网荷储一体化的商业模式和盈利模式等仍处于探索阶段,甘肃省部分源网荷储一体化项目在推进过程中存在电源装机与负荷规模不匹配、负荷调节能力较弱和储能容量配置不足等问题。

(一)一体化项目用能成本不占优势

与沿海发达省份电力供需紧平衡不同,甘肃风光资源优势明显,新能源装机容量和发电量占比高,电力市场交易品种齐全,省内电源上网电价较低,传导至用户侧则反映出甘肃大工业用电均价远低于我国中东部省份。在只考虑新能源电站初期建设成本和后期运营成本后,投资企业对一体化项目的盈利能力持乐观态度,但若一体化项目按国家自主调峰政策的规定建设配套调节电源,并与市场化用户承担相等的社会责任,全额缴纳相关规费后,一体化项目到户用电均价与公网供电模式相差不大。随着省内新能源装机的持续增长,以及市场对资源配置能力的不断增强,公网供电模式下的综合用电价格有望进一步下降。

（二）增加其他用户的用电成本

当前，我国电价构成包括发电成本、输配电成本、系统运行成本、政府性基金及附加、交叉补贴等，一般由大电网统一收取、全体用户公平分摊。源网荷储一体化项目若自身调节能力不足，则需占用电网与其他电源的调节资源（包括输配电形成的电压频率等支撑成本和灵活调节、各类损益等系统运行成本），由于其相关费用收取标准还缺乏顶层设计和政策依据，一体化项目自发自用电量暂不参与输配电价、系统运行费、市场运营费用的分摊，变相由其他用户负担，存在社会公平性问题。

（三）国内绿电绿证机制正在提高国际影响力

一体化项目采用新能源直接接入用电负荷形式，在物理连接上实现新能源电量的直接消纳，可满足现阶段欧盟碳关税、碳足迹政策的要求。但欧盟碳关税、碳足迹政策调整频繁，涉及国内出口产业较多。目前，国家正在不断完善绿电与绿证交易机制，同时与欧盟已开展多轮对接并签署了《关于加强碳排放权交易合作的谅解备忘录》，以逐步解决欧盟碳关税政策对全国出口产业的影响。

（四）挤占其他公网新能源的消纳空间

2024年1~9月，甘肃省新能源利用率为93.09%，同比下降2.63个百分点。"十四五"时期末，若已下达指标的7697万千瓦内用新能源全部投产，全省弃风弃光将进一步加剧。一体化项目配套新能源指标不占用国家及省上新能源指标，若项目配套负荷发展不稳定，一体化项目的配套新能源将面临何去何从的问题，若并入全省统一消纳将导致省内其他电源利用率进一步降低。另外，若一体化项目配套新能源不纳入规划，实际上是抢占了原本纳入规划的集中式新能源负荷，表面看实现了局部消纳，实际会导致纳规新能源整体消纳率下降、责任转移，影响甘肃省新能源整体高质量发展。

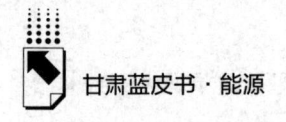

（五）对电网安全稳定运行的影响

一体化项目若未按照"自主调峰，原则不占用公网调节能力"要求进行各要素优化，灵活调节资源配置不足，叠加配套新能源出力的波动性，将导致其自身下网电量频繁大幅波动，影响项目自身及附近公网变电站、其他用户专用变电站的电压稳定。特别是在源网荷储一体化项目自身出现故障或事故，引起周边其他用户出现连锁故障时，社会各界的第一反应是将问题归因于大电网。同时，一体化项目实际上是用户自建了一个局域电网，其内部变电站（开关站）、输配电线路不可避免地与公网电力设施在国土空间布局上有所重叠，存在资产重复建设的问题。

四 源网荷储一体化项目发展的建议

甘肃省源网荷储一体化项目的健康有序发展，关键在于把握好国家层面推动一体化项目发展的初衷，充分发挥甘肃省集中式新能源大规模开发利用和电力市场建设的优势，加强一体化项目管理、统筹一体化项目发展、完善一体化项目政策，推动甘肃省将新能源优势进一步转化为经济优势。

（一）加强一体化项目管理

一是一体化项目类型要符合国家政策规定。国家对于源网荷储一体化项目三种发展类型有明确要求，区域（省）级源网荷储一体化侧重于通过全面放开市场化交易、加强全网统一调度，引导市场主体灵活调节、多向互动，实现各类资源的协调开发和大范围科学配置；市（县）级源网荷储一体化侧重于梳理城市重要负荷、研究局部电网加强方案及应急电源配置方案，强化清洁取暖示范；园区（居民区）级源网荷储一体化侧重于支持分布式发电与电动汽车（用户储能）相结合，在工业负荷大、新能源条件好的地区，支持分布式电源开发建设，通过源网荷储综合优化配置方案，提高系统平衡能力。

二是加强对一体化项目监督管控。一体化项目内部电网的建设运维涉及的设备选型、安装调试、验收和消缺以及施工队伍、施工作业组织等应与公共电网建设运维同等要求管理。一体化项目应拥有独立的调控技术支持系统，在符合现有省级调控机构关于并网项目各类接入技术要求的基础上，具备安全可靠自主协调运行能力。加强与投资主体沟通，及时了解选址选线信息，防止因信息不对称造成的用户自建电网威胁公网线路与公网变电站的安全运行，避免与公网规划路径冲突。项目自建线路路径选择时，应尽量避免钻跨在运公网输电线路或对在运线路进行迁改；在无法避免的情况下，业主单位应提前向在运线路运维管理及资产单位提交书面申请函件，对接相关事项。

（二）统筹一体化项目发展

一是一体化项目规划应与地方电力发展规划、可再生能源规划等衔接。在全省新能源规划规模内，合理确定一体化项目新能源规模，做好总量控制和进度把控，避免无序发展。针对甘肃新能源资源富集的特点，新能源发展应实现内消与外送整体统筹平衡，优先以集中式接入公网为主，依托大电网确保其在全省、全国范围内消纳。

二是合理确定一体化项目配套负荷与配套新能源的比例。统筹全省新能源消纳率、项目自身运行安全性，配套新能源装机容量不宜过大（国家对一体化项目新能源电量消纳占比规定为不低于总电量的50%）。对于建设进度缓慢的一体化项目，动态清理或按一定条件准许相关企业申请新项目进行替代。

（三）完善一体化项目政策

一是明晰一体化项目需承担的社会责任。配套新能源的一体化项目若需通过市场化手段满足用电和调峰需求，则项目全部用电量（含自发自用电量）与其他工商业用户承担相同的责任，对其全部用电量应同等征收政府性基金及附加、政策性交叉补贴、系统运行费用、市场运营费用等。

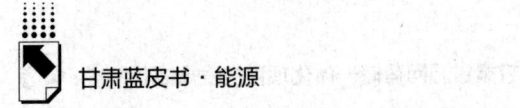

二是健全适应高比例新能源的辅助服务市场体系。针对新型电力系统对爬坡、转动惯量、快速调频等辅助服务的需求，增加辅助服务市场新品种，一体化项目应承担合理的辅助服务费用。加快消纳和调节能力建设，不断完善省内绿电绿证交易机制，扩大绿电市场化交易规模，发挥源网荷储协同互补效益，充分挖掘各方调节能力，促进集中式新能源更高质量发展。

参考文献

张智刚、康重庆：《碳中和目标下构建新型电力系统的挑战与展望》，《中国电机工程学报》2022年第8期。

李建林、郭兆东、马速良、张国强、王含：《新型电力系统下"源网荷储"架构与评估体系综述》，《高电压技术》2022第11期。

叶徐静、何明锋、鲍伟宏、杨剑、陈坚、傅显峰、王益旭、李智：《双碳背景下电力源网荷储一体化和多能互补发展的路径探索》，《电气技术与经济》2024年第5期。

马玲：《源网荷储一体化助力构建新型能源体系》，《中国石化报》2023年11月20日，第八版。

杨晓冉：《"源网荷储一体化"市场化机制待建》，《中国能源报》2022年5月2日，第2版。

邓铭、黄际元、吴东琳、曹林俊、彭清文：《地区电网源网荷储示范工程现状与展望》，《电器与能效管理技术》2021年第9期。

朱瑜、刘勇：《欧盟碳边境调节机制的贸易属性与中国的对策》，《国际商务研究》2024年第5期。

龚陈茵、兰晋玲、王斌、唐锐、康如军、陈海鑫：《欧盟新电池法规解读及应对措施》，《电池》2024年第4期。

武彦婷、翟彦寿：《源网荷储一体化项目政策分析及开发策略探讨》，《电力勘测设计》2024年第6期。

柴芳：《源网荷储一体化价格政策的研究》，《自动化应用》2024年第S1期。

附表1 甘肃省电力源网荷储一体化项目概况（已批复）

文件名	项目名称	项目规模	项目建设地点
2022年9月9日《关于开展"十四五"首批电力源网荷储一体化项目试点的通知》（甘发改能源函〔2022〕157号）	酒泉经济技术开发区20万千瓦源网荷储一体化示范项目	源:风电10万千瓦、光伏10万千瓦； 网:新建330千伏升压站及相应输变电工程； 荷:酒泉经济技术开发区新增负荷； 储:4万千瓦/8万千瓦时	酒泉经济技术开发区
	酒泉恒瑞新公司瓜州北大桥源网荷储一体化项目	源:风电30万千瓦、光伏20万千瓦； 网:新建1座110千伏新能源汇集站； 荷:恒瑞新石英材料有限公司新增20万千瓦用电负荷； 储:10万千瓦/20万千瓦时	酒泉市瓜州县
	庆阳"东数西算"智慧零碳大数据产业园源网荷储一体化示范项目	源:风电15万千瓦、光伏5万千瓦； 网:新建1座110千伏汇集站； 荷:庆阳东数西算产业园新增12万千瓦用电负荷； 储:4万千瓦/8万千瓦时	庆阳市环县
2022年12月21日《关于开展金昌市"十四五"电力源网荷储一体化项目试点工作的通知》（甘发改能源函〔2022〕225号）	金昌经济技术开发区金川工业园区源网荷储一体化项目	源:风电15万千瓦、光伏25万千瓦； 网:新建110千伏变电站2座及相应输变电工程； 荷:金昌紫金云大数据产业园、金川工业园区（含民营经济产业园）新增负荷； 储:8万千瓦/16万千瓦时	金昌经济技术开发区
2023年7月31日《关于实施陕煤集团甘肃投资有限公司可降解材料碳中和园源网荷储一体化示范项目的通知》	陕煤集团玉门源网荷储一体化项目	源:风电78万千瓦、光伏78万千瓦； 网:2座330千伏汇集站、3座110千伏汇集站； 荷:玉门市玉门东建材化工园40.53万千瓦化工负荷和灵活性可调节熔岩储热79.5万千瓦/397.5万千瓦时； 储:24万千瓦/96万千瓦时（电化学储能）	酒泉市玉门市
	白银中瑞铝业源网荷储一体化项目	源:风电70万千瓦、光伏40万千瓦； 网:新建330千伏升压站及相应输变电工程； 荷:中瑞铝业29.2万吨电解铝项目和5.2万吨有色金属固废资源化项目； 储:16.5万千瓦/66万千瓦时（电化学储能）	白银市靖远县

续表

文件名	项目名称	项目规模	项目建设地点
2023年7月31日《关于实施陕煤集团甘肃投资有限公司可降解材料碳中和园源网荷储一体化示范项目的通知》	白银东方钛业源网荷储一体化项目	源：风电60万千瓦； 网：新建1座330千伏汇集站、2座220千伏汇集站； 荷：东方钛业"硫-磷-铁-钛-锂"绿色循环产业项目； 储：6万千瓦/12万千瓦时（电化学储能）	白银市靖远县
2024年3月28日《关于实施甘肃巨化新材料有限公司电力源网荷储一体化项目的通知》（甘发改能源函〔2024〕20号）	甘肃巨化新材料有限公司源网荷储一体化项目	源：风电346.5万千瓦，光伏148.5万千瓦； 网：建设6座330千伏汇集站及配套线路； 荷：高性能硅氟材料厂及附属设施共220.7万千瓦； 储：电化学储能45万千瓦/180万千瓦时、压缩空气储能30万千瓦/120万千瓦时	酒泉市玉门市

B.19 光储充一体化在甘肃省的应用研究

陈思行 彭飞云*

摘　要： 甘肃省风光资源禀赋优越，在电动汽车发展日益迅速的大背景下，光储充一体化作为绿色能源应用新模式，具有较大的推广意义。当前，甘肃省光储充一体技术在甘肃的应用尚处于探索阶段，以屋顶光伏为代表的分布式光伏在甘肃省发展迅速，同时随着环保意识的提高和电动汽车技术的不断进步，甘肃省电动汽车市场需求也呈现出快速增长的态势，在此背景下，以国网安宁桃树村多站融合项目、张掖市金源光舟充电站项目为代表的光储充一体化充电站在甘肃进行了光储充一体化的率先探索，验证了其可合理运营营收的可行性。针对当当前甘肃省光储充一体化发展仍面临的技术标准和规范不完善、市场机制不健全、补贴政策的可持续性不确定等问题，本文提出了技术创新与突破、经济支持与市场机制完善、政策协调与管理优化等方面的意见建议，为甘肃省能源结构优化和可持续发展提供了有利参考。

关键词： 光储充一体化　案例应用　实施路径

一　"光储充一体化"概述

（一）"光储充一体化"内涵

近几年，我国新能源行业发展迅猛。2023年我国新能源汽车产销量分

---

* 陈思行，国网甘肃省电力公司市场营销事业部经济师，主要研究方向为智能用电技术；彭飞云，国网甘肃综合能源服务有限公司中级工程师，主要研究方向为电动汽车充电关键技术。

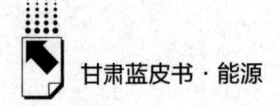

别完成958.7万辆和949.5万辆，同比分别增长35.8%和37.9%，渗透率达到31.6%①。新能源汽车数量增多，过分密集的集中充电会导致充电站瞬时负荷过大，对电网的负荷调节能力、载荷能力以及电源容量都会形成考验。为了调节用电负荷、增加长期收益，光储充一体化的概念应运而生。

光储充一体化系统，指由分布式光伏、用电电荷、配电设施、监控和保护装置组成的小型自我供电系统。其中，光指的是光伏发电系统，储指的是储能设备，充指的是充电站。工作原理是利用光伏发电，产生的余电存储到储能设备中，共同承担供电、充电任务。该系统的三大支柱——光伏发电单元、储能电池系统及充电桩紧密协作，构建出一个自主调控的微电网结构。在实际运作中，光储充一体化充电站具备灵活的并网与离网切换功能。在并网状态下，系统不仅吸收太阳能板转化的电能，还在电网低电价时段将电能储存至储能电池中，在高电价时释放存储的能量以供给充电需求，从而有效降低充电成本，并通过"削峰填谷"的方式优化电网负载平衡，弥补光伏发电因天气条件而可能出现的不连续性问题。当外部电网出现故障或断电情况时，光储充一体化系统能够迅速切换至离网模式独立运行，确保新能源汽车在紧急状况下依然可以得到可靠的充电服务。

光储充一体化系统的出现，既解决了配电网在有限的土地和电力容量资源中的发展瓶颈问题，又可以实现本地能源生产和用电负荷的基本平衡，实现能量储存和优化配置。光储充一体化电站在用电低谷时期可以给自身或电动汽车充电，而在用电高峰电网供电不足时，可给电网供电，起到削峰填谷的作用。因此，光储充一体化已被视为充电站未来发展的主要形式。

（二）行业发展历程

1. 技术层面

20世纪70~90年代，太阳能光伏技术刚刚起步，专注于太阳能电池的研发和生产，由于成本较高和技术不成熟，光储充一体化的概念尚未形成。

---

① 数据来源：国家发改委2024年6月新闻发布会。

21世纪初，随着太阳能光伏技术的不断发展，电池效率得到提高，成本逐渐降低。同时，储能技术和充电设施也取得了重要进展，这些技术进步为光储充一体化的发展奠定了基础。2010~2015年，太阳能光伏、储能和充电设施开始相互融合，形成了光储充一体化的雏形，一些企业和研究机构开始尝试将这三种技术结合在一起，以提高能源利用效率。2016~2018年，随着全球对可再生能源的需求不断增加，光储充一体化技术受到了广泛关注。许多国家和地区开始推广这一技术，以减少对化石燃料的依赖，降低碳排放（见图1）。

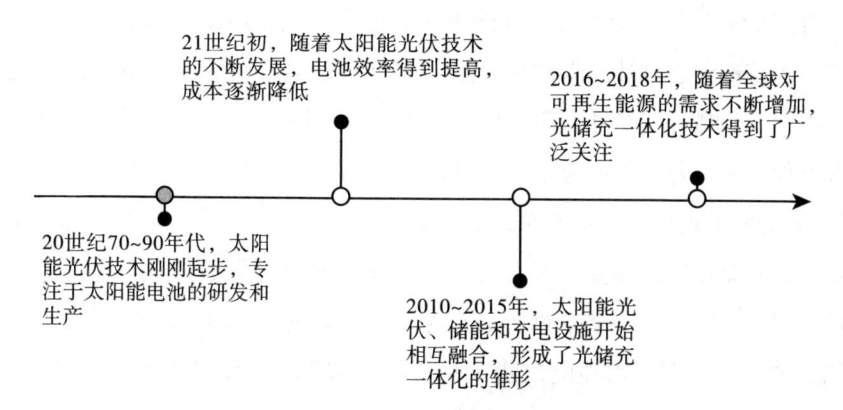

图1　光储充一体化发展沿革

2. 政策层面

光储充一体化行业是我国新能源战略的重要组成部分，自"十三五"规划实施以来，政府明确提出要大力发展分布式能源和电动汽车充电基础设施，鼓励和支持太阳能发电、储能技术和电动汽车充电设施的深度融合。2015年发布的《关于促进储能技术与产业发展的指导意见》，明确提出支持储能与可再生能源互补集成应用，为光储充一体化项目的发展奠定了政策基础。随后，国家发改委等部门在2018年联合发布《提升新能源汽车充电保障能力行动计划》，强调了充电设施与分布式能源相结合的重要性，并提出加快大功率充电、无线充电、智能有序充电等新型充电技术研发推广。2020年，国务院办公厅发布的《新能源汽车产业发展规划（2021~2035年）》

明确提出鼓励"光储充放"多功能综合一体站建设。此外，2024年2月，国家发改委、国家能源局联合下发《关于新形势下配电网高质量发展的指导意见》，提出到2025年，配电网承载力和灵活性显著提升，具备5亿千瓦左右分布式新能源、1200万台左右充电桩接入能力；在具备条件地区推广车网协调互动和构网型新能源、构网型储能等新技术。4月，财政部、工业和信息化部、交通运输部联合发布的《关于开展县域充换电设施补短板试点工作的通知》，进一步推动了光储充一体化设施的建设。

3. 产业层面

在光储充一体化行业的产业链中，上游产业主要涉及太阳能光伏组件的生产，涵盖硅料、硅片、电池片、组件等环节，以及储能系统的制造，包括电池材料（如锂电池的正负极材料、电解液、隔膜等）、电池组装、储能逆变器和其他相关配件。下游应用行业则广泛分布于多个领域（如住宅和商业建筑），作为独立的电力供应来源，提高能源自给自足率，降低电费支出。工业领域，特别是高能耗企业，通过光储充一体化系统降低能源成本，提高能源使用效率。微电网和岛屿电网等偏远地区，光储充一体化系统提供可靠且经济的能源解决方案，增强电网稳定性和抗风险能力。随着电动汽车的普及，光储充一体化系统亦被应用于充电站，为电动车提供绿色、高效的充电服务。

在光储充一体化电站的建设与推广过程中，众多领域的企业均积极参与，并发挥着重要作用。汽车制造商如特斯拉和广汽埃安等，凭借其在新能源汽车领域的深厚积累和技术优势，积极推动光储充一体站项目的落地实施。同时，设备制造及运营商如星星充电、特锐德、奥能电源、科士达、许继电气及阳光电源等，也凭借其在充电设施建设和运营方面的专业实力，为光储充一体化电站提供了关键的技术支持和运营服务。此外，电池行业的领军企业宁德时代，以其先进的储能技术为核心，为光储充一体化解决方案注入了强大的能量储存与管理能力。此外，能源巨头如大唐集团、中国石化以及中国燃气等也积极参与，利用其丰富的能源供应网络与资源整合能力，助力光储充一体化项目在全国范围内的布局与拓展。

目前，光储充一体化行业正处于快速发展阶段。越来越多的企业投身于这一领域，不断推出新的产品和服务。政府也在大力支持这一产业的发展，提供各种政策扶持和资金支持。未来，光储充一体化有望成为全球能源转型的重要驱动力。

二 甘肃"光储充一体化"发展现状及应用案例

（一）政策环境

甘肃省拥有丰富的太阳能、风能、水能等可再生能源资源，为发展新能源提供了得天独厚的条件。近年来，甘肃省陆续出台了一系列支持新能源发展的政策，为新能源的开发与利用提供了有力的政策保障。电动汽车方面，2022年甘肃省工信厅联合相关部门发布了《甘肃省新能源汽车产业发展实施意见》，明确要完善配套服务体系，加快充换电基础设施和服务体系等配套建设；省交通厅联合省发改委、省电力公司发布《甘肃省公路沿线充电基础设施建设实施方案》，提出到2025年底前，全省高速公路服务区充电桩进一步加密优化，农村公路沿线充电桩有效覆盖，基本形成以固定设施为主体、移动设施为补充、重要节点全覆盖的公路沿线充电基础设施网络。2023年，甘肃省发改委印发《关于提升甘肃省电动汽车充电基础设施服务保障能力的实施方案》《关于商请提供加快推进充电基础设施建设更好支持新能源汽车下乡和乡村振兴有关政策措施的函》，在项目审批、土地使用、电价优惠、补贴等方面给予支持，为光储充一体化项目的发展创造了良好的政策环境。光伏方面，2024年，甘肃省发改委、国网甘肃省电力公司等相关部门共同印发《甘肃省"千家万户沐光行动''千乡万村驭风行动"试点实施方案》，促进分布式新能源就近就地开发利用，推动分散式风电、分布式光伏成为能源革命的新载体、助力乡村振兴的新动能。

（二）应用案例

当前，以屋顶光伏为代表的分布式光伏在甘肃省发展迅速。甘肃省分布式光伏发电装机容量已达到182.29万千瓦，同比增加63.71%。分布式光伏的快速发展为光储充一体化提供了良好的基础。随着环保意识的提高和电动汽车技术的不断进步,甘肃省电动汽车市场需求呈现快速增长的态势。根据中国汽车保险平台的数据,截至2024年10月,甘肃省电动汽车保有量达到15.32万辆,同比增长80.87%[①]。电动汽车的普及对充电基础设施的需求日益增加,为光储充一体化的发展创造了市场条件。

1.国网安宁桃树村多站融合项目

2019~2020年甘肃综合能源公司通过自建模式在330千伏桃树村变电站外建成了变电站+充电站(充电容量4500千伏安)+分布式光伏(装机185千瓦)+储能(能量500千瓦时)+数据中心(租联通14面机柜)的五站融合示范项目并投入运营。该项目占地面积约5799平方米,是全省首个集光伏、储能、机房于一体的多站融合项目,是资源利用最优、清洁友好安全、运营模式成熟的典型项目。

(1)技术特点。中心建设23台直流120千瓦智能双枪充电桩以及2台7千瓦交流单枪充电桩,可满足48台电动车同时充电的需求。同时利用充电桩车棚、屋顶建设分布式光伏,容量185千瓦,年发电量约22万度,光伏发电优先用于电动汽车即时充电。

搭建智能微电网能量管理系统,主要对分布式光伏、充电桩、储能站进行电量控制,利用储能调配控制策略,能够实时监控站内设备运行情况、电力电量消耗情况,实现电力与电量在光伏、充电、数据中心间的优化运行、经济调配,实现92%以上的分布式光伏发电在中心内自消纳。

(2)运行效果。项目新建187千瓦分布式光伏(月均发电能力达到1.8万千瓦时)、500千瓦电化学储能和5G汇集站,采用"充电站+"运营模式,通过源网荷储协调运行,一方面实现分布式光伏发电就地消纳、就地存储,为电网提供调峰能力,另一方面盘活现有资源、减低充电成本0.47元/千瓦时,同时为5G设备和充电设施提供多电源可靠服务。

2.清水黄门100兆瓦农光储一体项目项目

项目位于天水市清水县黄门镇境内,是天水市"十四五"规划的首批

---

① 注:案例数据均来自甘肃省综合能源公司项目承建方案统计。

新能源项目,配套建设一座110千伏升压站、15兆瓦/30兆瓦时储能设备。

(1)技术特点。采用"板上发电,板下种植"的农光互补模式,实现了新能源产业和传统产业的同步发展。储能设备有效提升了电站的调峰能力,保障了电力的稳定输出。

(2)运行效果。项目全容量并网后,年均发电量约1.24亿千瓦时,每年可减少排放二氧化碳约12万吨。推动了当地经济发展,实现了经济效益与生态效益的"双丰收"。

3. 张掖市金源光舟充电站项目

项目位于张掖市甘州区新墩镇,占地面积约480平方米。

(1)充电业务。张掖金源光舟系列充电站建成投运8座,共有85台充电桩(交直流充电枪150把),可同时满足150辆新能源汽车充电。截至2024年9月19日完成充电量342万千瓦时,平均每月39万千瓦时。2024年1~9月累计充电15.39万车次,成为张掖市域内设施最全、规模最大的充电站,单日最高充电量2.33万千瓦时。

(2)光伏业务。金源光舟新墩充电站雨棚光伏发电站(安装容量687千瓦)于2023年12月31日投入并网运行,2024年1~9月累计发电量68.42万千瓦时。结合充电站运营,平均每天发电量2900千瓦时,85%自发自用,剩余15%上网出售。金源大酒店光伏发电站(安装容量118千瓦)于2021年12月2日投入并网运行,2024年1~9月份累计发电量12.93万千瓦时,发电量主要用于金源大酒店经营性用电。

(3)运行措施。通过政府发改委、供电公司掌握新能源场站建设规划第一手信息,大力拓展新能源工程EPC总包、并网试验、运维、运营等全产业链条。

三 甘肃省光储充一体化发展前景及面临挑战

(一)行业发展趋势预测

1. 技术进步预期

(1)光伏发电效率将持续提高。随着光伏技术的不断创新,太阳能电池板的转换效率将不断提高。预计在未来几年内，光伏发电效率将提高22%以上。新型的高效太阳能电池材料和制造工艺将不断涌现，如钙钛矿太阳能电池等具有更高的理论转换效率和更低的成本，有望在未来逐步实现商业化应用。同时，光伏跟踪系统和聚光技术的不断改进，也将进一步提高太阳能的接收和利用效率。

（2）储能技术将不断创新。新型储能技术如钠离子电池、液流电池等有望取得突破，储能成本将进一步降低，性能将进一步提升。钠离子电池具有资源丰富、成本低等优势，目前正处于快速发展阶段。液流电池则具有容量大、寿命长、安全性高等特点，适用于大规模储能应用。此外，储能系统的智能化管理水平将不断提高，通过大数据分析和人工智能算法，实现对电能的高效存储和释放，提高储能系统的运行效率和可靠性。

（3）充电设施将更加智能化、便捷化。充电设施将具备更快的充电速度、更好的用户体验。随着快速充电技术的不断发展，电动汽车的充电时间将大幅缩短，提高用户的使用便利性。同时，充电设施将与智能电网实现深度融合，实现对电动汽车的智能充电和调度。例如，根据电网负荷情况和用户需求，自动调整充电功率和时间，实现能源的优化配置。此外，无线充电技术也将逐步成熟并得到应用，为用户提供更加便捷的充电方式。

2. 市场需求增长分析

（1）电动汽车市场需求将持续增长。随着环保意识的提高和电动汽车技术的不断进步，甘肃省电动汽车市场需求将持续增长。一方面，政府将继续出台鼓励电动汽车发展的政策，如购车补贴、免费停车、不限行等，提高消费者购买电动汽车的积极性。另一方面，电动汽车的性能和续航里程将不断提升，价格也将逐渐降低，使得电动汽车更加具有竞争力。预计到2025年，甘肃省电动汽车保有量将达到23.48万辆，对充电基础设施的需求将大幅增加。

（2）分布式能源市场需求将不断扩大。随着分布式能源的发展和普及，光储充一体化项目在工业园区、商业综合体、居民小区等区域的应用将不断扩大。分布式能源具有就近消纳、灵活性高、可靠性强等优点，能够有效提高能源利用效率和供电可靠性。在甘肃省，随着分布式光伏和风力发电的快速发展，以及储能技术的不断进步，光储充一体化项目将成为分布式能源系统的重要组成部分。预计到2025年，甘肃省分布式光伏装机容量将达到200万千瓦。

（3）智能电网建设将推动光储充一体化发展。随着智能电网建设的不断推进，光储充一体化项目将与智能电网实现深度融合，实现对能源的高效利用和优化配置。智能电网具有信息化、自动化、互动化等特点，能够实现对电力系统的实时监测、控制和优化调度。光储充一体化项目可以作为智能电网的分布式能源节点，参与电网的调峰、调频、备用等辅助服务，提高电网的稳定性和可靠性。同时，智能电网也可以为光储充一体化项目提供更加准确的电力市场信息和价格信号，促进项目的商业化运营。

（二）发展模式

1. 打造绿色能源示范基地

甘肃省拥有丰富的太阳能、风能等可再生能源资源，具备打造绿色能源示范基地的条件。发展光储充一体化项目，有助于提高甘肃省可再生能源在能源消费结构中的占比，减少对传统化石能源的依赖，实现能源结构的优化升级，为全国能源转型提供示范。通过光伏发电和储能系统的结合，可以实现对太阳能的高效利用和存储，提高能源自给率。通过制定相关政策，鼓励企业和社会资本投资建设光储充一体化项目，加大对技术研发和人才培养的支持力度，推动光储充一体化产业的发展。同时，充电设施的建设可以为电动汽车等新能源汽车提供便捷的充电服务，促进新能源汽车的推广和应用。通过进一步加强与国内外先进地区的合作与交流，引进先进的技术和经验，提高自身发展水平。

2. 推动区域经济可持续发展

光储充一体化项目的建设和发展将带动相关产业的发展，如光伏、储能设备、电动汽车产业等,创造就业机会,促进区域经济的可持续发展。甘肃省可以利用自身的产业优势,发展光储充一体化产业链,提高产业附加值。例如,可以加强光伏产业的技术创新和产业升级,提高光伏电池的转换效率和产品质量;发展储能设备制造产业,提高储能系统的性能和可靠性;推动电动汽车产业发展,提高电动汽车的市场占有率。同时,可以加强对光储充一体化项目的金融支持,创新融资模式,为项目建设提供资金保障。

3. 提高能源供应稳定性

储能系统的加入可以弥补光伏发电和风力发电间歇性和不稳定性的劣势,在风光发电不足时释放储存的电能,保障能源的持续稳定供应。同时,光储充一体化项目可以作为分布式能源系统的重要组成部分,提高能源供应的可靠性和灵活性,减少对集中式能源供应的依赖

(三)面临挑战

1. 技术层面

(1)储能技术成本较高。目前储能技术,特别是高性能的电化学储能技术成本仍然较高,这在一定程度上制约了光储充一体化项目的大规模推广和应用。降低储能技术成本,提高储能系统的性能和寿命,是未来需要解决的关键技术问题。

(2)技术标准和规范不完善。光储充一体化涉及多个领域的技术和设备,目前相关的技术标准和规范还不够完善,导致不同项目之间的设备兼容性和系统集成性存在差异,影响项目的整体效率和安全性。需要加快制定统一的技术标准和规范,确保项目的建设和运营质量。

(3)智能控制技术水平有待提高。光储充一体化系统需要实现智能化控制和管理,以提高能源利用效率和系统的稳定性。目前,智能控制技术还不够成熟,需要进一步加强研发和应用。

2. 经济层面

(1)投资回收期较长。光储充一体化项目前期投资较大,包括光伏发电设备、储能系统、充电桩建设等方面的投入,而项目的收益主要来自电费

收入和相关补贴，在当前的市场环境下，投资回收期相对较长，对投资者的积极性产生了一定影响。需要进一步完善政策支持体系，提高项目的经济性和投资吸引力。

（2）市场机制不健全。目前甘肃省的电力市场机制还不够健全，对于光储充一体化项目参与电力市场交易的规则和价格机制还不够明确，导致项目在电能销售和收益分配方面存在不确定性。需要加快推进电力体制改革，完善市场机制，为光储充一体化项目创造良好的市场环境。

3. 政策层面

（1）补贴政策的可持续性不确定。甘肃省目前出台了部分针对光伏、储能、电动汽车发展的支持和补贴政策，但随着数量的增加和财政压力的增大，补贴可能会减少，这将对项目的发展产生影响。同时，单独针对光储充一体化项目的政策仍存在空缺，目前需要建立长期稳定的政策支持体系，确保项目的持续健康发展。

（2）规划和管理协调不足。光储充一体化项目涉及能源、交通、土地等多个部门的规划和管理，目前部门之间的协调和沟通还存在不足，导致项目在选址、建设审批等环节面临一些困难和障碍。需要加强部门之间的协调配合，形成工作合力，提高项目的推进效率。

四 对策建议

（一）技术创新与突破方面

加强光伏发电和储能技术研发。持续加大对光伏技术和储能技术的研发投入，提高太阳能电池板的转换效率和储能系统的容量、寿命、充放电速度等性能指标。探索新型光伏材料和储能技术，如钙钛矿太阳能电池、钠离子电池、液流电池等，降低成本，提高可靠性。

完善技术标准和规范。政府部门牵头组织相关企业、科研机构等，加快制定光储充一体化项目的技术标准和规范，包括设备标准、设计规范、施工

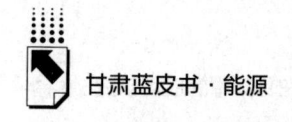

标准、安全标准等，确保项目的建设和运营质量。

提高智能控制技术水平。利用物联网、大数据、人工智能等技术，实现光储充一体化系统的智能化监测、控制和调度。通过对光伏发电、储能系统和充电设施的实时监测和数据分析，优化系统运行策略，提高能源利用效率和系统稳定性。

（二）经济支持与市场机制完善方面

完善补贴政策和激励措施。政府应根据光储充一体化项目的发展阶段和实际需求，制定长期稳定的补贴政策和激励措施，如提高补贴标准、延长补贴期限、设立专项基金等，鼓励企业和社会资本积极参与项目建设。

健全电力市场机制。加快推进电力体制改革，完善电力市场交易规则和价格机制，明确光储充一体化项目参与电力市场交易的准入条件、交易方式、价格形成机制等，保障项目的合法权益和合理收益。

创新商业模式。结合分布式能源交易、需求响应、辅助服务等市场机制，探索光储充一体化项目的多元化商业模式。例如，开展能源托管、合同能源管理等业务，为用户提供一站式能源解决方案。

拓展应用场景。探索光储充一体化项目在甘肃的应用场景，如在农村地区、偏远山区等地区建设光储充一体化微电网，提高能源供应的可靠性和可持续性。

（三）政策协调与管理优化方面

建立长期稳定的政策支持体系。进一步完善对光储充一体化项目的政策支持体系，包括补贴政策、税收优惠政策、土地政策等。加大对技术研发和产业发展的支持力度，鼓励企业和社会资本投资建设光储充一体化项目。同时，加强对政策执行情况的监督和评估，确保政策的有效性和可持续性。

健全市场机制。完善电力市场交易规则和价格机制，明确光储充一体化项目参与电力市场交易的准入条件、交易方式、价格形成机制等。建立健全分布式能源交易市场，促进光储充一体化项目与其他分布式能源项目的互联互通和协同发展。同时，加强对市场秩序的监管，防止不正当竞争和市场垄断行为的发生。

加强宣传教育和人才培养。加强对光储充一体化技术的宣传教育，提高社会公众对光储充一体化技术的认识度和接受度。通过举办展览、论坛、培训等活动，普及光储充一体化技术知识，推广成功案例和经验。同时，加强对光储充一体化技术人才的培养，建立健全人才培养体系，为光储充一体化产业的发展提供人才保障。

综上，光储充一体化技术在甘肃省具有广阔的应用前景和发展潜力，通过政府、企业和社会各方的共同努力，不断克服技术、经济和政策等方面的挑战，光储充一体化技术将为甘肃省的能源结构优化和可持续发展做出更大的贡献。

社会科学文献出版社

皮 书
智库成果出版与传播平台

❖ 皮书定义 ❖

皮书是对中国与世界发展状况和热点问题进行年度监测，以专业的角度、专家的视野和实证研究方法，针对某一领域或区域现状与发展态势展开分析和预测，具备前沿性、原创性、实证性、连续性、时效性等特点的公开出版物，由一系列权威研究报告组成。

❖ 皮书作者 ❖

皮书系列报告作者以国内外一流研究机构、知名高校等重点智库的研究人员为主，多为相关领域一流专家学者，他们的观点代表了当下学界对中国与世界的现实和未来最高水平的解读与分析。

❖ 皮书荣誉 ❖

皮书作为中国社会科学院基础理论研究与应用对策研究融合发展的代表性成果，不仅是哲学社会科学工作者服务中国特色社会主义现代化建设的重要成果，更是助力中国特色新型智库建设、构建中国特色哲学社会科学"三大体系"的重要平台。皮书系列先后被列入"十二五""十三五""十四五"时期国家重点出版物出版专项规划项目；自2013年起，重点皮书被列入中国社会科学院国家哲学社会科学创新工程项目。

皮书网

（网址：www.pishu.cn）

发布皮书研创资讯，传播皮书精彩内容
引领皮书出版潮流，打造皮书服务平台

栏目设置

◆ **关于皮书**
何谓皮书、皮书分类、皮书大事记、
皮书荣誉、皮书出版第一人、皮书编辑部

◆ **最新资讯**
通知公告、新闻动态、媒体聚焦、
网站专题、视频直播、下载专区

◆ **皮书研创**
皮书规范、皮书出版、
皮书研究、研创团队

◆ **皮书评奖评价**
指标体系、皮书评价、皮书评奖

所获荣誉

◆ 2008年、2011年、2014年，皮书网均在全国新闻出版业网站荣誉评选中获得"最具商业价值网站"称号；

◆ 2012年，获得"出版业网站百强"称号。

网库合一

2014年，皮书网与皮书数据库端口合一，实现资源共享，搭建智库成果融合创新平台。

皮书网　　　　　　　　"皮书说"微信公众号

权威报告·连续出版·独家资源

皮书数据库
ANNUAL REPORT(YEARBOOK) DATABASE

分析解读当下中国发展变迁的高端智库平台

所获荣誉

- 2022年，入选技术赋能"新闻+"推荐案例
- 2020年，入选全国新闻出版深度融合发展创新案例
- 2019年，入选国家新闻出版署数字出版精品遴选推荐计划
- 2016年，入选"十三五"国家重点电子出版物出版规划骨干工程
- 2013年，荣获"中国出版政府奖·网络出版物奖"提名奖

皮书数据库　　"社科数托邦"微信公众号

成为用户

登录网址www.pishu.com.cn访问皮书数据库网站或下载皮书数据库APP，通过手机号码验证或邮箱验证即可成为皮书数据库用户。

用户福利

- 已注册用户购书后可免费获赠100元皮书数据库充值卡。刮开充值卡涂层获取充值密码，登录并进入"会员中心"—"在线充值"—"充值卡充值"，充值成功即可购买和查看数据库内容。
- 用户福利最终解释权归社会科学文献出版社所有。

卡号：838585958396
密码：

数据库服务热线：010-59367265
数据库服务QQ：2475522410
数据库服务邮箱：database@ssap.cn
图书销售热线：010-59367070/7028
图书服务QQ：1265056568
图书服务邮箱：duzhe@ssap.cn

S 基本子库
SUB DATABASE

中国社会发展数据库（下设12个专题子库）

紧扣人口、政治、外交、法律、教育、医疗卫生、资源环境等12个社会发展领域的前沿和热点，全面整合专业著作、智库报告、学术资讯、调研数据等类型资源，帮助用户追踪中国社会发展动态、研究社会发展战略与政策、了解社会热点问题、分析社会发展趋势。

中国经济发展数据库（下设12专题子库）

内容涵盖宏观经济、产业经济、工业经济、农业经济、财政金融、房地产经济、城市经济、商业贸易等12个重点经济领域，为把握经济运行态势、洞察经济发展规律、研判经济发展趋势、进行经济调控决策提供参考和依据。

中国行业发展数据库（下设17个专题子库）

以中国国民经济行业分类为依据，覆盖金融业、旅游业、交通运输业、能源矿产业、制造业等100多个行业，跟踪分析国民经济相关行业市场运行状况和政策导向，汇集行业发展前沿资讯，为投资、从业及各种经济决策提供理论支撑和实践指导。

中国区域发展数据库（下设4个专题子库）

对中国特定区域内的经济、社会、文化等领域现状与发展情况进行深度分析和预测，涉及省级行政区、城市群、城市、农村等不同维度，研究层级至县及县以下行政区，为学者研究地方经济社会宏观态势、经验模式、发展案例提供支撑，为地方政府决策提供参考。

中国文化传媒数据库（下设18个专题子库）

内容覆盖文化产业、新闻传播、电影娱乐、文学艺术、群众文化、图书情报等18个重点研究领域，聚焦文化传媒领域发展前沿、热点话题、行业实践，服务用户的教学科研、文化投资、企业规划等需要。

世界经济与国际关系数据库（下设6个专题子库）

整合世界经济、国际政治、世界文化与科技、全球性问题、国际组织与国际法、区域研究6大领域研究成果，对世界经济形势、国际形势进行连续性深度分析，对年度热点问题进行专题解读，为研判全球发展趋势提供事实和数据支持。

法律声明

"皮书系列"（含蓝皮书、绿皮书、黄皮书）之品牌由社会科学文献出版社最早使用并持续至今，现已被中国图书行业所熟知。"皮书系列"的相关商标已在国家商标管理部门商标局注册，包括但不限于LOGO（ ）、皮书、Pishu、经济蓝皮书、社会蓝皮书等。"皮书系列"图书的注册商标专用权及封面设计、版式设计的著作权均为社会科学文献出版社所有。未经社会科学文献出版社书面授权许可，任何使用与"皮书系列"图书注册商标、封面设计、版式设计相同或者近似的文字、图形或其组合的行为均系侵权行为。

经作者授权，本书的专有出版权及信息网络传播权等为社会科学文献出版社享有。未经社会科学文献出版社书面授权许可，任何就本书内容的复制、发行或以数字形式进行网络传播的行为均系侵权行为。

社会科学文献出版社将通过法律途径追究上述侵权行为的法律责任，维护自身合法权益。

欢迎社会各界人士对侵犯社会科学文献出版社上述权利的侵权行为进行举报。电话：010-59367121，电子邮箱：fawubu@ssap.cn。

社会科学文献出版社